高等职业教育电子商务类课程规划教材

微课版

电子商务沙盘

主 编 王召义 薛晨杰

大连理工大学出版社

图书在版编目(CIP)数据

电子商务沙盘 / 王召义，薛晨杰主编. -- 大连 :
大连理工大学出版社，2024.8
ISBN 978-7-5685-5016-1

Ⅰ. ①电… Ⅱ. ①王… ②薛… Ⅲ. ①电子商务—教
材 Ⅳ. ①F713.36

中国国家版本馆 CIP 数据核字(2024)第 111827 号

大连理工大学出版社出版

地址:大连市软件园路 80 号　邮政编码:116023
发行:0411-84708842　邮购:0411-84708943　传真:0411-84701466
E-mail:dutp@dutp.cn　URL:https://www.dutp.cn

大连天骄彩色印刷有限公司印刷　　大连理工大学出版社发行

幅面尺寸:185mm×260mm　印张:12.75　字数:295 千字
2024 年 8 月第 1 版　2024 年 8 月第 1 次印刷

责任编辑:刘丹丹　责任校对:初　蕾
封面设计:对岸书影

ISBN 978-7-5685-5016-1　定　价:42.80 元

前言

随着电子商务的快速发展，市场的竞争压力越来越大，电商企业已经深刻感受到“开店容易赚钱难”，市场上迫切需要懂经营与管理的人才，以适应大数据时代的“精准营销”和“敏捷经营”。网店运营涉及采购、引流、交易、交付等众多决策，每个决策都需要时间、成本、收益的不断反馈，这些都很难借助真实的网店运营来验证，而单纯的课堂讲解又太过抽象，教学效果不佳。如何让学生深刻体验和感悟网店运营的各个环节，是一个迫切需要解决的难题。

电子商务沙盘以电子商务活动为背景，以提高网店运营效益为目的，帮助学生学习并演练网店运营的具体流程，掌握网店运营的方法和技能。每个团队依据数据魔方，做好区域、商品、人群定位；租赁办公场所，建立配送中心，装修网店，采购商品；根据数据魔方进行搜索引擎优化操作，获取尽可能多的自然流量，进行关键词竞价推广，获取尽可能多的付费流量，引导买家进店消费；针对不同消费人群采取不同策略，制定商品价格，促成交易，提升转化率；处理订单，配送商品，结算资金；规划资金需求，控制成本，分析财务指标，调整策略，创造最大利润。学生可以从这一系列过程中学习提升流量和转化率的基本技巧，学会大数据环境下的“精准营销”，培养学生对电子商务活动的基础认知和从事电子商务活动与管理的基本能力，突出培养学生各项业务操作技能，使学生既有较好的科技素质，又有一定的人文素质；既适应一线职业岗位工作，又有一定的可持续发展能力。

本教材作为安徽省电子商务专业“岗课赛证”综合育人改革项目的标志性建设成果，将技能竞赛成果转化为教学资源，通过竞赛心得整理、竞赛规范整理、理论知识整理、竞赛成果整理、微课视频录制等，将竞赛内容和心得体会融合到教学中，把部分学生受训成果转化为大众化的教学资源，充分发挥了“以赛促教、以赛促学、以赛促改”的作用。本教材以课赛融合为基础、网店运营流程为主轴，全视角设计课程内容。全书共分为电商沙盘——运筹帷幄、经营流程——规则解读、市场分析——运营定位、网店推广——流量引入、订单成交——流量转化、运营策略——数据分析六个模块，每个模块包含若干个课题，每个课题包含“课题内容”和“课题训练”两部分。课题以“学练并进”的形式，将竞赛内容与专业知识、能力训练密切联系起来，构建了赛、学、练一体化的教学模式。

本教材由中教畅享科技股份有限公司和安徽商贸职业技术学院电子商务技能赛项指导团队共同制定大纲，由安徽商贸职业技术学院王召义、薛晨杰任主编，由安徽商贸职业技术学院江楠、蒋立恒及中教畅享科技股份有限公司何健、陶以伟任参编。具体编写分工为：模块 1 由何健编写，模块 2 由江楠编写，模块 3 由薛晨杰编写，模块 4 和模块 5 由王召义、陶以伟共同编写，模块6由蒋立恒编写，附录部分由2018—2023年国赛选手积累整理。在此，特别感谢安徽商贸职业技术学院2018—2023年的国赛选手张杨明、张新强、蒋晶华、李家诚、潘宗强、鲁南壮等提供的帮助。

本教材既可作为应用型本科院校、高等职业院校电子商务相关专业的网店运营实训教材，又可作为全国职业院校技能大赛电子商务技能赛项的培训教材，还可供电子商务相关从业者和社会人士阅读参考使用。

在编写本教材的过程中，我们参考、引用和改编了国内外出版物中的相关资料及网络资源，在此对相关资料的作者表示深深的谢意！请相关著作权人看到本教材后与出版社联系，出版社将按照相关法律的规定支付稿酬。此外，我们还参考和引用了有关比赛数据，在此向资料提供者表示感谢！

限于编者的水平和时间，教材中仍可能存在不妥之处，恳请广大师生及电子商务专业人士提出宝贵的意见，以便我们进一步修改和完善。

编　者
2024年8月

所有意见和建议请发往：dutpgz@163.com
欢迎访问职教数字化服务平台：https://www.dutp.cn/sve/
联系电话：0411-84707492　84706671

目录

模块 1

电商沙盘——运筹帷幄

学习目标

1. 熟悉店长、推广专员、运营主管、财务主管的岗位职责与要求。

2. 能够组建网店运营团队，开展相应的网店运营活动。

3. 弘扬“文明、敬业、诚信”的社会主义核心价值观，树立服务社会、服务地方经济发展的理想信念。

思维导图

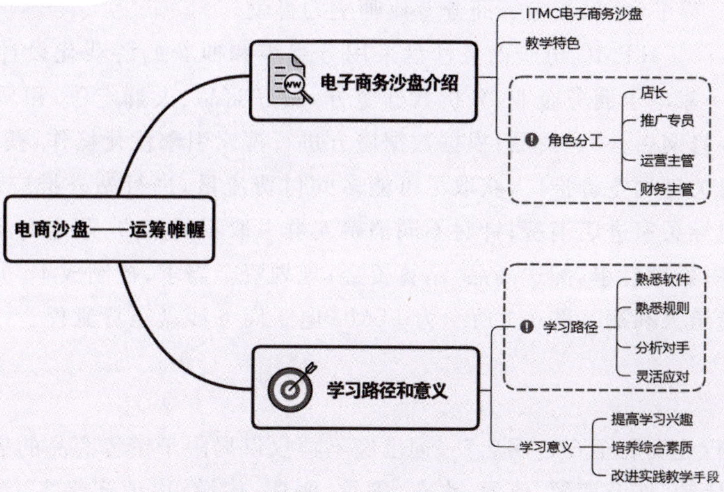

课题 1 电子商务沙盘介绍

电子商务沙盘是指能够模拟电子商务企业运营过程的一种工具，在高等职业教育教学中已成为实践教学重要工具之一。电子商务沙盘将企业置于复杂的电子商务网络中，通过模拟网店的整体运营过程，让学生进行开店、商品采购、运营推广、订单处理、财务处理等训练。在训练过程中，学生既能从战略高度观察网店运营的全貌，又能从执行角度亲身体验网店运营的核心环节，并学习如何解决实践中遇到的典型问题。

课题内容

随着电子商务的快速发展，市场的竞争压力越来越大，电商企业已经深刻感受到“开店容易赚钱难”，市场上迫切需要懂经营与管理的人才，以适应大数据时代的“精准营销”和“敏捷经营”。网店运营涉及战略、采购、引流、交易、支付等众多决策，每个决策都需要时间、成本、收益的反馈，很难借助真实的网店运营来验证，单纯的课堂讲解太过抽象，效果甚微，如何让学生深刻体验和感悟网店运营的各个环节，是一个迫切需要解决的难题。电子商务沙盘的出现，较好地解决了这个难题，它采用虚拟仿真的技术，让学生反复进行多轮闭环模拟对抗演练，不断分析总结，掌握电商企业经营的核心技能。

1.1 ITMC 电子商务沙盘

微课：电子商务沙盘介绍

本书所依托的电子商务沙盘全称是“电子商务综合实训与竞赛系统（网店运营推广）”，是由中教畅享（北京）科技有限公司（简称 ITMC）研发和推广，该沙盘作为全国职业院校技能大赛高职组电子商务技能赛项竞赛平台，深受电子商务专业师生的喜爱。

ITMC 电子商务沙盘采用分组零和博弈的游戏化设计思路，让学生通过模拟经营一家电子商务企业，分析数据魔方，做好商品、人群定位；租赁办公场所，建立配送中心，装修网店，采购商品；根据数据魔方进行搜索引擎优化操作，获取尽可能多的自然流量，进行关键词竞价推广，获取尽可能多的付费流量，进行站外推广获取尽可能多的站外流量，引导买家进店消费；针对不同消费人群采取不同策略，制定商品价格，促成交易，提升转化率；处理订单，配送商品，结算资金；规划资金需求，控制成本，分析财务指标，调整策略，创造最大利润。图 1-1 所示为 ITMC 电子商务沙盘经营流程。

1.2 教学特色

电子商务行业发展至今，“网店”一词已经不再仅仅局限于销售商品的店铺，而且包含了提供服务的店铺，涉及商贸、流通、汽车、餐饮、酒店、旅游、房地产等多个行业。相对于

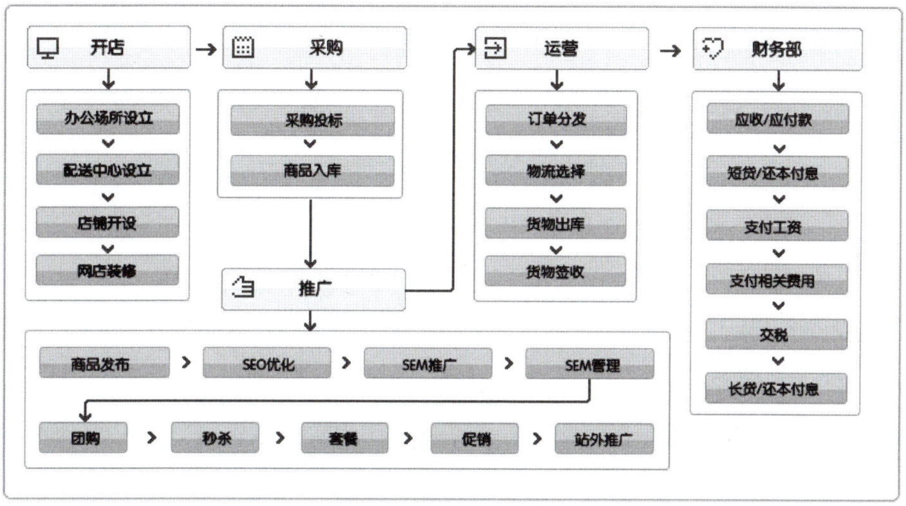

图 1-1 ITMC 电子商务沙盘经营流程

过去，现在开店，流量红利时期已过，已经到了精细化运营的时期，如何开好店，如何花钱让人来，如何能赚钱，是运营好一家网店必须要弄明白的。

随着目前主流电子商务平台入驻门槛提高，学校无法为学生提供大量账号进行平台训练，学生在校期间无法熟练掌握平台操作流程与规则；流量获取成本逐渐提高，学校无法为学生提供足够的推广资金，也无法对推广结果进行量化，导致推广技能无法得到训练和考核；网店运营的过程需要在客户、商品、资金、对手等组成的动态商业生态中完成，运营的结果需要多个经营周期来体现，学校传授的运营技能大部分停留在静态层面，且无法完成多周期运营结果的测评。因此，“没有账号”“没有钱”“没有时间”成为网店运营类人才培养的难题。

ITMC 电子商务沙盘内置动态的市场模型数据魔方，它具有关键词展现量、关键词点击量、关键词点击率、关键词转化量、关键词转化率、关键词搜索相关性等数据信息，数据信息源自真实淘宝数据；虚拟仿真企业经营，建立闭环考核机制，通过连续多轮博弈，深刻感悟经营之道，降低电子商务企业试错成本和创业失败率。卖家针对不同消费人群开展促销活动、制定商品价格，针对不同消费人群的成交规则制定营销策略，锻炼学生引流后的订单转化能力；通过免费的搜索引擎优化，获取更多的自然流量，通过关键词竞价推广，获取更多的付费流量，锻炼学生店铺引流的网络推广能力。

ITMC 电子商务沙盘还提供进店关键词分析、订单分析、各组成绩分析等 20 多种数据分析模型，方便教师对学生的经营过程进行实时分析与指导。重点考查学生的市场洞察分析能力、目标人群选择与店铺定位能力、商品选择与定价能力、流量获取与转化能力、运营数据分析能力以及团队合作能力，突出网店运营特色，服务企业人才需求，助力经济社会高质量发展。

1.3 角色分工

ITMC 电子商务沙盘中，设置了 4 种企业岗位——店长、推广专员、运营主管和财务主管，如图 1-2 所示。店长是模拟企业的总负责人，负责一切重大经营事项的决策工作；推广专员负责市场调查分析、搜索引擎优化、关键词竞价推广、站外推广等推广工作；运营主管负责订单分发、物流选择、货物出库、库存管理等运营工作；财务主管负责控制现金流、融资等财务工作。不同角色进入系统看到的模块不一样，即不同角色有不同的任务清单和权限。

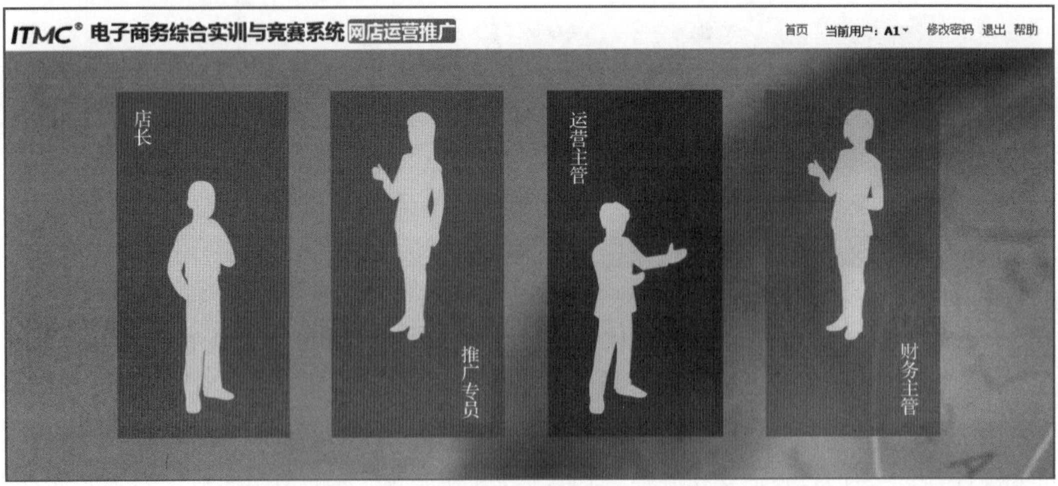

图 1-2 角色分工

(1)店长

店长拥有系统所有模块的操作权限，如图 1-3 所示。

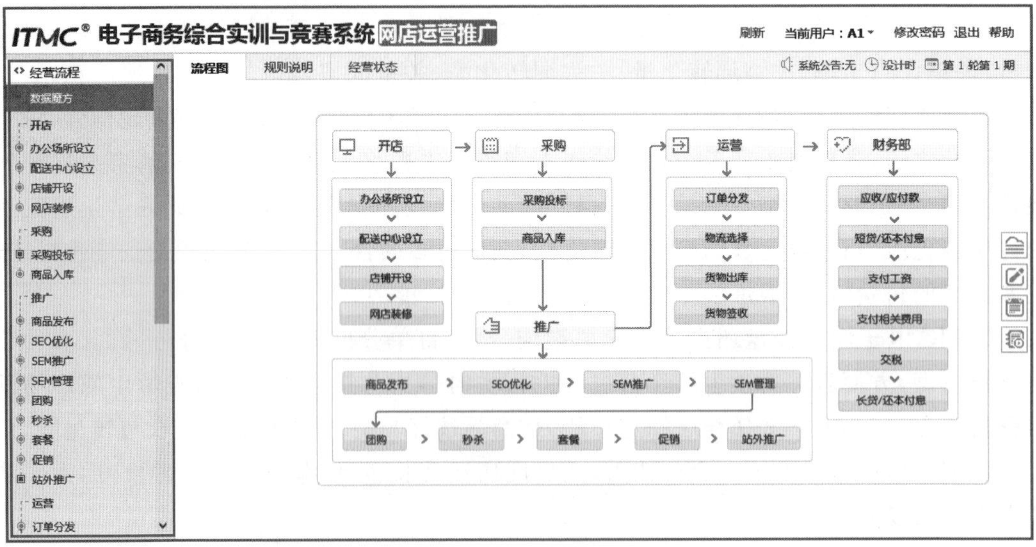

图 1-3 店长任务清单

店长是网店的管理者，整体把控网店运营的全部流程，其岗位职责主要包括以下七个：

①负责收集市场和行业信息，提供有效应对方案。

②负责制订销售计划，带领团队完成销售业绩目标。

③负责网店整体规划、营销、推广、客户关系管理等系统运营性工作。

④负责网店日常改版策划、产品上架、推广、销售、售后服务等运营与管理工作。

⑤负责网店日常维护，保证网店的正常运作，优化网店及商品排名。

⑥负责执行与配合相关营销活动，策划网店促销活动方案。

⑦负责客户关系维护，处理客户投诉及纠纷问题。

店长的核心能力要求包括：

①定位市场的能力。学会找到好的商品类目和市场；能对市场进行分析，找出产品的优点和弱点；熟悉市场变化和规则。

②一定的领导管理能力。店长是整个团队的核心人物，既要懂得分配工作，又要协调好各岗位之间的工作，同时还要对各个岗位的工作进行监督，想办法让整个团队高效工作，发挥团队最大的效力。

(2)推广专员

推广专员主要负责扩大销售，因此只具备推广模块的操作权限，如图 1-4 所示。

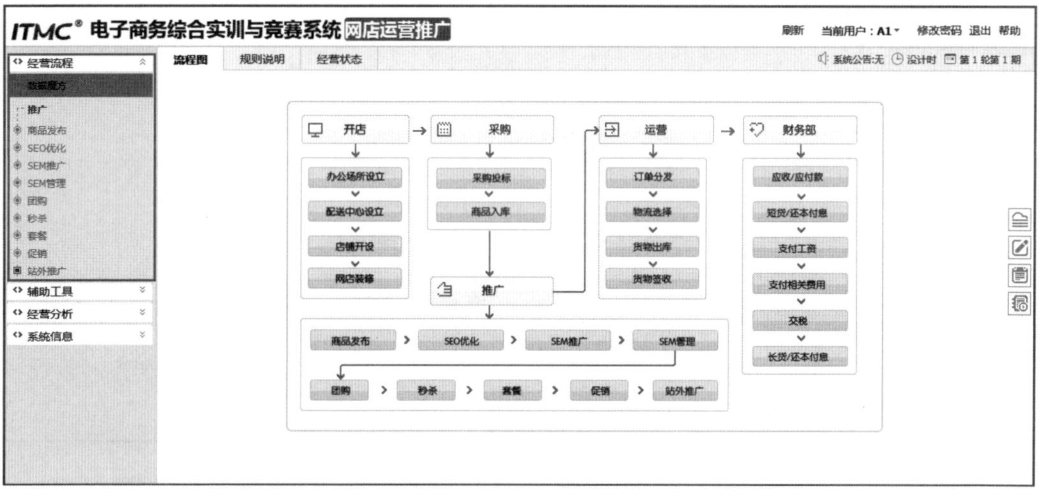

图 1-4　推广专员任务清单

推广专员的岗位职责主要有以下五个：

①对平台自然搜索认识深刻，通过对标题、关键词、转化率等有关因素的优化提高产品排名。

②熟练掌握竞价关键词优化过程、关键词搜索规律和途径，了解买家的搜索习惯。

③负责平台付费推广，通过各种途径提取有效关键词并对其进行优化，逐步提高投资回报率。

④报名参加平台的官方及非官方活动，引入优质流量，分析网店流量来源以及流量

质量。

⑤定期对广告及活动效果进行跟踪评估，负责统计、分析推广数据及效果，定期向店长提供统计数据、分析结果以及优化方案，提升网店的营销能力。

推广专员还应具备以下三个方面的能力要求：

①站内外的引流能力。流量是网店的根本，网店推广专员要懂得如何去策划活动、打造爆款，怎么做才能给网店引入更多流量，如何提升流量转化率；对自然搜索、活动报名等免费推广方式，以及直通车、淘宝客、钻石展位等付费推广方式也要熟悉，以给网店带来更多的收益。

②精准的数据分析能力。做网店既要懂得看数据，又要懂得利用数据。推广专员不仅可以通过市场行情的流量榜、热销榜及时了解行业最新动态，还可以结合运营分析中的数据，了解网店的流量和来源，利用这些数据就可以有针对性地对网店做出改进和优化。

③诊断店铺的能力。推广专员不仅要能根据数据分析出网店的问题，而且要知道如何调整来解决问题。比如，一个网店的展现空间很大，但是流量很少，那就要思考自己的引流是否精准，是因为主图没有吸引力，还是自己的宝贝价格过高。

(3)运营主管

运营主管主要负责开店、采购、订单分发和货物签收等操作，如图 1-5 所示。

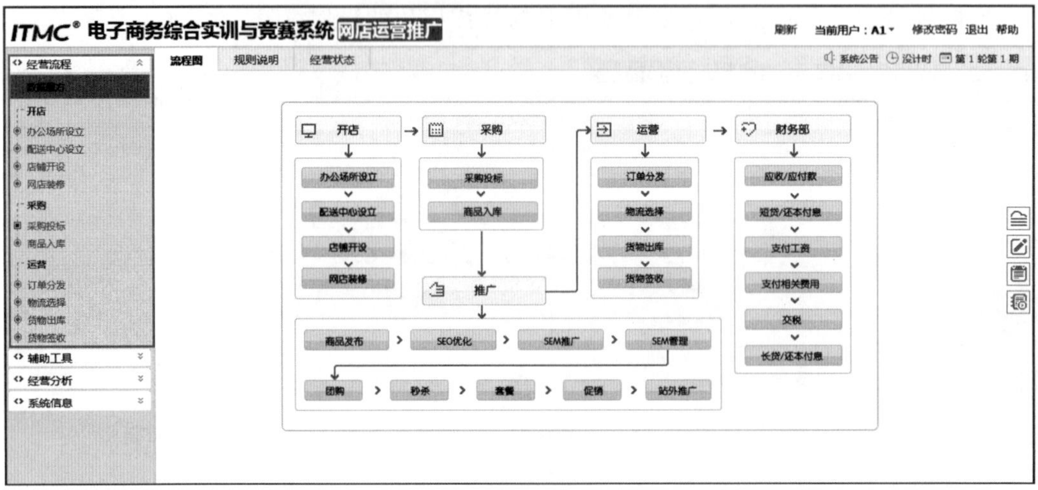

图 1-5 运营主管任务清单

运营是网店的关键环节，订单分发是用户满意度的重要保障，运营主管岗位要求有以下四个：

①开店，商品采购，商品进库、出库与发货包装。

②准确无误地核对面单与商品货号、数量等。

③登记商品出库记录。

④定期对库房进行盘点。

(4)财务主管

财务主管主要负责财务模块的操作，如图 1-6 所示。因此，在实际模拟网店运营时，我们一般以店长的身份登录。

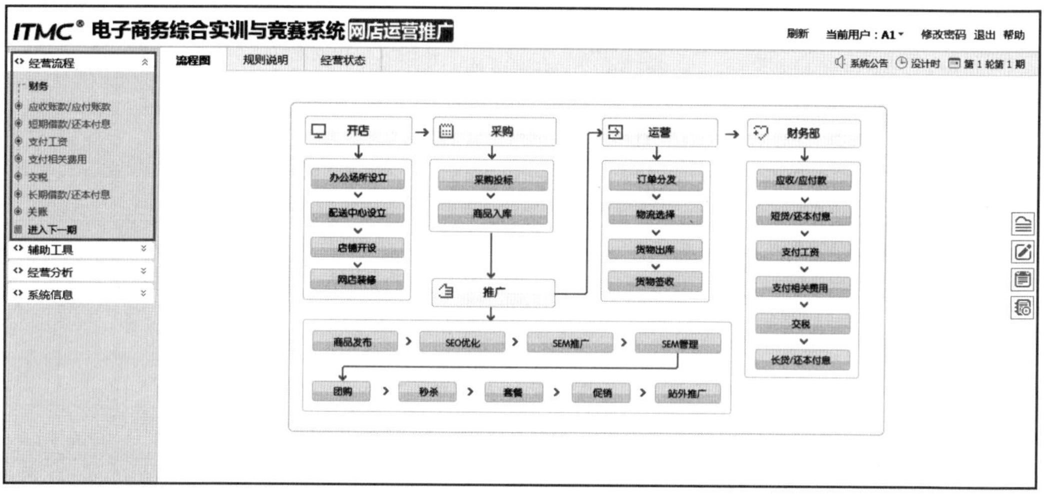

图 1-6 财务主管任务清单

网店属于零售行业，其财务工作要比一般公司更加复杂，财务主管具体的岗位要求如下：

①负责电商平台各种进、销、存账目记录，利润核算。

②负责电商平台销售数据的核对、跟踪及分析，以及退换货的管理及账务处理。

③负责复核仓库实物账务的准确性以及存货盘点表的准确性，保证账实相符。

④月初向公司的管理层报送上月进、销、存报表。

⑤准确编制并提交财务统计报表、分析报告，负责成本核算管理。

⑥熟练操作办公软件、财务软件、第三方支付工具。

课题训练

(1)组建团队

班级同学自由组队，组建一个运营小组，店长 1 名，推广专员 1 名，运营主管 1 名，财务主管 1 名，把队伍信息填入表 1-1。

表 1-1 队伍信息

店名：

岗位	姓名	特长	备注
店长			
推广专员			
运营主管			
财务主管			

(2)角色体验

每名队员按照角色分工登录系统,熟悉并记录自己的权限及任务清单,标注关键任务,填入表 1-2～表 1-5。

表 1-2 店长任务清单

角色	任务清单	备注
店长		

表 1-3 推广专员任务清单

角色	任务清单	备注
推广专员		

表 1-4 运营主管任务清单

角色	任务清单	备注
运营主管		

表 1-5 财务主管任务清单

角色	任务清单	备注
财务主管		

课题 2 学习路径和意义

书山有路勤为径，学海无涯苦作舟。这句话完美地阐述了学习电子商务沙盘的方法和路径，唯有不怕困难，多读、多想、多思运营规则，多练、多战、多打比赛才能成功。

课题内容

2.1 学习路径

ITMC 电子商务沙盘的学习路径（成长路线）如图 1-7 所示。

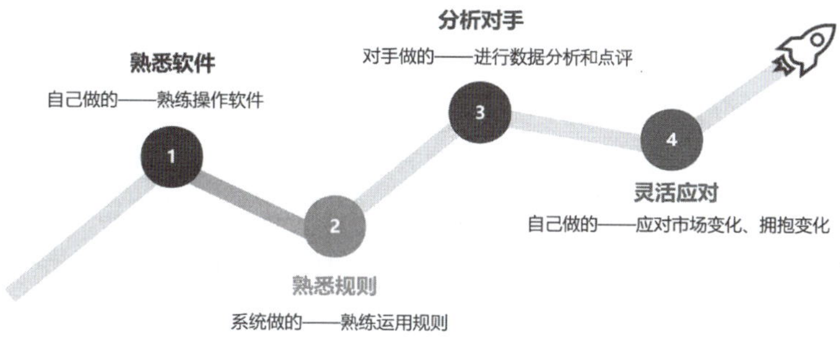

图 1-7　ITMC 电子商务沙盘的学习路径（成长路线）

（1）熟悉软件——自己做的

熟悉软件操作是学好电子商务沙盘的基础。因为模拟运营时，每一轮都有规定的时间，要想在规定的时间内完成模拟企业的运营，需要熟练操作软件。

（2）熟悉规则——系统做的

在 ITMC 电子商务沙盘上进行一次运营，实质上就是在虚拟环境中进行一次电子商务创业，要想取得好成绩，就需要懂得企业管理、财务管理、网络营销、经济学等方面的知识，只有这样才可以规避市场风险，取得较好的运营成绩。所有这些工作，都必须在熟练运用规则的基础上实现。

（3）分析对手——对手做的

没有总结就没有提高，轮末进行数据分析和点评是必需的。只有通过学生自我评价、教师点评，才能总结问题，为下一轮的改进做充足的准备。

(4)灵活应对——自己做的

电子商务发展快、变化大，要想在运营中取得一席之地，不仅要积极应对市场变化、拥抱变化，还要能够灵活运用所学的理论知识来解决各种未知的问题。

2.2 学习意义

(1)提高学生学习兴趣，增强学习效果

电子商务沙盘具有互动性、趣味性、竞争性的特点，能够最大限度地调动学生的学习兴趣，使学生在培训中处于高度兴奋的状态，充分运用听、说、学、做、改等一系列学习手段，开启一切可以调动的感官功能，对所学内容形成深度记忆。

电子商务沙盘在电子商务环境下模拟真实企业的经营，学生通过角色扮演、团队组建等环节，切身感受企业的真实经营过程。在电子商务沙盘学习过程中，无论是在电子商务运营战略、战术、作业等层面的决策还是其实施过程中，学生均会遇到各种各样的问题，通过团队成员的不断交流讨论来解决问题，学生可以获得一种成就感，其学习态度逐渐由被动接受转变为主动学习，学习兴趣不断被激发。

电子商务沙盘将抽象的理论知识转化为具体的可操作的实践内容，通过对电子商务沙盘的亲自操作，将书本上枯燥的理论内容具体化、情景化和过程化，学生得到的不再是空洞乏味的概念、理论，而是极其宝贵的实践经验和深层次的领会与感悟，达到真正的“做中学，学中做”，将理论知识、实践技能、态度融为一体，进而提高教学效果。

(2)培养学生综合素质，增强职业竞争力

在引入电子商务沙盘后，学生可以将理论的基础知识转化为可操作的模拟经营过程。通过团队建设，培养学生团队合作能力、综合分析判断能力，提高学生的综合素质；通过角色扮演，学生清楚地了解与掌握电子商务环境下企业经营中各工作岗位的内容与技能，逐渐适应日后工作的职业环境，与此同时，职业能力、精神及道德等也得到了不断培养。在电子商务企业模拟运作过程中，学生既可以从战略高度来观察电子商务的全貌，又可以亲身体验电子商务活动主要环节的执行过程。通过团队成员各个虚拟角色之间的沟通与配合，学习如何利用团队力量解决实践中会遇到的各种典型问题，学生逐渐具备毕业即上岗的能力，从而增强学生的职业竞争力。

(3)改进实践教学手段，提高教师实践教学能力

电子商务沙盘系统是对真实电子商务操作经营过程的高度仿真模拟，这种教学模式对教师的实践教学能力提出了更高的要求。教师需要打破传统的教学观念和教学模式，既要将基础理论知识融入电子商务沙盘的实践教学，又要让学生区分出模拟和现实经营的差异，活学活用。在应对和处理实践教学中遇到的各种问题的同时，教师的实践教学能力、业务水平也将得到进一步的提高。

课题训练

给自己设定一个学习目标，制订相应的学习计划，填入表 1-6。

表 1-6　　学习计划

学习目标	学习计划	备注
参加校赛		
参加省赛		
参加国赛		

模块拓展

电子商务发展很快，从流量为王时代，到商品为王时代，再到用户为王时代……模式在不断演变，电子商务的运营思维也在不断演变，形成了用户思维、流量思维等思维方式，每一种思维既是市场发展不同阶段的必然结果，又是不同细分品类的属性要求。在大数据时代，电子商务要顺应时势，转变传统运营思维。

(1)消费升级的新思维

以前的商家追求“物美价廉”的概念，但现在消费者更注重的是品质、售后、商品渠道等一系列的保障。企业只有保证店铺商品的品质、售后服务等，才可以良性发展。基于目前的市场和目标人群关系，在每个人的收入不断提高的同时，时间反而变得更加重要。当时间更加重要的时候，一些商品就显得更有价值，因此企业就可以从时间价值上去开发自己的商品。

人们的生活品质越高，对商品的消费升级就有越高的要求，因此用户体验也非常重要。服务是每个店铺都必须做到位的地方，因为服务是决定消费者能否在店铺中实现转化的核心因素。

(2)移动端客户行为的新思维

现在 PC 端流量很少，移动端是主流。但很多网店运营者往往没有参透移动端消费人群的购买意向。消费者为什么要点击你的商品？你的商品有什么特点？基于此，网店运营者必须了解移动端消费人群的购买意向和购买行为。

网店运营者要第一时间读懂消费者的兴趣爱好，此外消费者的价值观、社交兴趣、内心诉求、商品诉求都变得越来越重要。读懂消费人群的意向，结合自己商品的优势，能够为店铺制订更好的移动端营销计划，提高点击权重，加强与消费者的互动。

(3)场景化营销的新思维

场景化营销有三个特点：随机性、不相关性、多样性。对于网店来说，场景化营销包含内容、主图、详情页等方面。以构建主图和详情页的场景化营销为例，在某种搜索情况下，特定场景的主图正好出现在用户搜索面前，且用户对该场景也比较感兴趣，那么90%的用户都会点击了解详情。从用户点击进入详情页后，网店需要做的就是在详情页上给用户更多的价值，用来提高用户的黏度、转化率和消费体验。

(4)内容营销的新思维

内容营销是通过文字、短视频、直播、搭配、清单问答以及带有主题内容的活动，吸引用户的点击。以淘宝为例，其流量通常可以分为两种：公域流量和私域流量，不同的内容会展现在不同的位置，用来获取不同的流量。

模块 2

经营流程——规则解读

学习目标

1. 能够完成开店、采购、推广、运营、财务的操作。
2. 能够根据商品定位、人群定位，制订商品采购计划。
3. 能够熟练完成 SEO、SEM 推广和站外推广。
4. 熟悉各种财务数据，能够根据财务报表进行现金流分析。
5. 培养学生实事求是的职业态度和精益求精的经营理念。

思维导图

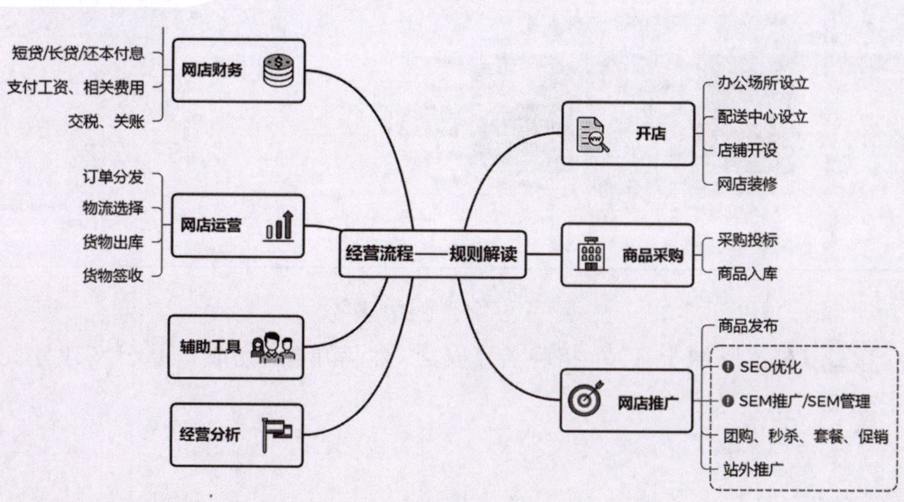

课题 1 开店

网店作为电子商务的一种形式，是一种能够让人们在浏览的同时进行购买，且通过各种在线支付手段进行支付完成交易的网站。网店是个人或企业参与电子商务的重要途径，我们要合理经营网店，争取做到效益最大化。

课题内容

微课：办公场所设立

1.1 办公场所设立

办公场所设立包含选择建设城市、选择办公场所类型和招贤纳士三部分：

①根据不同城市的影响力、租金差、工资差等信息选择合适的办公城市。

②根据办公场所的容纳人数、租赁价格、维修费用等信息选择合适的办公场所。

③根据员工的业务能力、工资增长率及基本工资选择合适的人员。

(1)操作流程

步骤一：单击“开店”下的“办公场所设立”。

步骤二：在选择建设城市环节，在地图上选择要建立的办公室所在的城市，然后单击“下一步”。

步骤三：在选择办公场所类型环节，选择租赁一个办公室，然后单击“下一步”，如图 2-1 所示。

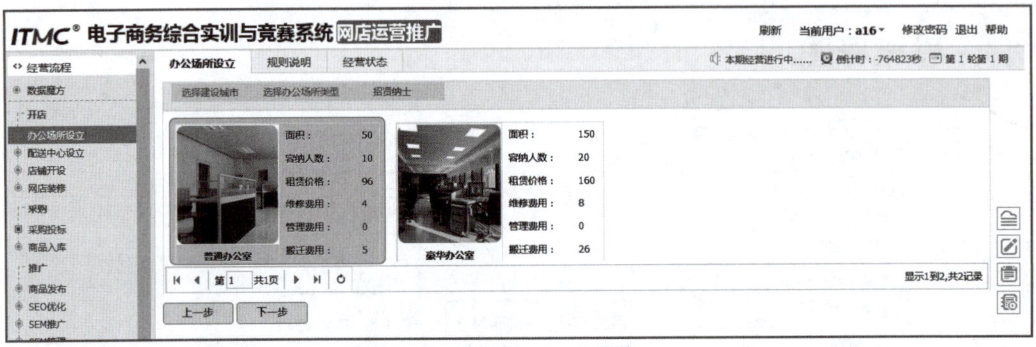

图 2-1 选择办公场所类型

步骤四：在招贤纳士环节，招聘若干员工，然后单击“完成”，办公室建立完成，如图 2-2、图 2-3 所示。

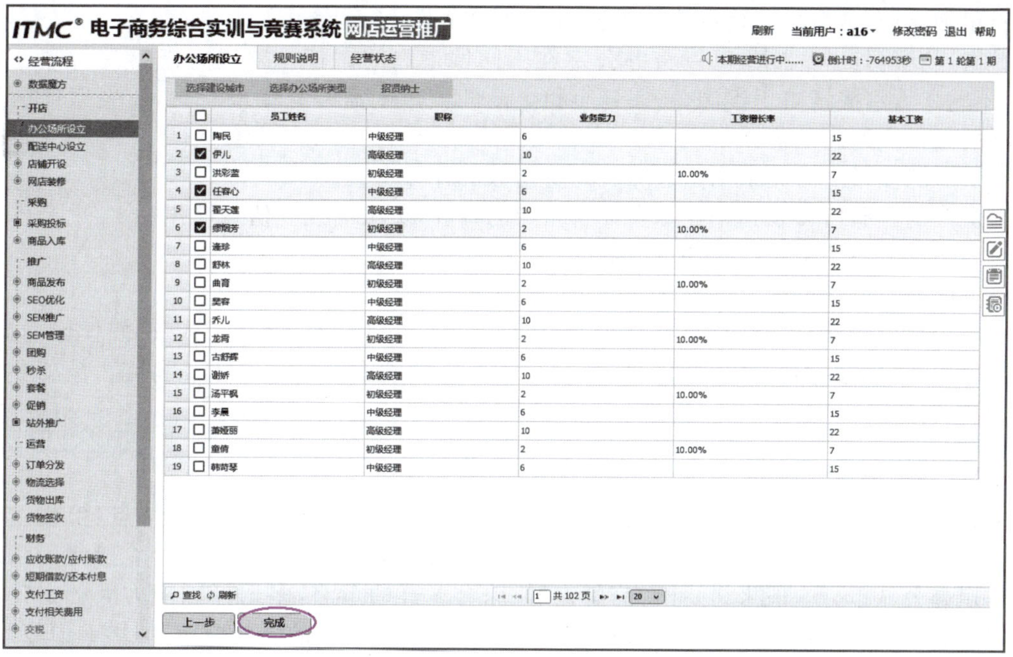

图 2-2　招贤纳士

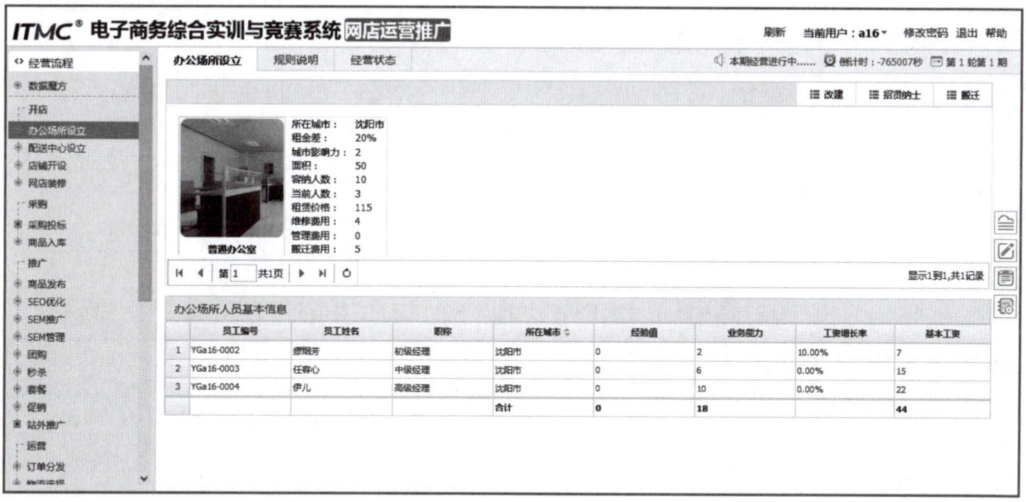

图 2-3　办公室建立完成

(2)流程规则

每期办公室租金的计算公式为

每期办公室租金＝租赁价格×(1＋租金差)

其中，租金差为不同城市之间租金的差别百分比。

每期人员工资的计算公式为

每期人员工资＝基本工资×(1＋工资差)

其中，工资差为城市之间的工资差别百分比。

改建：根据经营需求可以改变办公场所类型。若普通办公室改建为豪华办公室需要支付租金差额，若豪华办公室改建为普通办公室则不退还租金差额。

搬迁：根据经营需求，可以将办公室在不同城市之间搬迁。搬迁时需要支付搬迁费用，不同办公室搬迁费用不同，若搬迁至租金高的城市则需补充相应差价，反之搬迁至租金低的城市不退还差价。

员工的业务能力关系到企业综合评价指数的计算。

员工的经验值关系到企业综合评价指数的计算，员工的经验值每期累加 1。

城市影响力关系到综合评价指数的计算。

办公室只能在全国范围内建立一个。

综合评价指数是衡量卖家综合实力的标准，其与企业信誉度、店铺人气、媒体影响力、社会慈善、店铺视觉值、B 店开设情况、办公场所所在城市影响力、员工经验值、员工业务能力相关。

(3)规则解读

办公场所的设立要随着经营策略变化而变化。根据目标人群的成交特点(价格主导还是综合评价指数主导)，初步选定对应品牌影响力的城市，结合工资差、租金差等因素最终选定办公城市。一般来讲，针对品牌人群、综合人群的策略，多选择影响力大的办公城市，但成本也高；针对低价人群、犹豫不定人群，多选择成本低的办公城市，但影响力较小。员工数量对综合人群有影响，应根据经营策略，合理雇佣相应级别及数量的员工，以获取需要的员工业务能力和经验值。经营中后期可以根据网店定位和经营风格的改变，对办公场所进行搬迁，以达到降低费用或提高综合评价指数的目的。

1.2 配送中心设立

根据市场需求及不同城市的租金差、物流运费、工资差、是否支持邮寄等信息选择合适的城市设立配送中心。

微课：配送中心设立

(1)操作流程

步骤一：单击“经营流程”下的“配送中心设立”，如图 2-4 所示。

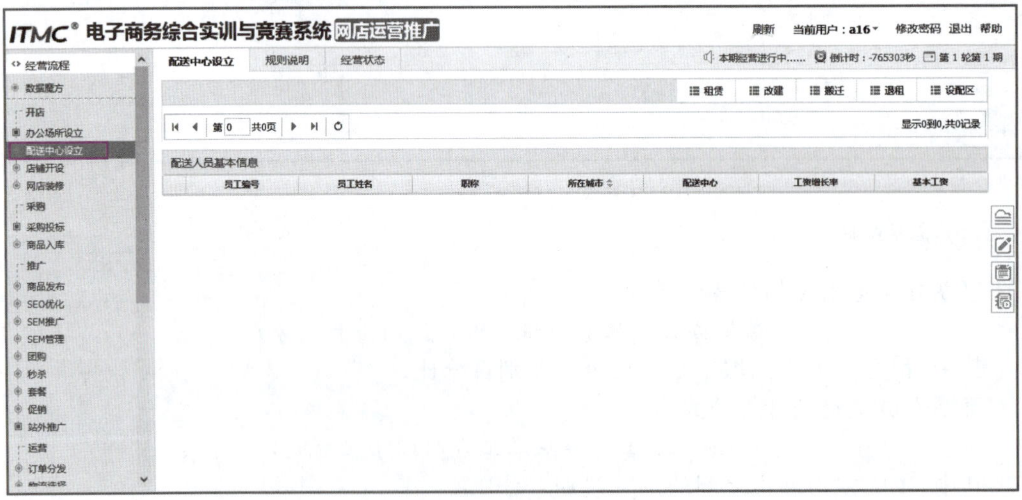

图 2-4 建立配送中心

步骤二：单击“租赁”，弹出选择建设城市界面，在地图上选择配送中心所在城市，然后单击“下一步”。

步骤三：在选择配送中心类型界面，确定仓库的体积，然后单击“完成”，如图 2-5 所示。

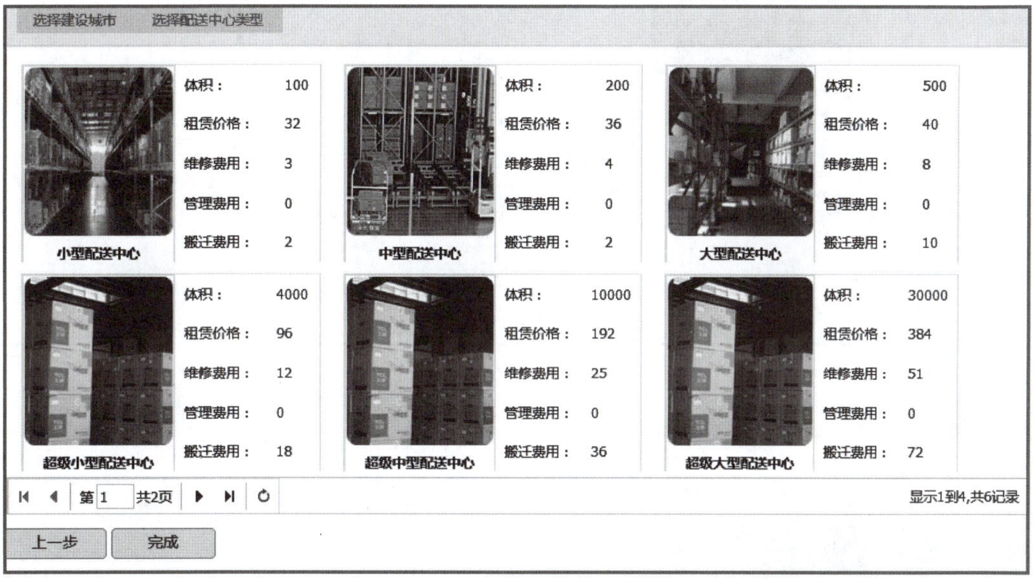

图 2-5 选择配送中心类型

步骤四：选中配送中心，单击“改建”，如图 2-6 所示。

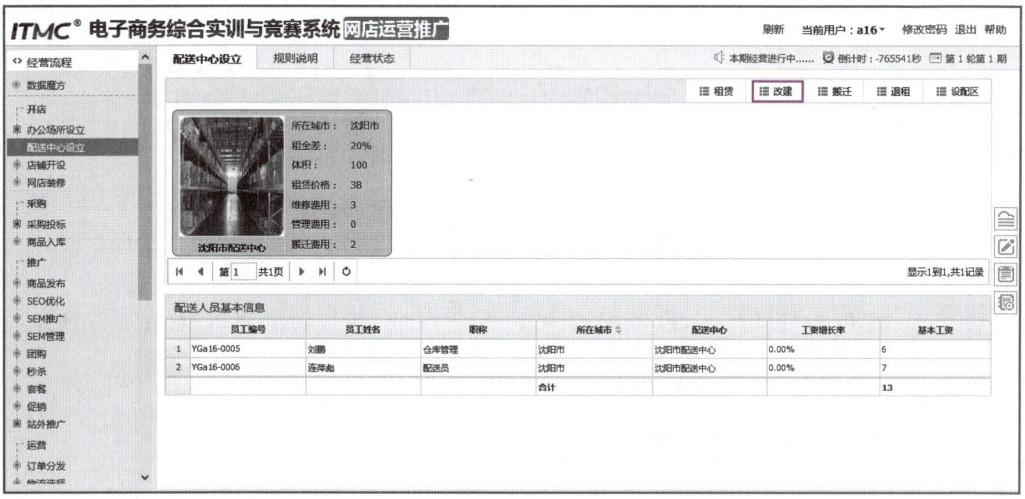

图 2-6 改建

步骤五：单击“搬迁”，在地图上重新确定配送中心所在城市，如图 2-7 所示。

步骤六：单击“退租”，退租所选择的配送中心，如图 2-8 所示。

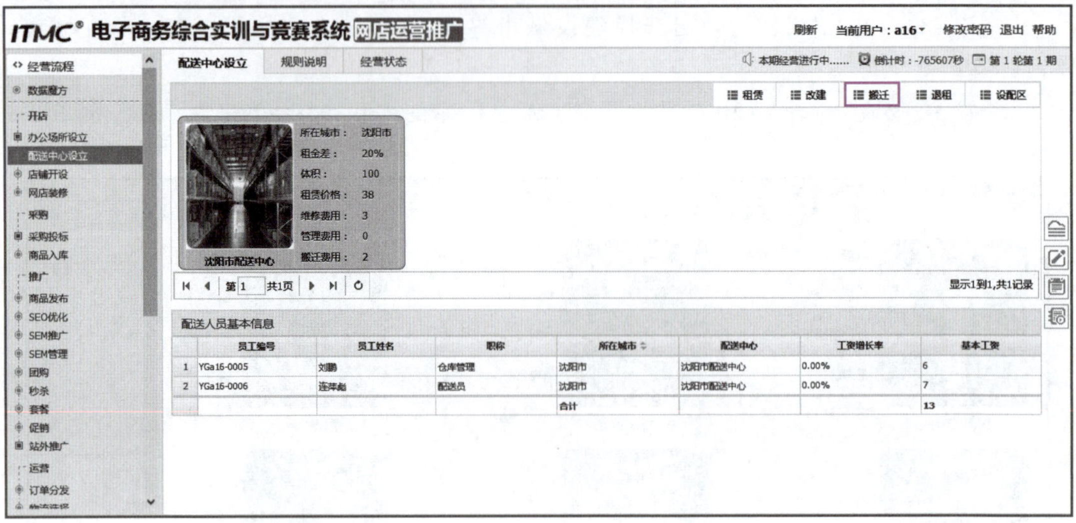

图 2-7 搬迁

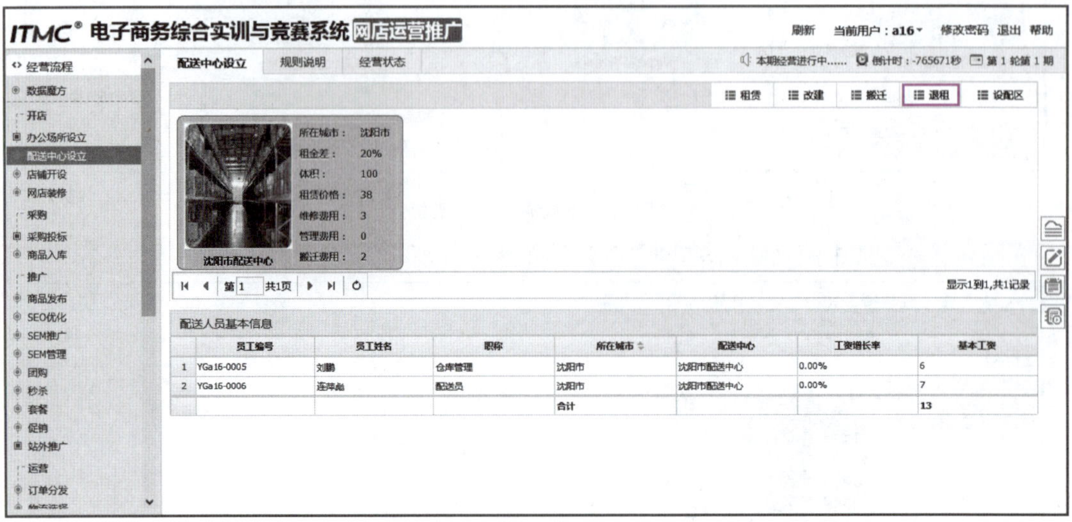

图 2-8 退租

步骤七：单击“设配区”，设置配送中心、配送区域、默认物流公司，如图 2-9 所示。

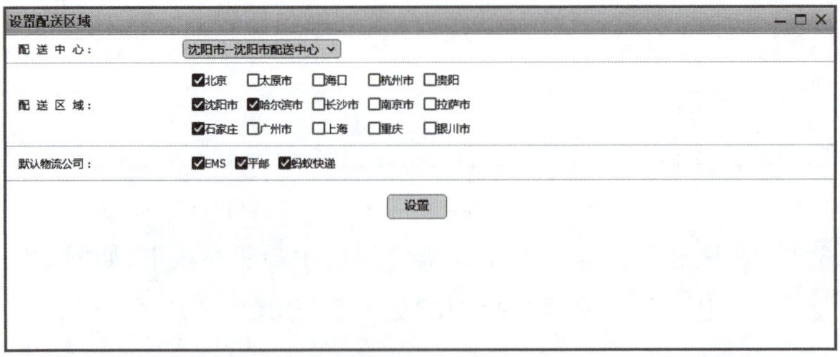

图 2-9 设配区

(2)流程规则

租赁:根据体积、租赁价格、维修费用、管理费用及搬迁费用选择合适的配送中心。

改建:根据经营需求可以进行配送中心改建。改建时,若是将体积小的改为体积大的,则补充租金差价;若是将体积大的改为体积小的,不退还租金差价。

搬迁:根据经营需求可以改变配送中心所在的城市。搬迁需要支付一定的搬迁费用,若搬迁至租金高的城市则需补充相应差价,反之搬迁至租金低的城市不退还差价;搬迁时仓库必须空置。

退租:把闲置的仓库退租,若不退租则到期后系统默认续租。退租时,仓库必须为空置。若在每期期中退租,则需支付整期人员工资。

设配区:为每个配送中心设置配送区域及默认物流公司。若多个配送中心选择的默认配送区域里包含若干个相同的城市,则在这些城市中按照租赁配送中心先后的顺序选择默认的配送中心。

每期配送中心租金=租赁价格×(1+租金差)。

每期人员工资=基本工资×(1+工资差)。

每个城市只能建立一个配送中心。

(3)规则解读

配送中心是完成订单交易的关键环节。在设置配送中心时,务必牢记设置设配区,即每个配送中心的配送范围,否则,将无法发货。设配区设置时,原则上不要包含相同的城市。通过订单的到达城市与配送中心所在城市的距离来确定配送中心的选址,即本着最低物流成本的原则,选择配送城市。

配送中心一般建设在消费群体密集区域,选择与其他城市距离和最小的城市作为配送中心建设地。运营初期,消费群体主要集中在北方几个城市,设立一个配送中心即可,运营中后期,南方城市陆续开放,可以增加一个配送中心,以减少物流成本。

如果想只用快递发货,配送中心支持物流方式只选择快递即可。

1.3　店铺开设

微课:店铺开设、装修

根据网店运营目标确定开设 C 店或者 B 店。

(1)操作流程

步骤一: 单击“经营流程”下的“店铺开设”,如图 2-10 所示。

步骤二: 如果开设 C 店,则填写店铺信息,然后单击“开设 C 店”,即搭建成功,如图 2-11 所示。

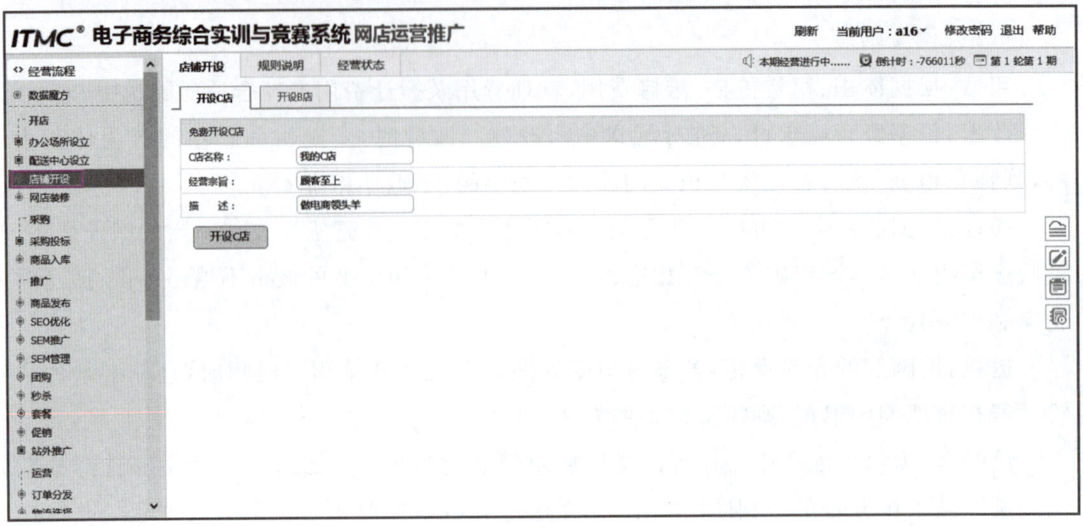

图 2-10　店铺开设

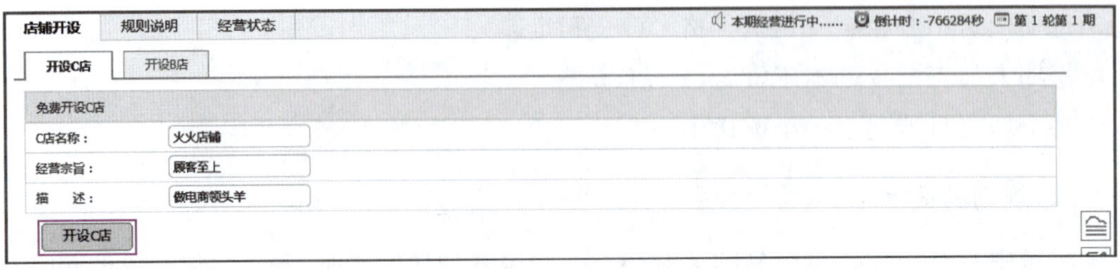

图 2-11　开设 C 店

步骤三： 如果开设 B 店，则按照提示操作（图 2-12），需要多个周期研发成功后才能投入使用。

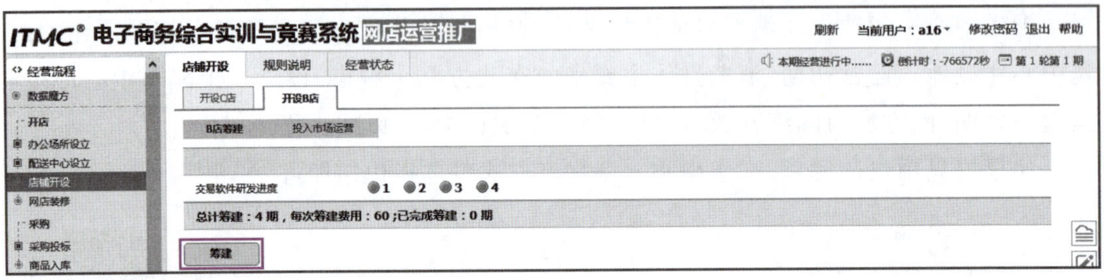

图 2-12　开设 B 店

（2）流程规则

开设 C 店：添加 C 店名称、经营宗旨及描述；C 店不可以进行站外媒体推广。

开设 B 店：添加 B 店名称、经营宗旨及描述；筹备周期需要 4 期，每期费用为 60 元；B 店可以进行站外媒体推广，从而获得品牌人群客户订单。

(3)规则解读

每个用户可以开设一个C店和一个B店。开设C店是免费的，开设B店需要筹备4期，可以不连续筹备。品牌人群只会在B店购物。经营者可以根据竞争需要选择开店或关闭店铺。店铺在关闭状态下，竞争对手看不到经营信息。

B店筹建成功，后期竞争的焦点很有可能在品牌人群和综合人群上，为此需要C店、B店同时发展，不可过于偏颇。如果仅仅把希望寄托在C店，将会失去B店的品牌人群，既不利于差异化竞争，提升销售额，又等于放任竞争对手发展，将自身置于危险之中。

C店、B店共同发展，在运营中要注意以下几点：

①在C店有优势的情况下，可扶持B店发展。

②C店、B店要差异化竞争，不要采用同一策略，导致自己和自己竞争，在人群组合、产品定价上要互相配合。

③C店、B店在引流方式上也要有所差异，根据运营绩效和竞争态势，在SEM和SEO上各有侧重，淘词选择上互相配合。

1.4 网店装修

根据经营需求，若需提升网店的视觉值可以对网店进行适当装修。

(1)操作流程

步骤一： 选择“经营流程”下的“网店装修”，如图2-13所示。

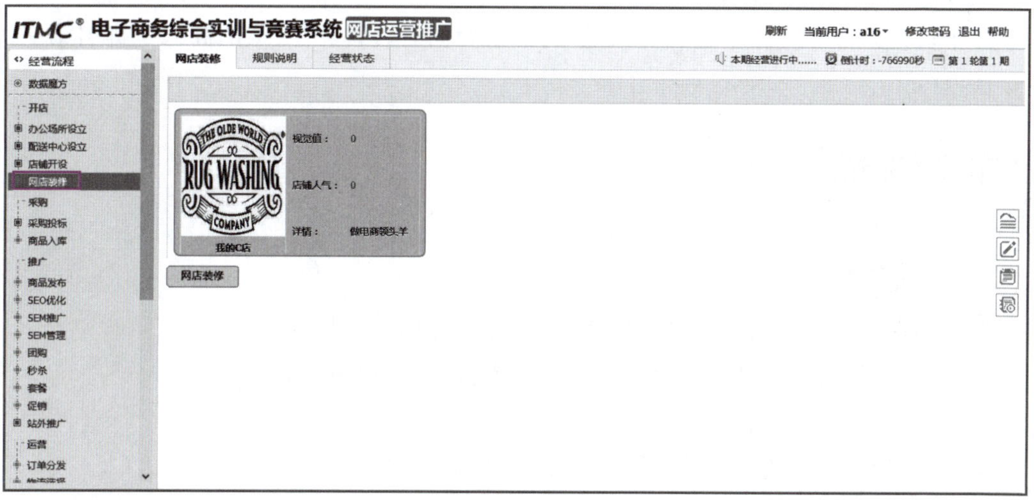

图2-13 网店装修

步骤二： 单击页面中的“网店装修”，选择网店装修模板，然后单击“开始装修”，如图2-14所示。

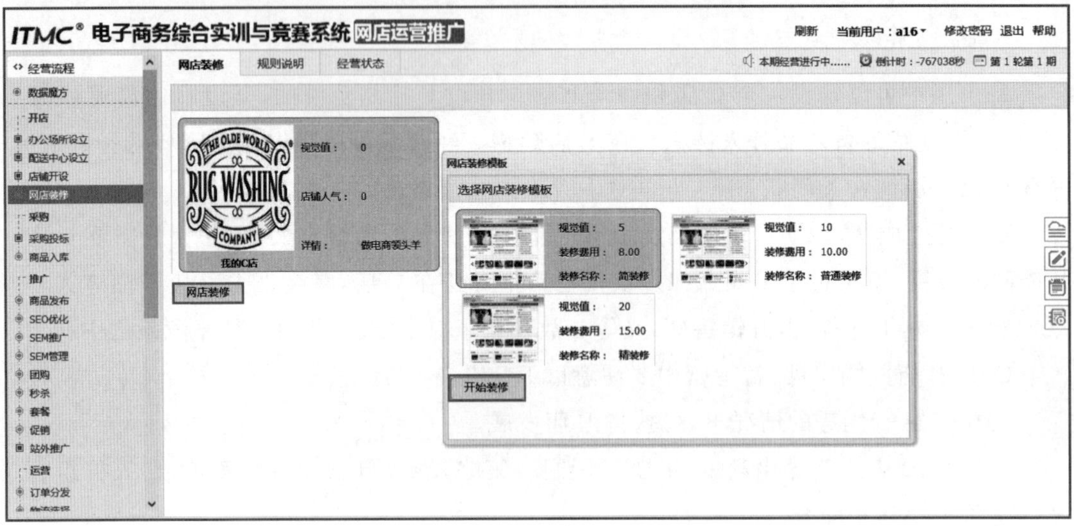

图 2-14 开始装修

(2)流程规则

网店装修分为简装修、普通装修及精装修，每种装修费用及获得的视觉值不同；店铺的视觉值每期都会下降10。视觉值的高低主要影响综合人群成交额。

(3)规则解读

B店和C店均可进行装修，提高视觉值。新手容易只装修C店，而忽略B店。当然B店必须筹备成功才能进行相应操作。

对于低价人群和犹豫不定人群来说，当价格相同时，店铺视觉值的高低是排名第三的决策依据。

课题训练

(1)办公场所设立

按照本课题1.1完成网店办公场所设立，并满足以下建设要求：

第一，办公场所所在城市要靠近目标消费人群，且支出成本较低。

第二，办公室要能够容纳15人同时办公。

第三，招聘4名初级经理，7名中级经理，4名高级经理。

办公场所建设完成后，将支出金额记录在以下方框内。

(2)配送中心设立

按照本课题 1.2 完成配送中心设立,并满足以下建设要求:

第一,配送中心应该建在目标人群所在的城市,且支出成本较低。

第二,租赁一个体积不低于 1 000 的配送中心。

第三,该配送中心的服务范围至少包括 5 个附近的城市。

配送中心租赁完成后,将支出金额记录在以下方框内。

(3)组内讨论

完成经营流程中的开店内容后，组内讨论如何做才是最合适的，并将讨论结果记录在以下方框内。

课题 2 商品采购

商品采购是网店运营中最重要的环节之一。在选品完成后，要对选择的商品进行整理并制订出详细的采购计划，再根据采购计划进行采购投标的操作。

课题内容

微课：采购投标及入库

2.1 采购投标

根据数据魔方的市场需求数据，选择合适类目的商品进行经营，根据供应商提供商品的促销方式、数量、体积、价格制订采购投标方案，通过公开竞标的方式获得商品。

(1)操作流程

步骤一：单击“经营流程”下的“采购投标”，如图 2-15 所示。

步骤二：单击“添加”，弹出采购信息对话框，设置采购信息，然后单击“保存”，如图 2-16 所示。

步骤三：选择一条采购信息，单击“编辑”，弹出采购信息对话框，进行修改设置，然后单击“保存”，如图 2-17 所示。

图 2-15　采购投标

图 2-16　设置采购信息

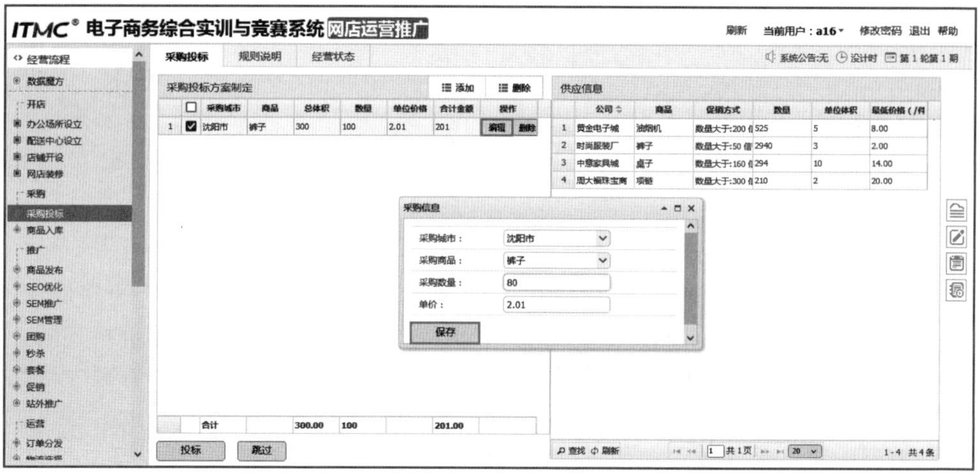

图 2-17　采购信息编辑

步骤四：选择一条采购信息，单击“删除”，如图 2-18 所示。

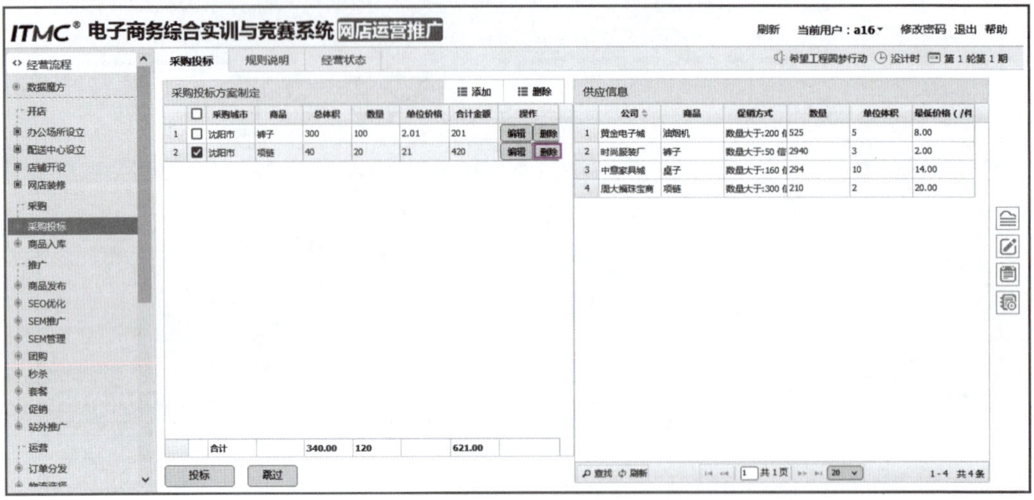

图 2-18 删除采购信息

步骤五：勾选采购信息，确认采购投标方案无误后，单击“投标”，将数据递交到服务器，如图 2-19 所示。注意：要在规定的时间内递交采购投标方案，每期只能递交一次采购投标方案，且递交后无法修改。

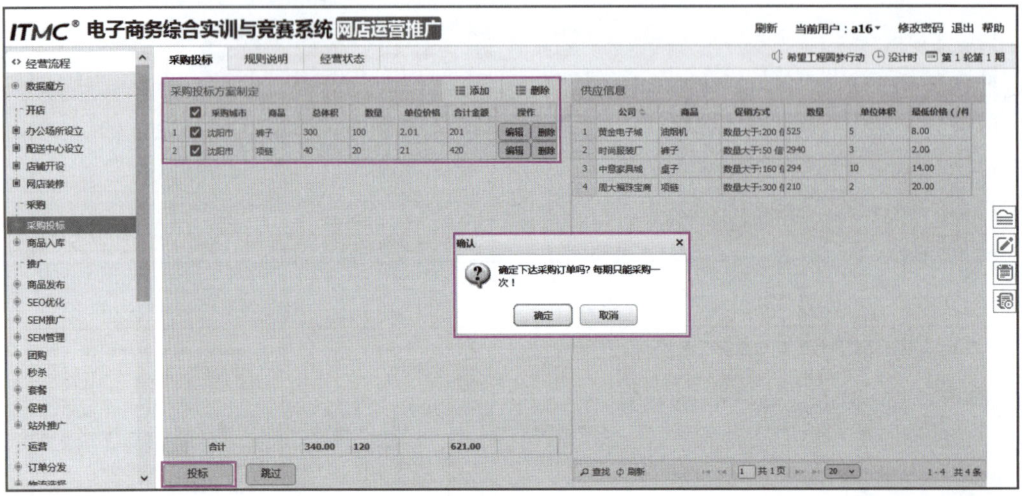

图 2-19 递交采购投标方案

(2)流程规则

系统自动评判中标单位。采购竞标时，同一种商品按照单位价格出价的高低依次进行交易；如果竞标价格相同，则与供应商的关系值高的优先成交；如果竞标价格相同，与供应商的关系值也相同，则媒体影响力高的优先成交；继续比较社会慈善、销售额、投标递交的先后顺序来依次交易。

同种商品一次性采购数量和信誉度都达到卖家的促销方式要求，可以享受价格和账期上的优惠。

在制订采购投标方案时，需要确定合适的采购城市，中标后的商品必须入到该城市的配送中心，如果需要入库其他城市的配送中心，要先入库该城市的配送中心，再进行库存调拨。设履约订单数为 m，违约订单数为 n，则

$$企业信誉度 = 1 \times m - \sum_{i=0}^{n} a_i$$

其中，一个履约订单数增加 1 点企业信誉度，a_i 为第 $i(0 \leqslant i \leqslant n)$ 个违约订单。

社会慈善：为慈善活动捐助的金额，增加慈善金额可以提升企业综合指数。

与供应商的关系值：每次采购成功一个订单，与供应商的关系值加 1。

(3)规则解读

采购商品前要认真分析市场预测图，牢记商品生命周期及平均价格，避免采购即将无市场需求的商品。商品补货时，要适当提高采购价格，确保采购成功，以免产生违约订单。新手在采购时，需要特别注意不要把所有资金都用来采购商品，要留有一定现金，保障网店运营能正常进行下去。

库存调拨时，支付物流费用后，立即完成调拨，无运输周期。

根据采购规则，科学采购应遵循以下四个原则：

①注意阶梯出价，有利于提高采购成功率，估计竞争对手的采购价格区间。

②注意市场上竞争情况，控制采购成本，根据商品策略，确定选择高费高价还是低费低价。

③关注信誉度、采购数量达标后的优惠条件，可以节省采购成本。

④适量采购，确保在商品的生命周期结束前，销售完毕。

2.2　商品入库

对采购投标成功的商品执行入库操作。

(1)操作流程

单击“经营流程”下的“商品入库”，选择采购中标的订单，进行商品入库，如图 2-20 所示。

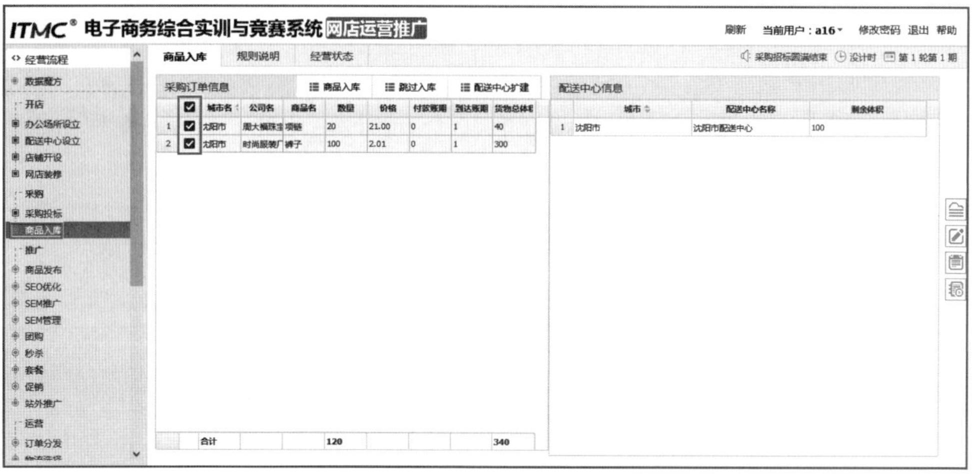

图 2-20　商品入库

(2)流程规则

只有在有配送中心的城市并且配送中心的容量大于入库商品的体积时才可以进行商品入库,采购的商品必须全部入库。

(3)规则解读

必须确保商品的体积之和小于配送中心的容量。如果没有采购到商品,需要单击跳过入库,才可以进入下面的流程。

课题训练

(1)采购商品

按照本课题2.1完成采购投标流程,且符合以下要求:

第一,至少采购3种商品,每种商品数量至少30件。

第二,每种商品均要使用阶梯方式出价。

第三,根据采购方案扩建配送中心,确保商品入库。

完成采购商品后,将支出金额记录在以下方框内。

(2)计算企业信誉度

假设企业现有违约订单10个,履约订单50个,请计算:此刻企业信誉度是多少?

(3)组内讨论

完成经营流程中的采购内容，并组内讨论如何做才是最合适的，将讨论结果记录在以下方框内。

课题3 网店推广

商品上架后，需要有较多的引流才会有较高的销售量。根据企业目标，分析市场情况，结合商品特征、竞争对手预判等，制定自身的推广策略，实施 SEO/SEM 推广、站外推广，成功获取流量。

微课：商品发布

课题内容

3.1　商品发布

在开设的店铺中发布计划销售的商品，填写商品基本信息、物流信息及售后保障信息。

(1)操作流程

步骤一：单击“经营流程”下的“商品发布”，如图 2-21 所示。

步骤二：单击“发布新商品”，设置商品信息，然后单击“发布”，如图 2-22 所示。

步骤三：选择一条商品信息，单击“修改”，如图 2-23 所示，弹出商品信息对话框，进行修改。

图 2-21 商品发布

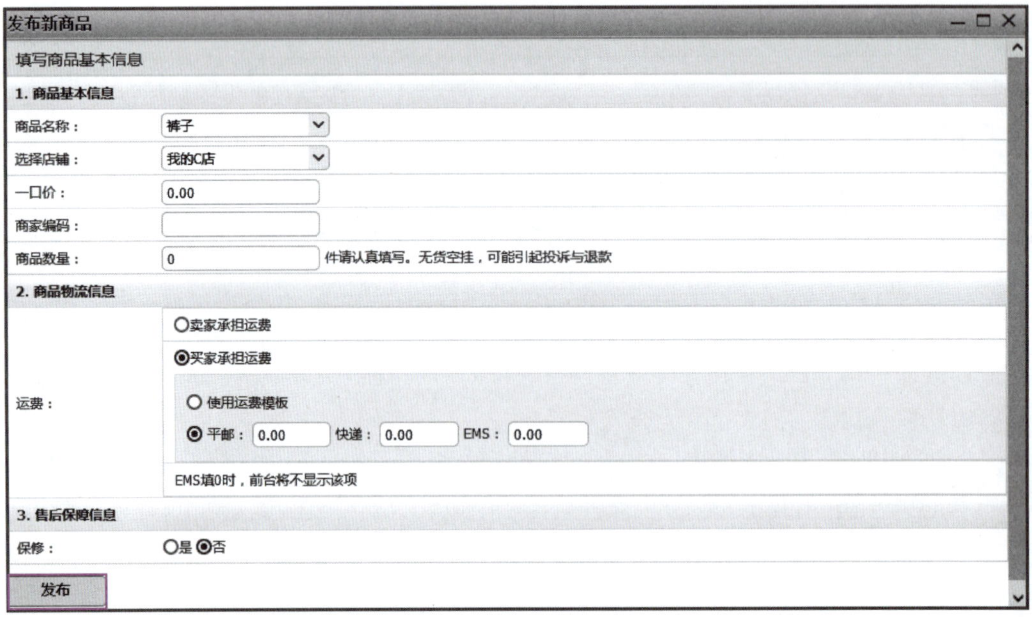

图 2-22 设置商品信息

步骤四：进行上架、下架操作，如图 2-24 所示。上架、下架是指是否在信息平台上显示。

(2)流程规则

若发布商品时，设为卖家承担运费，则商品价格＝商品一口价。若商品价格大于市场平均价格×(1＋不同人群价格浮动率)，则为违规价格，违规价格系统不提示，但不能成交。若发布商品时，设为买家承担运费，则商品价格＝(商品一口价×购买数量＋总物流运费)/购买数量。

不同人群(综合人群、低价人群、品牌人群、犹豫不定人群)价格浮动率由期初教师端

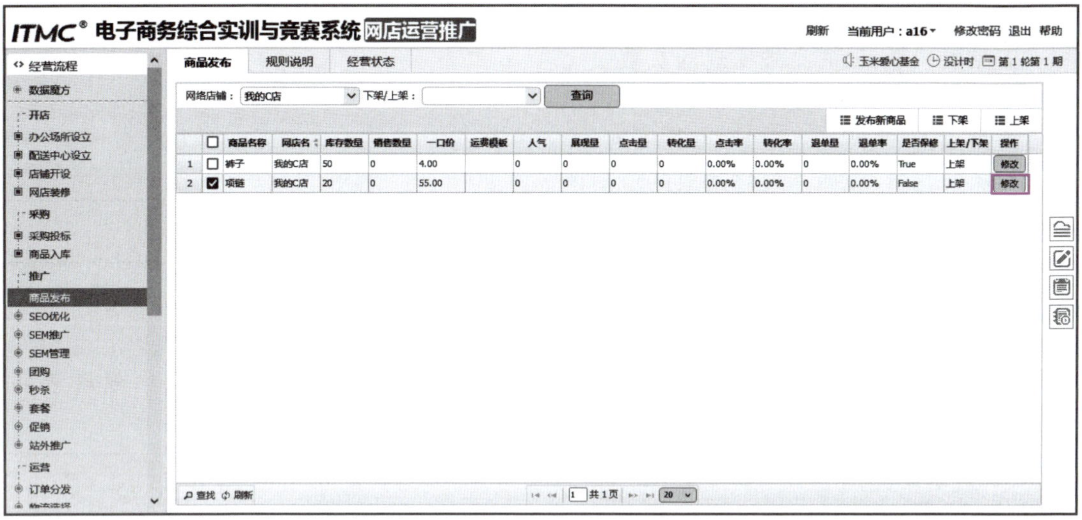

图 2-23　修改商品信息

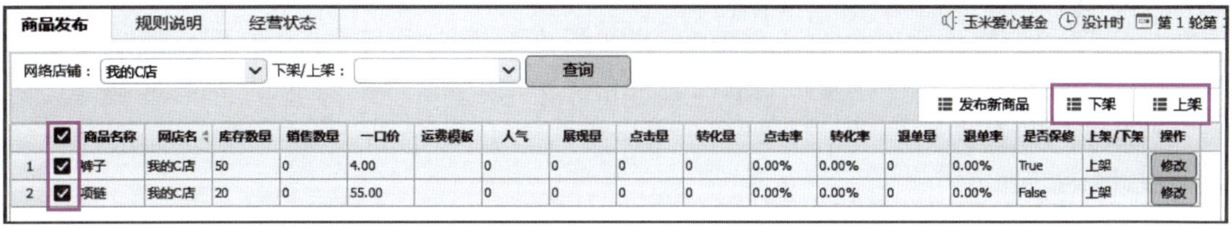

图 2-24　商品上架、下架

设置。

发布商品时，不管设为卖家承担运费还是买家承担运费，卖家都是按照实际物流信息（辅助工具菜单下面可以查询物流信息）支付物流公司实际运费。

商品发布数量＝库存数量＋预售数量。

系统允许商品预售，但是预售数量不能超过20件，若产生交易，必须按照买家要求的到货期限交货，否则卖家将承担违约责任。

商品上/下架：商品必须上架后，才可以进行销售。

物流运费：发布商品时卖家可以选择卖家承担运费或买家承担运费。买家承担运费时，卖家可以创建运费模板或者直接输入各种物流方式的物流运费，买家会根据其选定的物流方式将商品一口价和总物流运费一同支付给卖家；但卖家可以采用任意物流方式运输（只要在买家规定的时间内到达，否则将承担退单的违约责任），配送完成后由卖家支付物流公司的实际运费。卖家承担运费时，买家只需将商品一口价支付给卖家，配送完成后由卖家支付物流公司的实际运费。

创建模板时，卖家可分别设置各种物流方式的默认运费及每超过一件需要增加的运费。每超过一件需要增加的运费不能高于默认运费的50%。如果不创建模板，直接输入各种物流方式的物流运费，则此物流运费为整单（若干件）的物流运费。

保修、发票会产生售后服务费用，会影响对保修有要求的人群的成交和商品绩效。

对涉及的相关指标进行简要说明如下：

商品展现量：该商品被展现的次数。

商品点击量：该商品被点击的次数。

商品点击率：商品点击量/商品展现量×100%。

商品转化量：该商品最终达成的成交单数。

商品转化率：商品转化量/商品点击量×100%。

商品退单量：该商品累计退单的数量。

商品退单率：商品退单量/商品成交量(单数)×100%。

商品绩效：与该商品的点击率、点击量、转化率、转化量、退单率、保修相关。

商品平均点击率：该商品在所有卖家点击量之和/该商品在所有卖家展现量之和×100%。

(3)规则解读

商品发布价格不得超过上限价格，否则无交易产生。综合、品牌人群价格浮动率为20%，低价、犹豫不定人群价格浮动率为10%。商品发布最大数量应为库存数量加上预售数量(20件)。物流费用根据经营策略，选择买家承担或卖家承担，注意运费设置不违规即可。每一期都要对已经发布的商品进行信息更新，包括价格调整、库存数量调整。保修会产生售后服务费用，每件商品的售后服务费用为1元，从确认交货后的下一期开始缴纳，连续缴纳3期。

3.2 SEO优化

SEO优化是指通过优化标题关键词尽可能匹配买方的搜索习惯，在买方搜索某个关键词时，展示与该关键词相关的商品，并取得靠前的自然排名。

微课：SEO优化

(1)操作流程

步骤一： 单击“经营流程”下的“SEO优化”，选择需要优化的店铺商品，如图2-25、图2-26所示。

图2-25 SEO优化

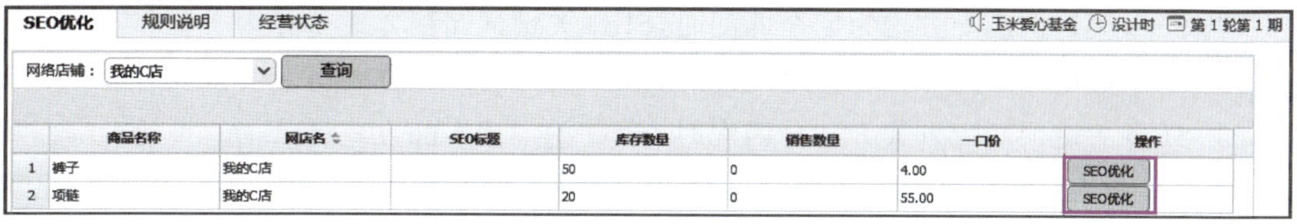

图 2-26　选择优化商品

步骤二：单击“我要淘词”，选择“项链”，根据数据魔方的数据进行选词，单击“加入标题”，最后保存，如图 2-27 所示。

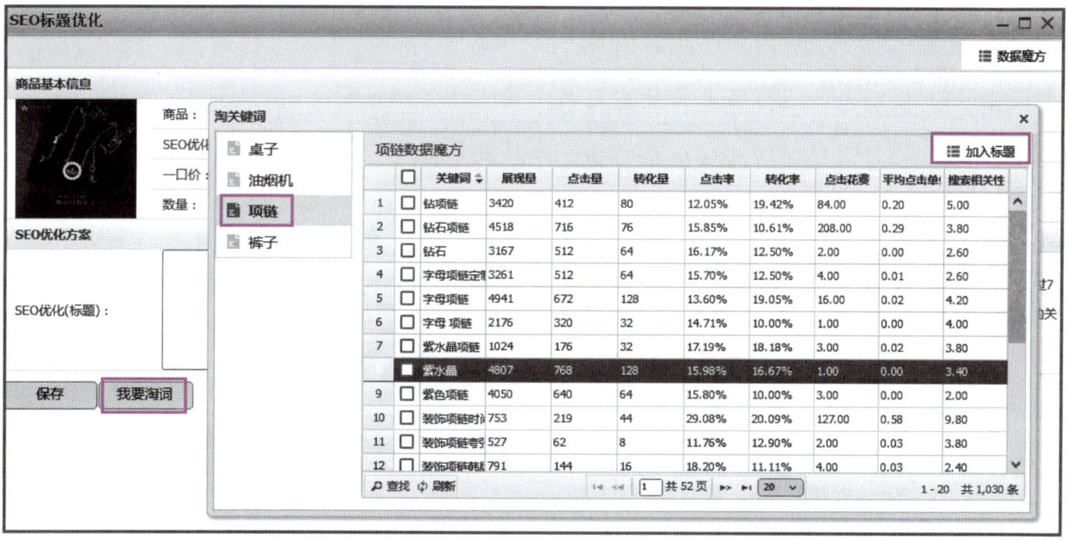

图 2-27　我要淘词

(2)流程规则

每个商品最多设置 7 个关键词，关键词之间用“；”号隔开；如果所设关键词超过 7 个，则保存前 7 个；每个关键词不能超过 10 个字，且大于或等于 2 个字。注意这里设置的关键词是自然流量的关键词。

SEO 商品排名得分＝SEO 关键词排名得分×0.4＋商品绩效得分×0.06，SEO 商品排名得分高者排名靠前。

SEO 关键词排名得分为“0”，则视为卖方设置的标题关键词与买方搜索的词不匹配，不能参加 SEO 排名。

SEO 关键词排名得分＝关键词搜索相关性(数据魔方提供)×SEO 关键词匹配方式得分。

SEO 关键词匹配方式分为完全匹配、高度匹配、部分匹配。

只有当买方搜索的词与卖方设置的标题关键词完全相同时称为完全匹配；当买方搜索的词是卖方设置的标题关键词的子集时称为高度匹配；当买方搜索的词与卖方设置的标题关键词文字部分匹配时称为部分匹配。

当 SEO 关键词匹配方式为完全匹配时，SEO 关键词匹配方式得分为 1 分。

当 SEO 关键词匹配方式为高度匹配时，SEO 关键词匹配方式得分为 0.5 分。

当 SEO 关键词匹配方式为部分匹配时，SEO 关键词匹配方式得分为 0.2 分。

商品绩效得分＝商品点击率得分＋商品点击量得分＋商品转化率得分＋商品转化量得分＋商品退单率得分＋保修得分。

$$\text{商品点击率得分}=\begin{cases}\text{商品点击率}\geqslant\text{商品平均点击率}\Rightarrow 20\text{ 分}\\ \text{商品点击率}<\text{商品平均点击率}\Rightarrow\dfrac{\text{商品点击率}}{\text{商品平均点击率}}\times 20\text{ 分}\end{cases}$$

$$\text{商品点击量得分}=\begin{cases}\text{商品点击量}\geqslant\text{商品平均点击量}\Rightarrow 10\text{ 分}\\ \text{商品点击量}<\text{商品平均点击量}\Rightarrow\dfrac{\text{商品点击量}}{\text{商品平均点击量}}\times 10\text{ 分}\end{cases}$$

$$\text{商品转化率得分}=\begin{cases}\text{商品转化率}\geqslant\text{商品平均转化率}\Rightarrow 20\text{ 分}\\ \text{商品转化率}<\text{商品平均转化率}\Rightarrow\dfrac{\text{商品转化率}}{\text{商品平均转化率}}\times 20\text{ 分}\end{cases}$$

$$\text{商品转化量得分}=\begin{cases}\text{商品转化量}\geqslant\text{商品平均转化量}\Rightarrow 10\text{ 分}\\ \text{商品转化量}<\text{商品平均转化量}\Rightarrow\dfrac{\text{商品转化量}}{\text{商品平均转化量}}\times 10\text{ 分}\end{cases}$$

$$\text{商品退单率得分}=(1-\text{商品退单率})\times 30\text{ 分}$$

$$\text{保修得分}=\begin{cases}\text{提供}\Rightarrow 10\text{ 分}\\ \text{不提供}\Rightarrow 0\text{ 分}\end{cases}$$

(3)规则解读

SEO 是免费流量，是获得订单的主要手段。SEO 商品排名得分主要影响因素有两个：SEO 关键词排名得分和商品绩效得分。而 SEO 关键词排名得分与关键词的匹配方式有很大关系，商品绩效得分与前期累计经营业绩有很大关系。SEO 关键词排名得分最大值为 10 分，商品绩效得分最大值为 100 分。

SEO 优化其实就是给发布的商品命名，即类似于设置淘宝网中的宝贝名称。在进行商品标题优化时，要充分考虑关键词匹配方式、关键词覆盖面等因素。一般来讲，有两类 SEO 优化目标：大而全和小而美。大而全是尽可能地与买家关键词匹配，例如数据魔方为裤子提供了 6 000 多个关键词，那么商品标题要与这 6 000 多个关键词匹配，商品名称比较短。小而美是抓住有限关键词进行匹配，商品名称比较长。

SEO 标题命名方式有两种：一种是从数据魔方中直接选择部分关键词作为商品标题，具有覆盖面小，匹配方式得分高的特点；另一种是根据数据魔方中的关键词规律，进行自定义命名，具有覆盖面大，匹配方式得分低的特点。两种方式各有优劣势，应结合商品绩效进行合理搭配。

三种匹配方式得分案例见表 2-1、表 2-2。

表 2-1　　组合办公桌匹配方式案例

卖家商品词	买家搜索关键词	匹配方式	得分
组合办公桌	组合办公桌	完全匹配	1 分
组合办公桌	组合 or 办公桌	高度匹配	0.5 分
组合办公桌	办公桌配件 or 组合家具	部分匹配	0.2 分
办公桌	办公桌配件 or 组合办公桌	部分匹配	0.2 分

表 2-2　　女士短款棉衣匹配方式案例

卖家商品词	买家搜索关键词	匹配方式	得分
女士短款棉衣	女士短款棉衣	完全匹配	1 分
女士短款棉衣	棉衣、女士短款	高度匹配	0.5 分
女士短款棉衣	女士_短款棉衣、男士_短款棉衣、男士棉衣	部分匹配	0.2 分

3.3　SEM 推广

微课：SEM 推广及管理

SEM 推广是指通过对自己所销售商品相关的关键词出具一定的竞价，在买方搜索其中某个关键词时，展示与该关键词相关的商品，并取得靠前的搜索排名。

(1)操作流程

步骤一： 新建推广计划。单击“经营流程”下的“SEM 推广”，然后单击“新建推广计划”，填写推广计划名称等，最后保存，如图 2-28 所示。

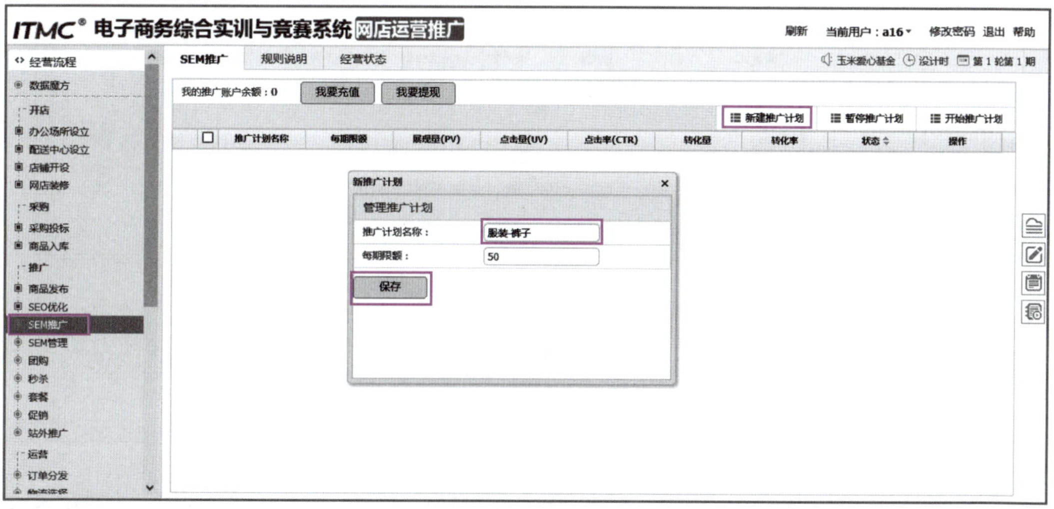

图 2-28　SEM 推广

步骤二： 推广计划建立完成后，默认进入推广组的建立，填写推广组名称、默认竞价，然后单击“保存”，如图 2-29 所示。

此外，还可直接从 SEM 管理界面建立推广组。

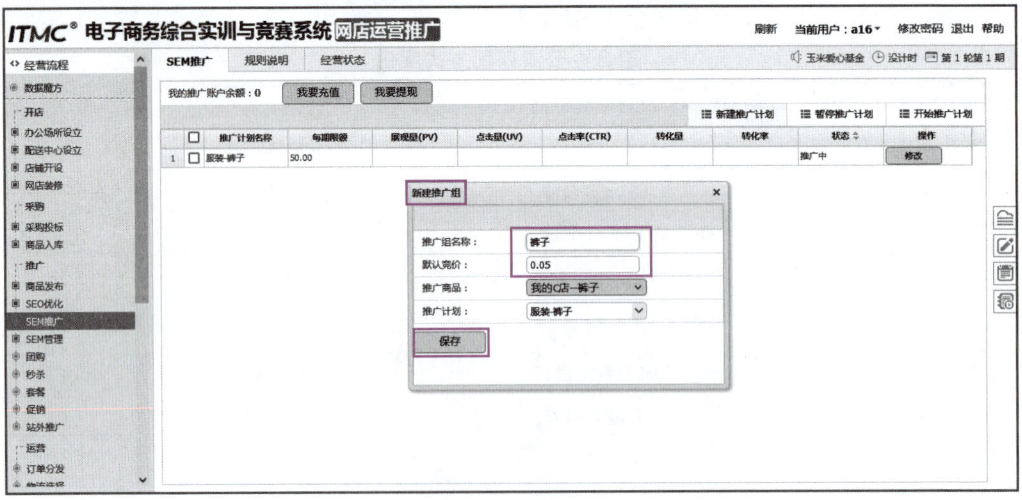

图 2-29　建立推广组

步骤三：推广组建立完成之后，默认进入管理推广关键词界面，如图 2-30 所示。

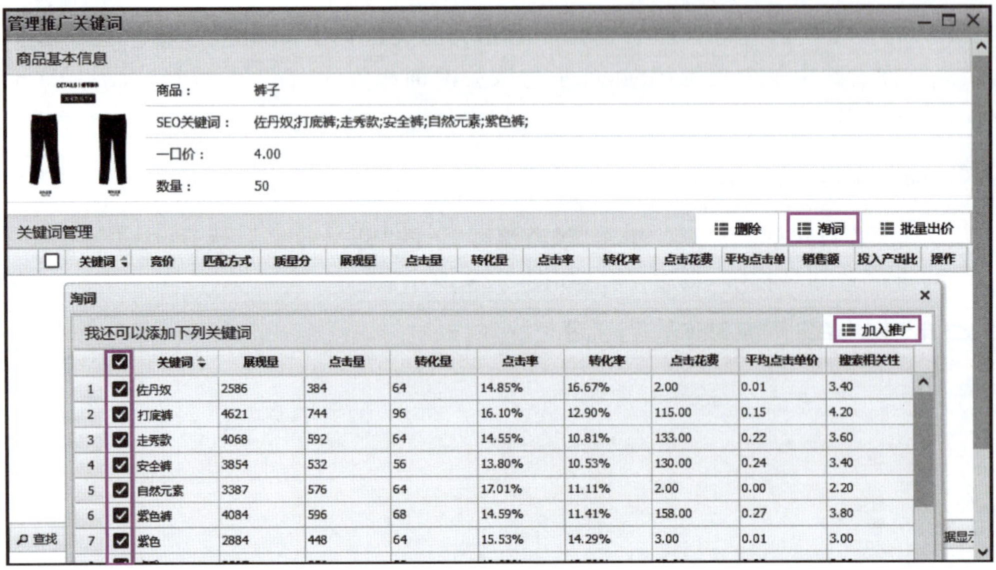

图 2-30　管理推广关键词

步骤四：可以统一为关键词出价及修改匹配方式。单击“批量出价”，修改默认竞价和匹配方式，如图 2-31 所示。

(2)流程规则

推广时需要制订推广计划，推广计划包含每期推广限额，每个卖家最多可以制定 4 个推广计划。SEM 推广账户余额为“0”则无法进行 SEM 推广，必须先充值才可以进行 SEM 推广。

SEM 商品排名得分的计算公式为

$$\text{SEM 商品排名得分} = \text{质量分} \times \text{竞价}$$

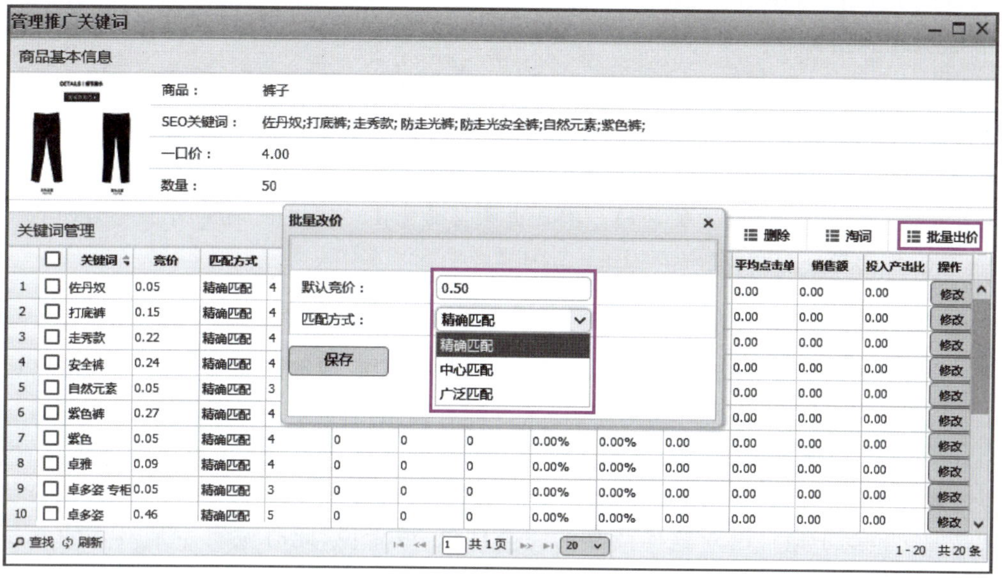

图 2-31　批量出价

其中，质量分＝关键词搜索相关性（数据魔方提供）×0.4＋商品绩效得分×0.06。

竞价：为使商品取得靠前的排名而为某关键词所出的一次点击的价格。

SEM 关键词匹配方式分为：精确匹配、中心匹配、广泛匹配。

精确匹配时，只有当买方搜索的词与卖方投放的关键词完全相同时才能被搜索到。

中心匹配时，当买方搜索的词是卖方投放的关键词的子集时也能被搜索到。

广泛匹配时，买方搜索的词与卖方投放的关键词有一部分相同即可被搜索到。

（3）规则解读

SEM 是收费流量，也是获得订单的主要手段。SEM 排名与竞价和质量分有关，质量分由系统自动计算给出，竞价由经营者给出。质量分也受商品绩效得分影响。SEM 也存在三种匹配方式，但这三种匹配方式不影响 SEM 排名。但是关键词匹配方式必须与经营者设置的匹配方式相同，才符合 SEM 排名，即起到流量过滤作用。另外，SEM 推广账户必须有金额才能有效推广，否则无法进行 SEM 推广。

要提高 SEM 商品排名得分，可以提高质量分，也可以提高竞价。根据质量分计算公式，可以计算出质量分最大值为 10 分，即通过提高质量分来提升 SEM 商品排名，是有上限的。此时，要继续提升 SEM 商品排名，只能通过提高竞价来实现。

3.4　SEM 管理

SEM 管理是指根据推广计划，针对每种商品可以设计不同的推广组，每个推广组可以根据关键词制定相应的出价策略。

（1）操作流程

SEM 管理操作见本课题 3.3 操作内容。

(2)流程规则

每个推广计划包含若干个推广组，每个推广组对应一个商品，每个商品也只对应一个推广组，所以针对同一个商品的不同关键词设定不同的竞价可以更好地达到 SEM 推广效果。

卖家实际为某个 SEM 关键词的一次点击所付的费用＝该关键词排名下一名的竞价×(下一名的质量得分/你的质量得分)＋0.01

(3)规则解读

一定要牢记 SEM 扣费计算公式。对于该计算公式的理解可阅读有关第二价格密封拍卖的内容。在第二价格密封拍卖中，每个投标者提交密封的交易价格，出价最高者赢得商品，但交易却以所有出价中的第二高价进行。针对这种拍卖方式的具体运作特点，投标者应该如何制定自己的竞拍策略？维克里指出，如果执行这种程序，每个投标者的最优战略就是使出价等于他自己对这件商品的完全估价，或者说，此时诚实才是最好的竞拍策略。因为在第二价格密封拍卖中，当一个投标者获胜时，他最后支付的成交价格独立于其出价。所以，在没有串通的情况下，每个投标者的最优战略就是依照自己对拍卖商品的估价据实竞标。当低于这个价格时，将降低投标者赢得商品的概率；而高于此价格，虽然可以提高投标者赢的概率，但他获得了一场无利润的交易，因为他必须支付的价格可能高于其对商品的估价。

3.5 团购

根据经营需求，卖家可以组织针对某种商品的团购活动，用来增强犹豫不定人群的购买需求，增加店铺人气、商品人气。

微课：营销活动

(1)操作流程

单击“经营流程”下的“团购”，单击“添加”，弹出添加新团购窗口，如图 2-32 所示。

图 2-32 团购

(2)流程规则

团购价格的计算公式为

团购价格＝商品价格×团购折扣

收益：获得商品人气 2，店铺人气 2。

对象：适用于犹豫不定人群。

(3)规则解读

团购仅仅适用于犹豫不定人群。团购虽然成交较困难，但较容易获得大量店铺人气和商品人气，直接影响综合人群成交。注意团购只要参加，不成交也会增加人气 1。团购最高件数为 20，最低件数为 10，一个商品只能发布一次。

团购不受库存限制，容易“爆单”。使用团购时，要做好“爆单”准备及补货计划。

3.6　秒杀

根据经营需求，卖家可以发布若干件折扣为五折的商品，用来吸引买家抢购，迅速增加店铺人气、商品人气。

(1)操作流程

单击“秒杀”，选择需要秒杀的店铺商品，然后单击“开启秒杀”，如图 2-33 所示。

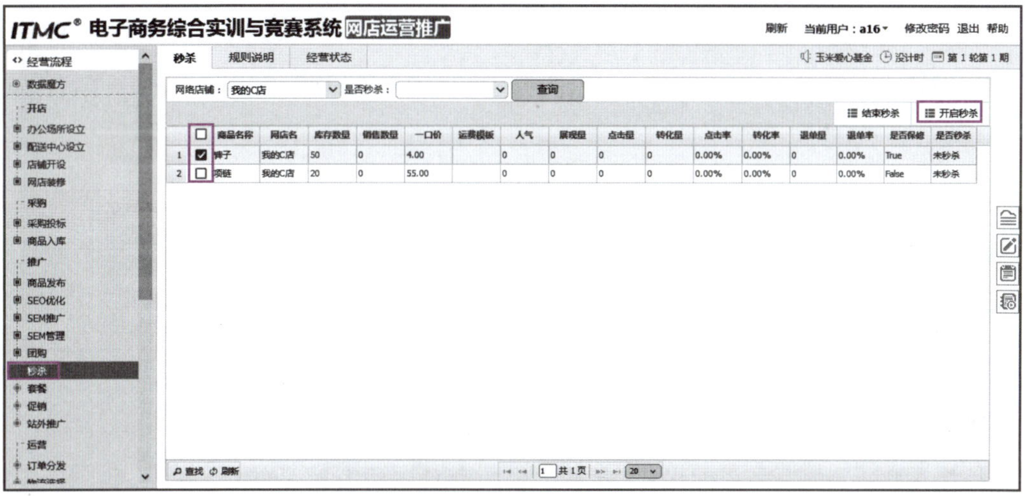

图 2-33　秒杀

(2)流程规则

秒杀价格的计算公式为

秒杀价格＝商品价格×50％

收益：获得商品人气 4、店铺人气 4。

对象：适用于所有人群。

(3)规则解读

秒杀适用于所有人群，价格为商品价格的五折。成交后可以获得大量人气。

秒杀的作用主要有两个方面：一是快速获得大量人气，二是清理库存。通过秒杀获得大量人气时，要选择价格低的商品，这样可以以最小损失获得大量人气。

3.7 套餐

根据经营需求，卖家可以对多种商品进行组合搭配销售，用来吸引买家抢购，增加店铺人气和商品人气。

(1)操作流程

单击“套餐”，进入状态设置，然后单击“添加”，设置套餐商品，最后单击“保存”，如图 2-34 所示。

图 2-34 套餐

(2)流程规则

套餐可组合多种商品搭配出售，套餐价格＝套餐内所有商品的单价的总和。套餐内商品的单价由卖家制定，但是套餐内除引流商品外，其余商品不能高于当地商品一口价。引流商品一口价＋物流运费＞套餐内引流商品单价＋套餐物流运费。

例如：买家正常购买 A 商品一口价为 5 元，物流运费为 2 元，卖家提供套餐为商品 A 单价 4 元，商品 B 单价 3 元，套餐物流运费为 2 元。某买家欲购买商品 A，则商品 A 为引流商品。判定 1：买家正常购买一件商品 A 总共花费 5＋2＝7 元；购买卖家提供的套餐商品 A 的花费为 4＋2＝6 元。7＞6，则判定 1 成功。判定 2：判定 1 成功后判定 B 商品是否低于当地商品一口价，如果高于当地商品一口价，则失败，买家放弃购买套餐；否则成功，买家购买套餐。

套餐数量未设定预售上限，不受库存数量限制。

套餐商品只生成一个订单。

收益：获得店铺人气 2、商品人气 2。

对象：适用于所有人群。

(3)规则解读

套餐成交条件比较苛刻且易变化。因为引流商品会变化，成交条件也就随之发生变化。但是不管怎么变化，都必须符合成交条件。套餐件数最大为 1 000 件，也不受库存限制，是销售库存积压商品的好方法。

3.8　促销

根据经营需求，卖家可以对某种或某几种商品进行满就送促销、多买折扣促销、买第几件折扣促销，用来吸引买家抢购，增加店铺人气和商品人气。

(1)操作流程

合理选择促销的 3 种策略，如图 2-35 所示。

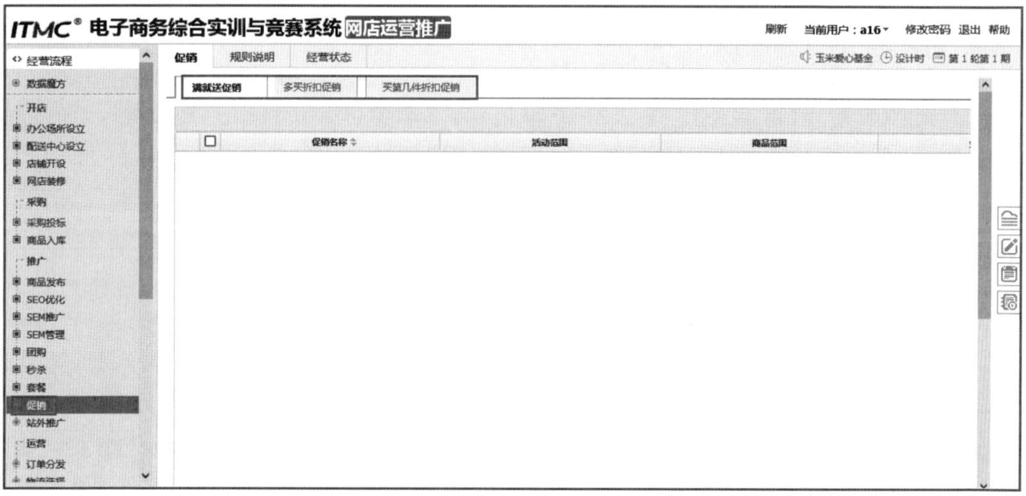

图 2-35　促销

满就送促销：可设置金额满多少元优惠多少元。如满 100 元，优惠 5 元，即卖家支付 95 元。

多买折扣促销：设置最低购买商品的件数，享受折扣。如珍珠商品价格为 20 元，最少购买 5 件，可享受 8 折，买家购买 6 件时，支付 $20\times6\times0.8=96$ 元。

买第几件折扣促销：设定一个第几件折扣数，当购买的商品达到这个数量时，本件商品即享受优惠折扣，下一件商品再重新计数，以此类推。

(2)流程规则

收益：获得店铺人气 2、商品人气 2。

对象：所有购买人群。

满就送促销：

正常购买（订单类型分为正常购买、秒杀、团购、套餐四种类型）时的成交总金额达到设定的金额就可以享受返现金的优惠活动。

卖家可以根据经营需求设定活动范围，选择参加活动的商品。

当正常购买的成交总金额大于或等于设定的金额时：

成交总金额＝商品价格×商品件数－总优惠额

＝商品一口价×商品件数＋正常购买时总物流运费－总优惠额

例如：商品一口价 5 元，商品件数 4 件，总物流运费 4 元，满 20 元送 3 元，此时，5×4＋4＞20，所以成交总金额＝5×4＋4－3＝21 元。

多买折扣促销：

顾客一次性正常购买数量达到设定数量，促销后全部按折扣后金额付款。

成交总金额＝商品价格×商品件数×折扣数值×0.1

＝（商品一口价×商品件数＋正常购买时总物流运费）×折扣数值×0.1

例如：商品一口价 5 元，商品件数 4 件，总物流运费 4 元，买 4 件 8 折，此时，成交总金额＝（5×4＋4）×8×0.1＝19.2 元。

买第几件折扣促销：

成交总金额＝商品价格×商品件数－单个优惠金额×优惠商品数量

单个优惠金额＝商品价格×（1－折扣数值×0.1）

优惠商品数量＝（商品件数/第几件折扣数）向下取整

例如：商品一口价 5 元，商品件数 4 件，总物流运费 4 元，第 3 件 5 折。

计算如下：

成交总金额＝商品价格×商品件数－单个优惠金额×优惠商品数量

＝商品价格×商品件数－商品价格×（1－折扣数值×0.1）×（商品件数/第几件折扣数）向下取整

＝商品价格×［商品件数－1×（1－折扣数值×0.1）×（商品件数/第几件折扣数）向下取整］

＝［（商品一口价×商品件数＋正常购买时总物流运费）/商品件数］×［商品件数－1×（1－折扣数值×0.1）×（商品件数/第几件折扣数）向下取整］

＝（商品一口价×商品件数＋正常购买时总物流运费）×［1－（1－折扣数值×0.1）/商品件数×（商品件数/第几件折扣数向下取整）］

＝（5×4＋4）×［1－（1－5×0.1）/4×（4/3 向下取整）］

＝21（元）

（3）规则解读

3 种促销方法各有特点，应牢记促销规则，并能计算出最终促销价格。3 种促销方法同时满足时，系统会选择最优促销方法生成订单。

3.9 站外推广

根据公司经营需求，卖家可以对已经筹建完成的 B 店发布的商品，选择央视、网络广告联盟、百度三种媒体中的一种或多种进行推广，用来增强品牌人群的购买需求，增加店铺人气及商品人气。

（1）操作流程

单击“经营流程”下的“站外推广”，再单击“添加”，弹出对话框，设置投标信息，如图 2-36、图 2-37 所示。

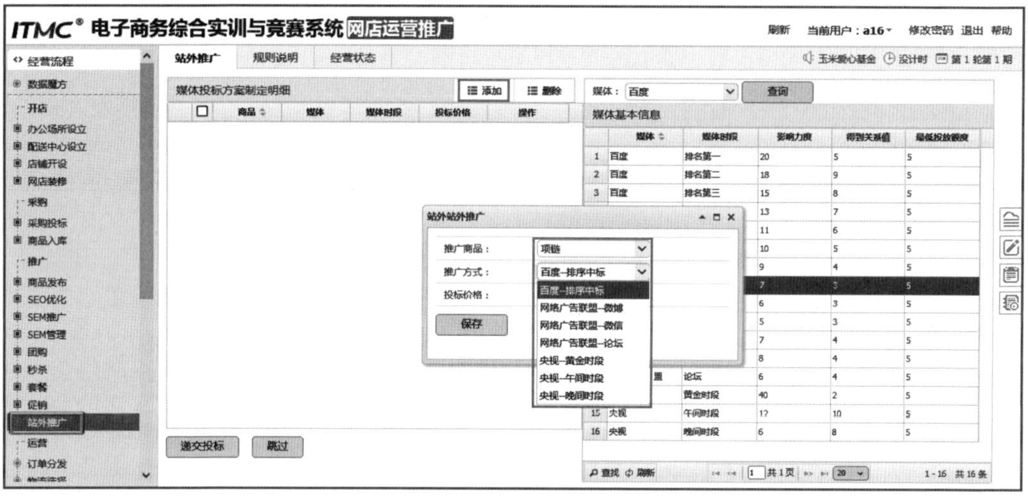

图 2-36　添加站外推广

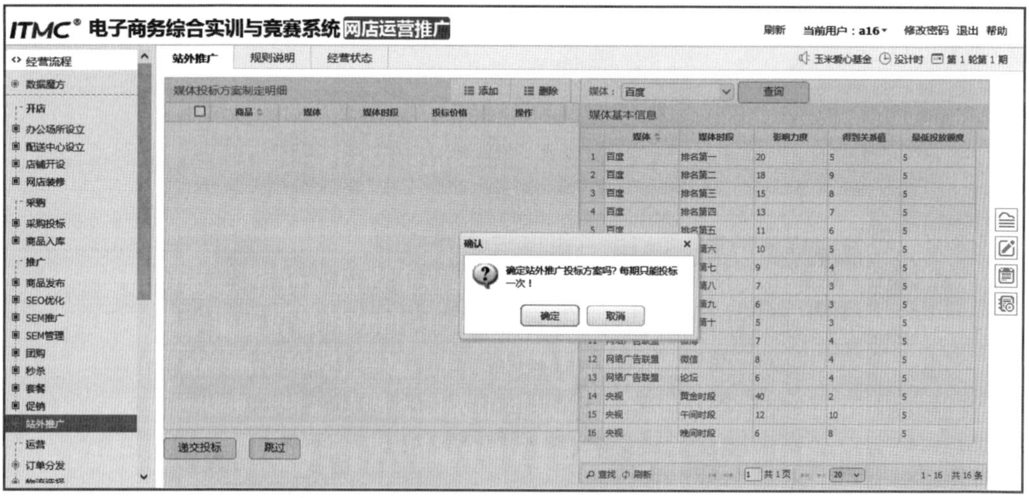

图 2-37　确认投标信息

（2）流程规则

站外推广包括三种媒体：央视、网络广告联盟和百度。央视包括黄金时段、午间时段和晚间时段，网络广告联盟包括微博、微信和论坛，百度提供了十个媒体时段：排名第一至排名第十。每个媒体时段对应的媒体影响力和关系值都不同，获得相应的媒体时段最低投标价格均为 5 元，但实际中标价格远远高于 5 元。

(3)规则解读

同一个商品可以分别在 C 店和 B 店进行同一个媒体时段投标。

课题训练

(1)某商品的数据见表 2-3,请计算此商品的绩效,并填入表 2-3。

表 2-3 商品绩效指标值

类目	本店的值	市场平均值	得分
点击率	20%	15%	
点击量	345	300	
转化率	18%	20%	
转化量	4	5	
退单率	10%	/	
是否保修	是	/	
商品绩效			

(2)根据 SEO 关键词匹配方式填写表 2-4。

表 2-4 SEO 关键词匹配

卖家商品词	买家搜索关键词	匹配方式	得分
新款保暖加厚羽绒服	新款保暖加厚羽绒服		
新款保暖加厚羽绒服	保暖加厚羽绒服		
新款保暖加厚羽绒服	2023 新款冬羽绒服		
冬羽绒服	2023 新款冬羽绒服		
冬羽绒服	女_冬季羽绒服		

(3)完成经营流程中的推广内容后,组内讨论如何做才是最合适的,并将讨论结果记录在以下方框内。

课题 4　网店运营

站外推广结束后，进入运营环节。订单分发是指将本期获得的订单进行整理、分类后，根据商品的到达城市，选择适当的配送中心准备货物出库。如果本期商品库存不足，就需要手动选择部分订单优先发出，以确保商品能够按时派送给买家，从而防止产生违约订单。

课题内容

微课：网店运营

4.1　订单分发

卖家将订单进行整理、分类后，根据到达城市，选择适当的配送中心准备货物出库。

(1)操作流程

步骤一： 单击“经营流程”下的“订单分发”，如图 2-38 所示。

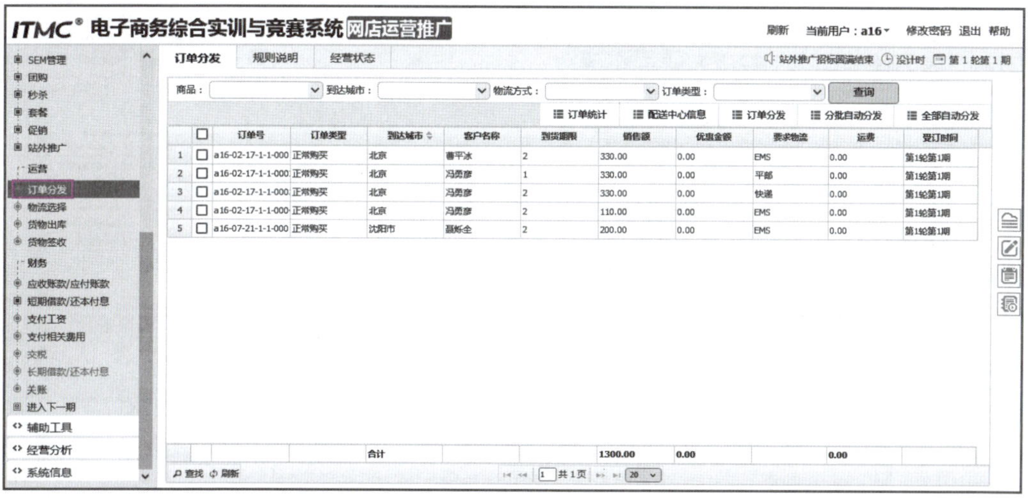

图 2-38　订单分发

步骤二： 单击“订单统计”，查看订单的详细统计信息。

步骤三： 单击“配送中心信息”，查看配送中心里各种商品的库存信息。

步骤四： 单击“订单分发”，选中某个或某几个订单进行分发。

步骤五： 单击“分批自动分发”，可以将此版面的订单或选中的订单自动分发。

步骤六： 单击“全部自动分发”，可以使订单全部自动分发。

(2)流程规则

订单分发分为手动分发和自动分发两种:手动分发需要卖家为每张订单选择货物出库的配送中心,自动分发则按照订单的顺序,根据配送中心已设定好的配送范围内的城市,自动选择货物出库的配送中心。自动分发可以选择全部自动分发或者分批自动分发。

(3)规则解读

根据商品的到达城市,选择适当的配送中心准备货物出库。如果只有一个配送中心,手动分发和自动分发都只能选择这个配送中心;如果有两个或两个以上配送中心,要根据每个配送中心的配送区域范围选择配送城市。一般情况是根据商品到达城市由地理距离最近的配送中心配送。同时,要根据库存情况和订单金额、周期情况,合理选择订单分发。此外,也要根据库存量、订单利润情况,选择订单分发方式。

4.2 物流选择

卖家将已经指定配送中心的订单进行整理、分类,选择适当的物流方式准备货物出库。

(1)操作流程

步骤一: 单击“经营流程”下的“物流选择”,如图 2-39 所示。

图 2-39 物流选择

步骤二: 单击“订单统计”,查看订单的详细统计信息。

步骤三: 单击“配送中心信息”,查看配送中心里各种商品的库存信息。

步骤四: 单击“安排物流”,选中某个或者某几个订单,进行订单物流配送方式选择。

步骤五: 单击“分批自动安排”,将为此版面的订单按照配送中心设定的物流配送方式进行配送。

步骤六：单击“全部自动安排”，将为全部订单按照配送中心设定的物流配送方式进行配送。

(2)流程规则

物流方式选择蚂蚁快递，则运输周期为 2 期，即本期发货，下期到达；若选择 EMS，则运输周期为 3 期，即本期发货，隔一期到达；若选择平邮，则运输周期为 4 期，即本期发货，隔两期到达。

物流方式选择分为手动安排和自动安排两种：手动安排需要卖家为每张订单手动选择运输货物的物流方式，自动安排按照配送中心已设定好的物流方式自动安排运输货物的物流方式。自动安排可以选择全部自动安排或者分批自动安排。

选择同种物流方式，达到一定数量和金额，可以享受优惠。

(3)规则解读

订单周期是选择物流方式的第一标准。订单周期有 1 期和 2 期，物流周期有 2 期、3 期和 4 期。这里需要清楚订单周期和物流周期的关系，两者的时间起点计算标准不一样，所以有时间差，具体见表 2-5 和表 2-6。

表 2-5　　订单周期

周期	订单本期	本期+1	本期+2	本期+3
1 期	0	1		
2 期	0	1	2	

观察表 2-5 发现，订单周期的起始时间是订单本期的下一期。例如，订单产生时间是第 1 轮第 1 期，订单周期是 2 期，那么收货最迟时间是在第 2 轮第 1 期。

表 2-6　　物流周期

周期	发货本期	本期+1	本期+2	本期+3
2 期	1	2		
3 期	1	2	3	
4 期	1	2	3	4

观察表 2-6 发现，物流周期的起始时间是发货本期。例如，在第 3 轮第 1 期选择蚂蚁快递(2 期)发货，那么商品会在第 3 轮第 2 期到。

由此可以得到如下结论：

1 期订单，只能选择蚂蚁快递发货，否则就会违约，而且 1 期订单不能延期发货。

2 期订单，可以使用蚂蚁快递(2 期)和 EMS(3 期)发货，且 2 期订单可以延期 1 期发货，但必须使用蚂蚁快递补发货。

至此，我们发现平邮好像毫无用处，发平邮必然会违约。那么平邮到底有没有用处呢？当然是有的。当订单肯定违约，但是又想尽可能降低违约惩罚时，就可以发平邮。发货违约惩罚较轻，而且平邮需要 4 期，即 4 期后违约惩罚才会产生。这样做既降低了惩罚力度，又延缓了惩罚时间。

为了尽快回笼资金，可以优先选择蚂蚁快递。

4.3 货物出库

根据订单的到货期限，合理安排商品出库。

(1)操作流程

步骤一： 单击“经营流程”下的“货物出库”，如图 2-40 所示。

图 2-40 货物出库

步骤二： 单击“订单统计”，可以看到出库订单汇总。

步骤三： 选择订单，单击“配送中心信息”可查看配送中心各种商品的库存信息。

步骤四： 选择订单，单击“分批出库”，可以进行某个或某几个订单的出库。

步骤五： 单击“全部出库”，则按照商品配送中心设置的配送区域和物流方式进行发货。

步骤六： 单击“修改出库仓库”，可以更改配送中心的发货地址。

步骤七： 单击“修改物流方式”，可以更改商品配送时的物流方式。

(2)流程规则

卖家会按照物流路线信息自动支付物流公司实际运费。如果当前配送中心库存不足，可以进行库存调拨。

(3)规则解读

库存不足时，优先出库 1 期订单(2 期订单有一次延期补发货机会)；订单周期相同的情况下，优先出库订单金额大的或利润大的。尽可能降低库存不足带来的损失。需要注意的是，出库时需要支付物流费用，所以要留有足够的现金支付物流费用。

4.4 货物签收

根据不同物流方式的运输周期，在要求的到货期限之内到达的订单，买家会直接签收，签收后货款直接到账。

（1）操作流程

步骤一：单击“经营流程”下的“货物签收”，如图 2-41 所示。

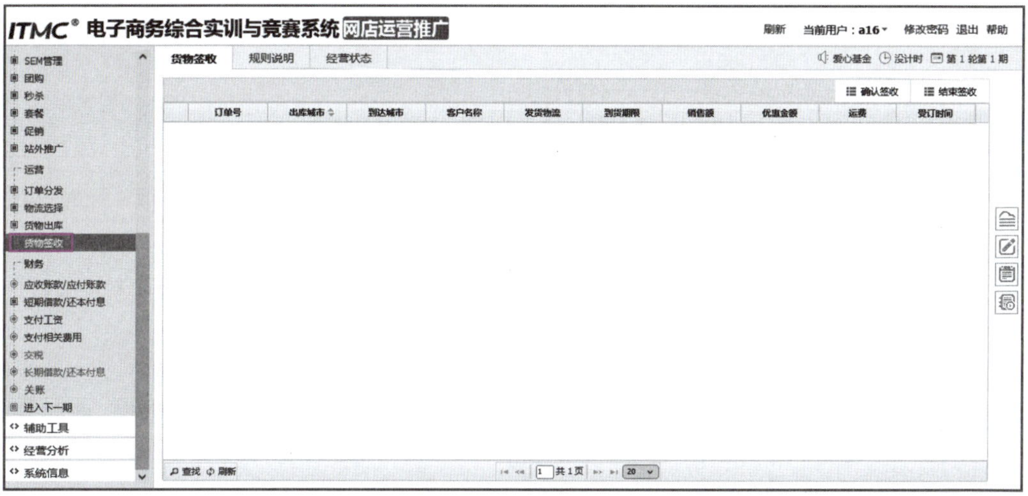

图 2-41 货物签收

步骤二：单击“确认签收”，客户确认付款。执行完签收后，单击“结束签收”。

（2）流程规则

三种物流方式配送的订单，货款均在签收后直接到账。

如果未在订单要求的到货期限之前到货，买家将拒绝签收，客户将退货，物流运费由卖家承担，并影响卖家的信誉度和商品评价；如果在买家要求的到货期限届满后仍未发货，对卖家的信誉度和商品评价造成的影响会很大。

（3）规则解读

货物签收后，资金回笼。如果没有货物签收，可直接结束签收。

课题训练

（1）发货周期。物流方式有三种：蚂蚁快递、EMS、平邮，订单到货期限有两种：1 期、2 期，请在以下方框内详细列出 1 期订单可使用的物流方式，2 期订单可使用的物流方式，并说明原因。

(2)小江的C店在第1轮第1期有两笔项链订单：订单A到货期限为1期、商品数量为10条、物流要求EMS；订单B到货期限为2期、商品数量为20条、物流要求平邮。小江查看库存，发现项链库存数量为25条，请问小江该如何处理订单？

(3)完成网店运营流程中的运营内容后,组内讨论如何做才是最合适的,并将讨论结果记录在以下方框内。

课题 5 网店财务

财务是网店运营过程中必须重视的一个环节,它是保障网店正常运营的基础,也是开展各类运营活动的基本保障。

课题内容

微课:财务管理

5.1　应收账款/应付账款

更新应收或应付账款账期,接收或支付本期到期的应收账款或应付账款。

(1)操作流程

单击“经营流程”下的“应收账款/应付账款”,单击“接收/支付”按钮,完成应收和应付账款结算,如图 2-42 所示。

(2)流程规则

应收账款是指企业正常的经营过程中因销售商品、提供劳务等业务,被购买单位所占用的资金,属于企业的一项债权。

应付账款是企业购买商品、材料或接受劳务供应等而应付给供应单位的款项,是交易

图 2-42　应收账款/应付账款

双方在业务活动中由于取得物资或接受劳务与支付货款或劳务款项在时间上的不一致而产生的负债。

(3)规则解读

对于应付账款，按照规定支付即可，如果没有足额现金支付，即为破产。

5.2　短期借款/还本付息

更新短期贷款账期、还本付息或者获得新的贷款。

(1)操作流程

单击“经营流程”下的“短期借款/还本付息”，单击“还本付息”按钮，从现金中扣除贷款的本金和利息，按钮为灰色时，表示本期不需要还款，如图 2-43 所示。

如果需要贷款，可在下方选择贷款金额，进行短期贷款或者民间融资。

(2)流程规则

更新短期贷款账期：企业的短期贷款在每执行一次本项任务后账期缩短一期。

还本付息：短期贷款到期后，需要归还本金，并支付全部利息。例如，短期贷款 100 元，到期后，需要支付 100×5%=5 元的利息，因此，需要支付本金与利息共计 105 元。

获得新的贷款：短期贷款在每一期可以随时申请。可以申请的最高额度为：上一轮所有者权益×2－已有短期贷款额。民间融资与短期贷款的规则类似，只是贷款的利率不同。

无论短期贷款还是民间融资均以 100 元为最低贷款单位。短期贷款及民间融资贷款期限为 2 期。每期内可以随时进行贷款，但是每期初如果有到期需要归还的贷款，必须首先还款后才能再贷。

融资规则见表 2-7。

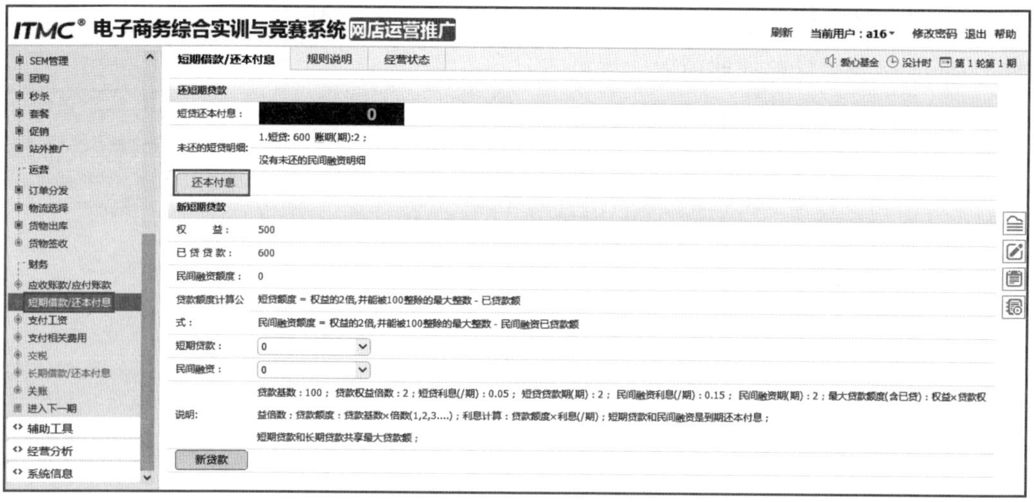

图 2-43 短期借款/还本付息

表 2-7 融资规则

融资方式	规定贷款时间	贷款额度	还贷规定	利率	贷款期
短期贷款	每期任何时间	上轮所有者权益的两倍－已贷短期贷款额	到期一次还本付息	5%	2 期
民间融资	每期任何时间	上轮所有者权益的两倍－已贷民间融资额	到期一次还本付息	15%	2 期

(3)规则解读

融资的原则就是在保证现金流不断的情况下，尽量减少贷款成本，降低资金风险。短期贷款和民间融资是两个相互独立的融资方式，两者唯一的区别就是利息不同，一个低，一个高。所以，在进行贷款时，要根据自己的运营策略和资金需求去合理搭配融资方式，保证现金流不断。一般情况下，优先考虑短期贷款，不到迫不得已的时候，不要进行民间融资。

5.3 支付工资

按期支付员工的工资。

(1)操作流程

单击“经营流程”下的“支付工资”，然后单击页面右侧的“支付工资”，从现金中扣除人员工资，如图 2-44 所示。

(2)流程规则

不同城市的工资差不同，会影响员工的工资。员工工资的计算公式为

$$员工工资=基本工资\times(1+工资差)\times(1+工资增长率)$$

(3)规则解读

初级经理有工资增长率，而中级经理和高级经理没有工资增长率，也即经过一定的轮

期后，初级经理的工资会超过中级经理和高级经理的工资。但是初级经理的业务能力是最低的，此时雇佣中级经理或高级经理更为合适。

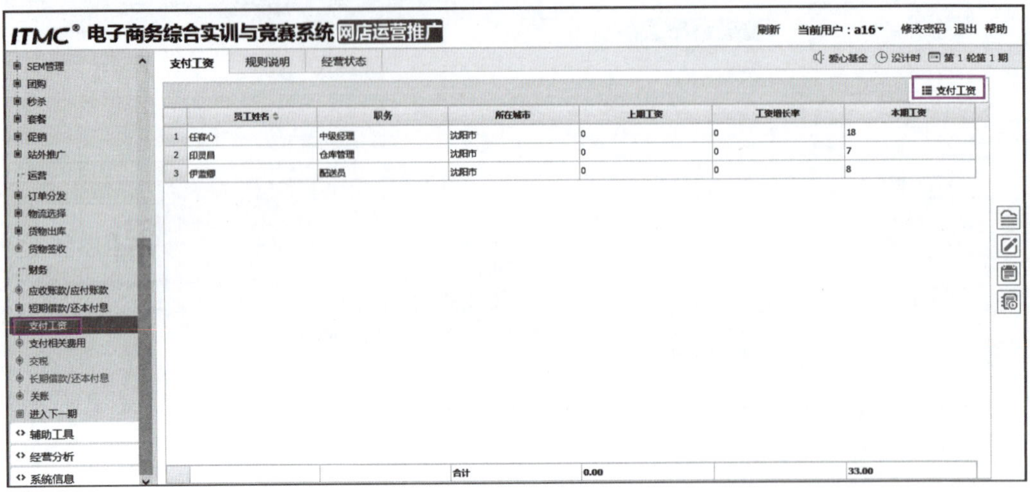

图 2-44 支付工资

5.4 支付相关费用

按期支付相应的租赁费、维修费、售后服务费、库存管理费、行政管理费。

(1)操作流程

单击“经营流程”下的“支付相关费用”，然后单击“支付”按钮，确定支付各项费用，如图 2-45 所示。

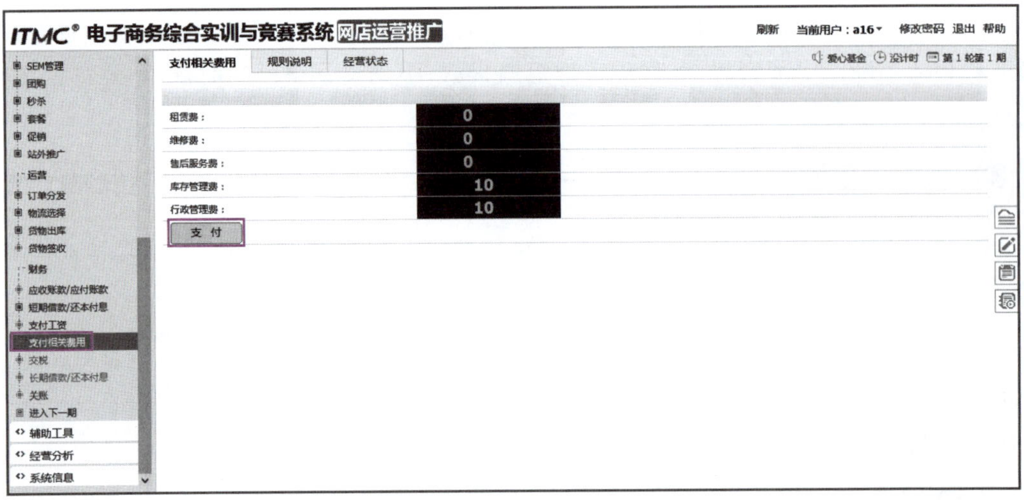

图 2-45 支付相关费用

(2)流程规则

办公室相关费用和配送中心相关费用分别见表 2-8 和表 2-9。

表 2-8　　办公室相关费用　　单位:元

办公室类型	普通办公室	豪华办公室
租赁费	96	160
维修费	4	8
搬迁费	5	26

表 2-9　　配送中心相关费用　　单位:元

配送中心类型	小型配送中心	中型配送中心	大型配送中心	超级小型配送中心	超级中型配送中心	超级大型配送中心
租赁费	32	36	40	96	192	384
维修费	3	4	8	12	25	51
搬迁费	2	2	10	18	36	72

(3)规则解读

相关费用按照规定支付即可,如果没有足额现金支付,即为破产。

5.5　交税

经营者需要在下一轮第 1 期根据利润表缴纳相应的企业所得税。

(1)操作流程

单击“经营流程”下的“交税”,然后单击“交税”按钮,确认交税,如图 2-46 所示。

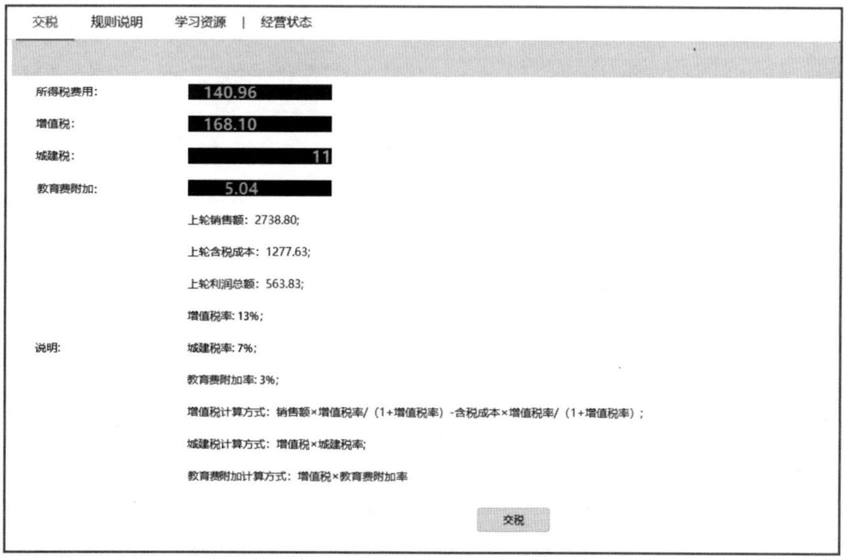

图 2-46　交税

(2)流程规则

企业所得税税率为 25%,在计算企业所得税时,税前利润需先弥补前 5 轮的亏损,然后根据税前利润乘以25%缴纳；增值税的税率为13%，应纳税额=(销项税额-进项税额)×13%=销售额×增值税率/(1+增值税率)-营业成本×增值税率/(1+增值税率)，保留2位小数；城建税为增值税乘以7%，保留2位小数；教育费附加为增值税乘以3%，保留2位小数。

(3)规则解读

营业收入=[销售额-优惠额+运费(买家)]/1.13

营业成本=商品销售成本/1.13

税金及附加=城建税+教育费附加

销售费用=SEM推广费+站外推广费+实际运费(卖家)+售后服务费

管理费用=行政管理费+员工工资+库存管理费+B店筹建费+维修费+网店装修费+租赁费

财务费用=利息；营业外收入和支出为零。

增值税率：13%；城建税率：7%；教育费附加率：3%；增值税计算方式：(营业收入-营业成本)×增值税率；城建税计算方式：增值税×城建税率；教育费附加计算方式：增值税×教育费附加率。

5.6 长期借款/还本付息

更新长期借款账期，支付利息、还本付息或者获得新的贷款。

(1)操作流程

单击“经营流程”下的“长期借款/还本付息”，然后单击“还本/付息”，确认支付本金和利息，“还本/付息”为灰色表示本期不需要还款，如图2-47所示。

图2-47 长期借款/还本付息

(2)流程规则

如果企业有长期借款,则本任务每轮末执行一次,还贷账期缩短一轮。长期借款的还款规则是每轮付息,到期还本付息,轮利率为 10%。长期借款只有在轮末可以申请。额度为:上一轮所有者权益×2－已有长期借款额。长期借款以 100 元为基本借款单位。借款期限为 3 轮。如果有到期的长期借款,必须先还款后才能再次借款。

(3)规则解读

与短期借款、民间融资相比,长期借款还贷周期长,相对来说,有充足的时间去运营网店赚取利润。同时,短期借款与长期借款的贷款额度共享,故要合理分配贷款额度,降低资金压力。

5.7 关账

每轮经营结束,轮末进行关账,系统自动提供“利润表”和“资产负债表”。系统会根据得分规则自动计算当轮每组卖家的得分。系统内所有计算均遵循四舍五入原则,结果保留到小数点后两位。

(1)操作流程

单击“经营流程”下的“关账”,查看财务报表,然后单击页面右侧的“关账”,结束本轮运营,如图 2-48 所示。

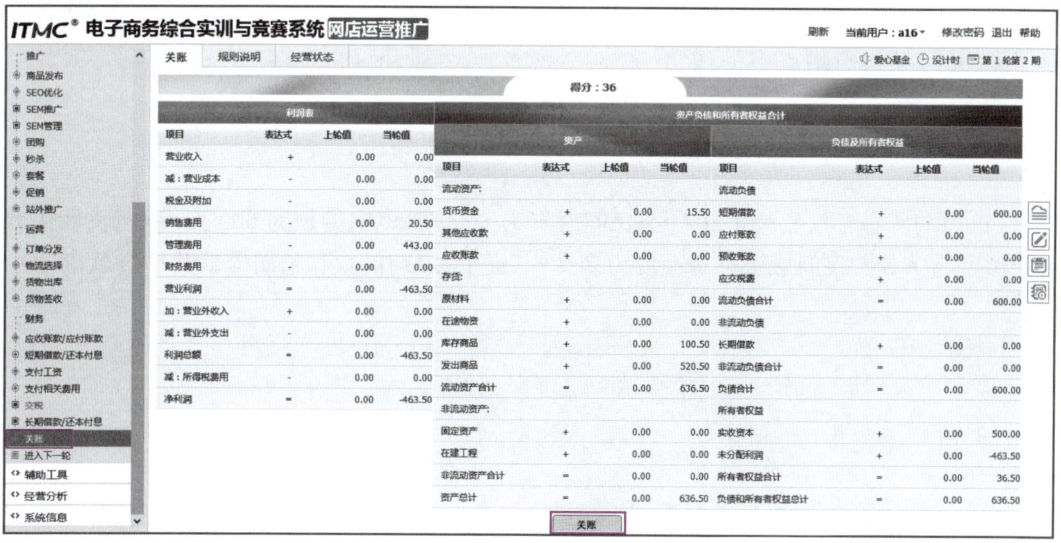

图 2-48 关账

(2)流程规则

每轮经营结束后,系统自动计算每个卖家的得分。得分＝(1＋总分/100)×所有者权益合计×追加股东投资比例。总分为表 2-10 中各项之和。

表 2-10 加分项目

项目	得分
未进行民间融资	+20 分
开设 B 店	+100 分
营业成本分摊得分	+(1-营业成本/营业收入)×100
综合费用分摊得分	+[1-(销售费用+管理费用)/营业收入]×100
资金周转率得分	+营业收入/资产总计×100
净利润率得分	+净利润/营业收入×100
资产报酬率(ROA)得分	+利润总额/资产总计×100
权益报酬率(ROE)得分	+净利润/所有者权益合计×100
资金流动性得分: 速动比(QR)=(货币资金+应收账款)/(短期借款+应付账款+应交税费) 流动比(CR)=流动资产合计/(短期借款+应付账款+应交税费)	CR<1 且 QR<0.5,资金流动性差,-10 分 1.5<CR<2 且 0.75<QR<1,资金流动性一般,+50 分 CR≥2 且 QR≥1,资金流动性好,+100 分 其他比例均是 0 分
资产负债率得分	+(1-负债合计/资产总计)×100

(3)规则解读

每一轮得分由当前各指标值计算得来。其中所有者权益是核心要素。

所有者权益和资金有什么关系呢?从短期来看,两者是矛盾的,资金越多,需要付出的资金成本越多,反而会降低本轮所有者权益;从长期来看,两者又是统一的,所有者权益高了,就可以从银行借更多的钱。

课题训练

(1)当期所有者权益为 1 200 元,民间融资为 800 元,短期借款为 600 元,请问长期借款可贷额度为多少?民间融资可贷额度为多少?(提示:短期借款和长期借款共享贷款额度)

(2)小王把网店办公地址选在了杭州市(工资差40%),并招聘了6名员工,分别是2名初级经理、2名中级经理和2名高级经理,请计算:本期小王共需支付办公室员工多少工资?

(3)完成经营流程中的财务内容后,组内讨论如何做才是最合适的,并将讨论结果记录在以下方框内。

课题6　辅助工具

在网店经营过程中,为了更好地管理店铺,提升经营效率,电子商务沙盘提供了若干项辅助工具。卖家通过这些辅助工具,可以对员工、订单、物流等信息进行查询和修正。

课题内容

(1)店铺管理

在网店运营过程中,根据管理及竞争需求,可以适时关闭或开放店铺。店铺开放时,竞争对手能够通过"×××商城信息"查看到店铺有关经营信息;店铺关闭时,竞争对手查看不到店铺有关信息,但是不会产生订单,所以务必谨慎管理店铺。

步骤一:单击"辅助工具"中的"店铺管理",如图 2-49 所示。

图 2-49 店铺管理

步骤二:选择 C 店或 B 店,单击"关闭店铺"或"开放店铺",可以关闭或开放店铺,如图 2-50 所示。

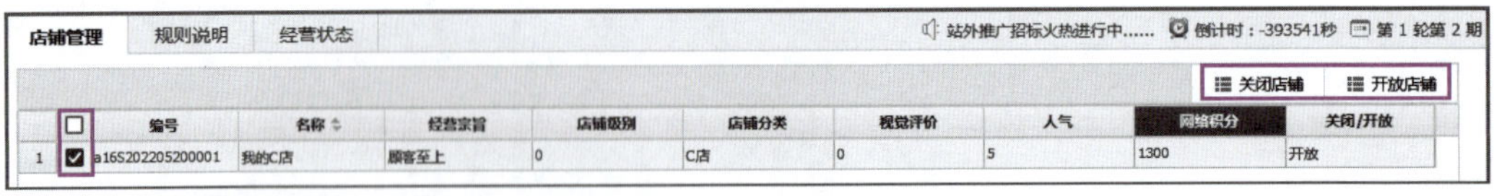

图 2-50 关闭/开放店铺

(2)员工管理

经营过程中,本着降低经营成本的原则,可以适当解雇员工,但是只能解雇办公室人员,且办公室最少要有一个员工。

步骤一:单击"辅助工具"中的"员工管理",如图 2-51 所示。

步骤二:选择员工,单击"解雇",确定是否解雇员工,如图 2-52 所示。

图 2-51　员工管理

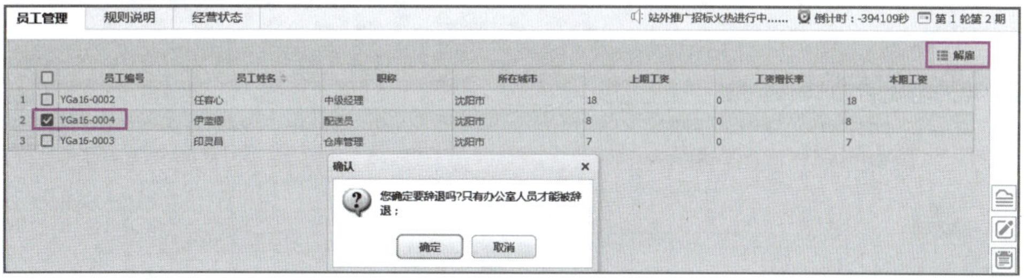

图 2-52　解雇员工

(3)库存管理

在库存管理中，可以完成库存调拨、配送中心信息查询和商品订单统计，对于制定促销策略和订单管理有着十分重要的作用。

步骤一： 单击“辅助工具”中的“库存管理”，如图 2-53 所示。

图 2-53　库存管理

步骤二：选择商品种类，单击“库存调拨”，弹出“库存调拨”窗口，如图 2-54 所示，可以把商品从一个仓库转移到另一个仓库。

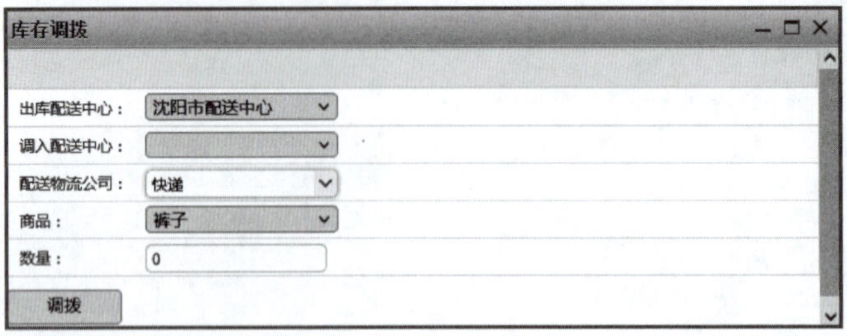

图 2-54 库存调拨

(4)仓库信息查询

单击“辅助工具”中的“仓库信息查询”，可以选择查看仓库分区的库存信息，如图 2-55 所示。

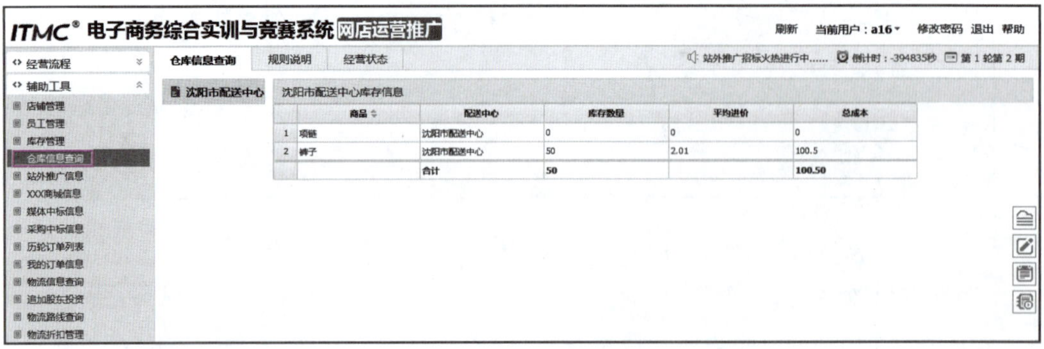

图 2-55 仓库信息查询

(5)站外推广信息

单击“辅助工具”中的“站外推广信息”，可以查看站外推广中标信息，如图 2-56 所示。

图 2-56 站外推广信息

(6)×××商城信息

单击“辅助工具”中的“×××商城信息”,如图 2-57 所示。

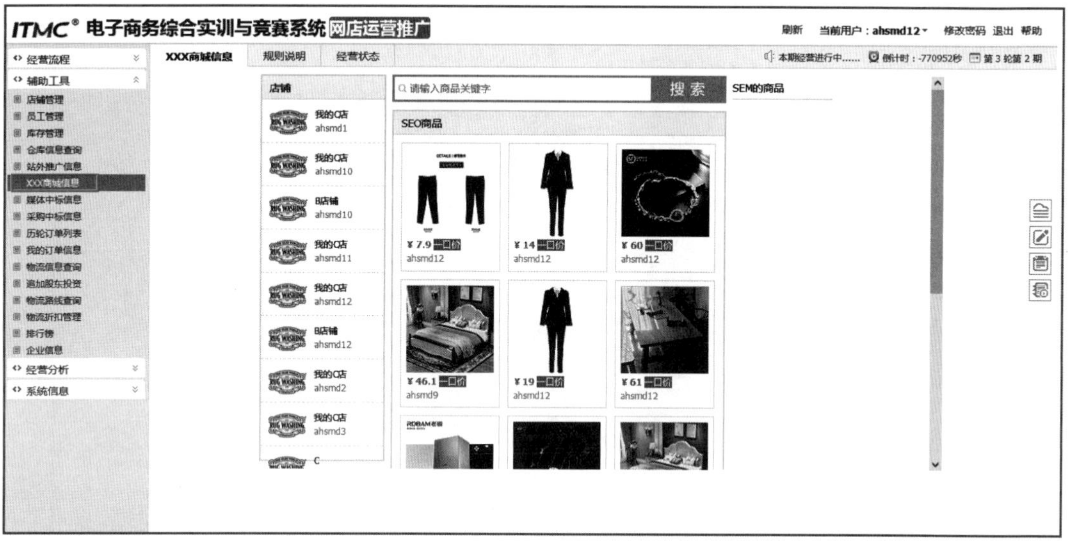

图 2-57 ×××商城信息

(7)媒体中标信息

单击“辅助工具”中的“媒体中标信息”,可以查看媒体中标信息,如图 2-58 所示。

图 2-58 媒体中标信息

(8)采购中标信息

单击“辅助工具”中的“采购中标信息”，选择商品、城市、供货公司、时间，可查询具体的采购中标信息，如图 2-59 所示。

图 2-59　采购中标信息

(9)历轮订单列表

单击“辅助工具”中的“历轮订单列表”，再单击“已交货统计”，可以看到历轮已交货订单汇总信息，如图 2-60 所示。

图 2-60　历轮订单列表

(10)我的订单信息

单击“辅助工具”中的“我的订单信息”,可以查看本轮的订单信息,如图 2-61 所示。

图 2-61　我的订单信息

(11)物流信息查询

步骤一： 单击“辅助工具”中的“物流信息查询”,如图 2-62 所示。

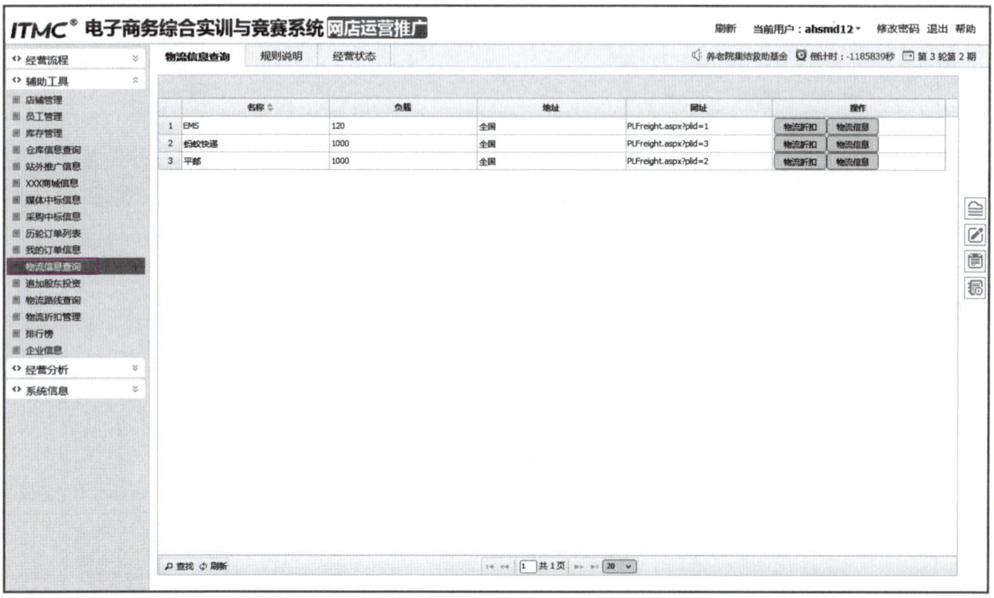

图 2-62　物流信息查询

步骤二：选择一种物流方式，单击"物流信息""物流折扣"，可查看该种物流方式的线路信息和折扣信息，如图 2-63 所示。

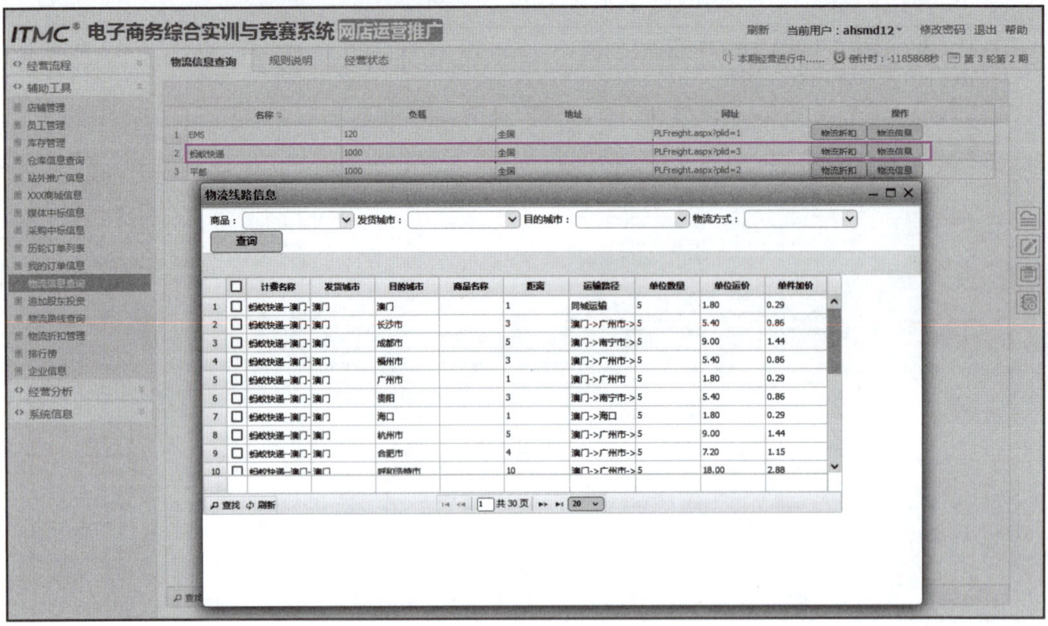

图 2-63　物流线路信息

(12)追加股东投资

单击"辅助工具"中的"追加股东投资"，填写追加额度，单击"追加投资"，如图 2-64 所示。

图 2-64　追加股东投资

(13)物流路线查询

步骤一：单击“辅助工具”中的“物流路线查询”，如图 2-65 所示。

图 2-65　物流路线查询

步骤二：选择商品、发货城市、目的城市，单击“查询”，可查询城市间物流路线信息，如图 2-66 所示。

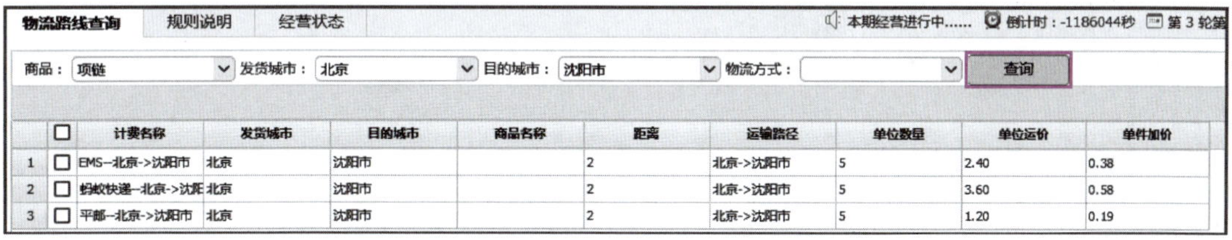

图 2-66　城市间物流路线查询信息

(14)物流折扣管理

单击“辅助工具”中的“物流折扣管理”，查阅物流折扣信息，如图 2-67 所示。

(15)排行榜

单击“辅助工具”中的“排行榜”，可以查看得分排名、净利润排行榜、资产总计排行榜、慈善排行榜，如图 2-68 所示。

图 2-67 物流折扣管理

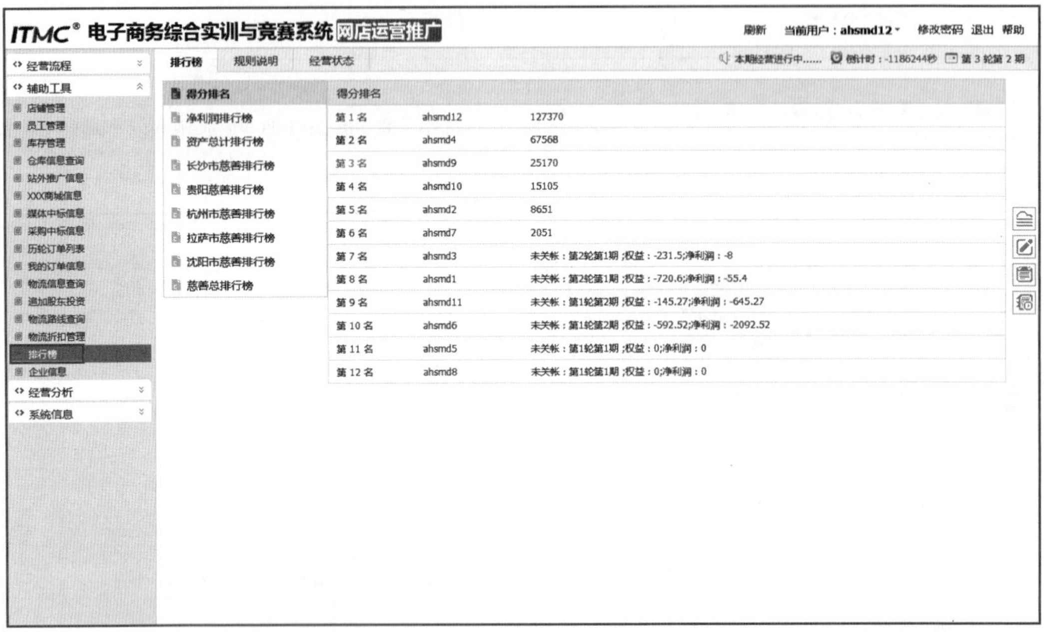

图 2-68 排行榜

(16)企业信息

单击“辅助工具”中的“企业信息”，可以查看企业信息汇总，如图 2-69 所示。

图 2-69　企业信息

课题训练

（1）根据城市间物流路线查询信息（图 2-66），判断不同地方的物流距离，完成表 2-11。物流距离越远，产生的物流费用越高，请将不同物流方式单位成本计算情况填入表 2-12。

表 2-11　　物流距离的判断

发货城市	目的城市	距离
沈阳	哈尔滨	
北京	广州	
石家庄	长沙	
长沙	南京	
沈阳	银川	
……	……	

表 2-12　　不同物流方式单位距离物流成本计算

物流方式	单位距离物流成本
EMS	
蚂蚁快递	
平邮	

（2）根据各城市营业收入比例、配送中心位置、配送距离和单位距离物流成本，核算现有配送中心发货的物流成本，将不同物流方式成本计算情况填入表 2-13。

表 2-13　　不同物流方式成本计算

城市	EMS	蚂蚁快递	平邮	总物流成本
北京				
石家庄				
长沙				
……				

课题 7　经营分析

网店运营过程中，要时刻把握市场动态信息、竞争对手信息和财务信息。电子商务沙盘提供了经营分析工具，帮助卖家实时掌握网店运营局势，动态调整经营策略。

课题内容

(1)市场预测图

单击“经营分析”下的“市场预测图”，选择商品查看商品预测分析，如图 2-70 所示。

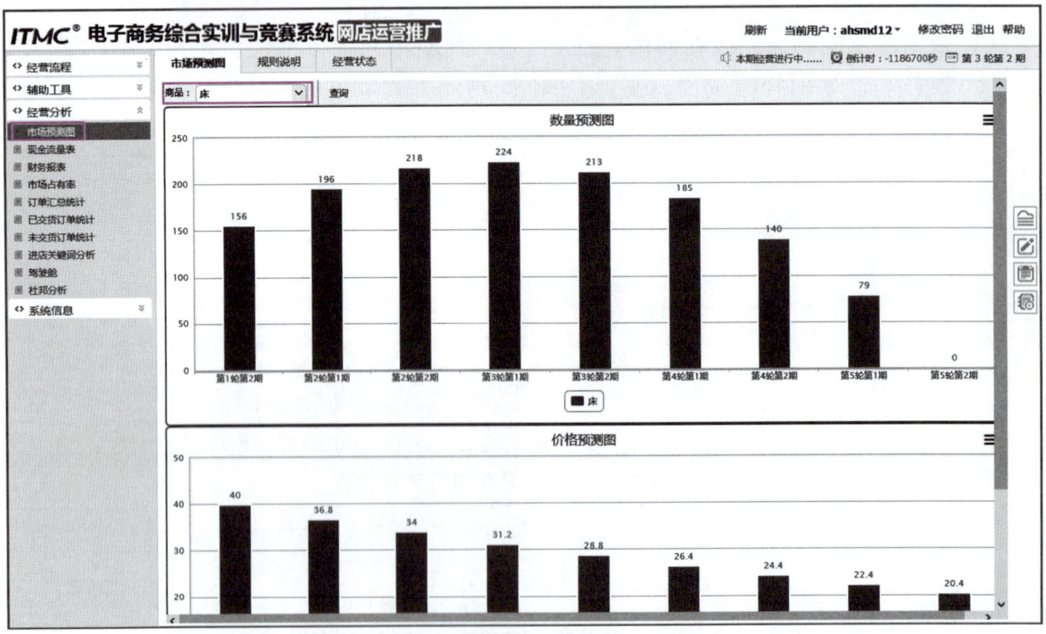

图 2-70　市场预测图

(2)现金流量表

单击“经营分析”下的“现金流量表”，选择轮次，查看现金流量表，如图 2-71 所示。

图 2-71　现金流量表

(3)财务报表

单击“经营分析”下的“财务报表”，如图 2-72 所示。

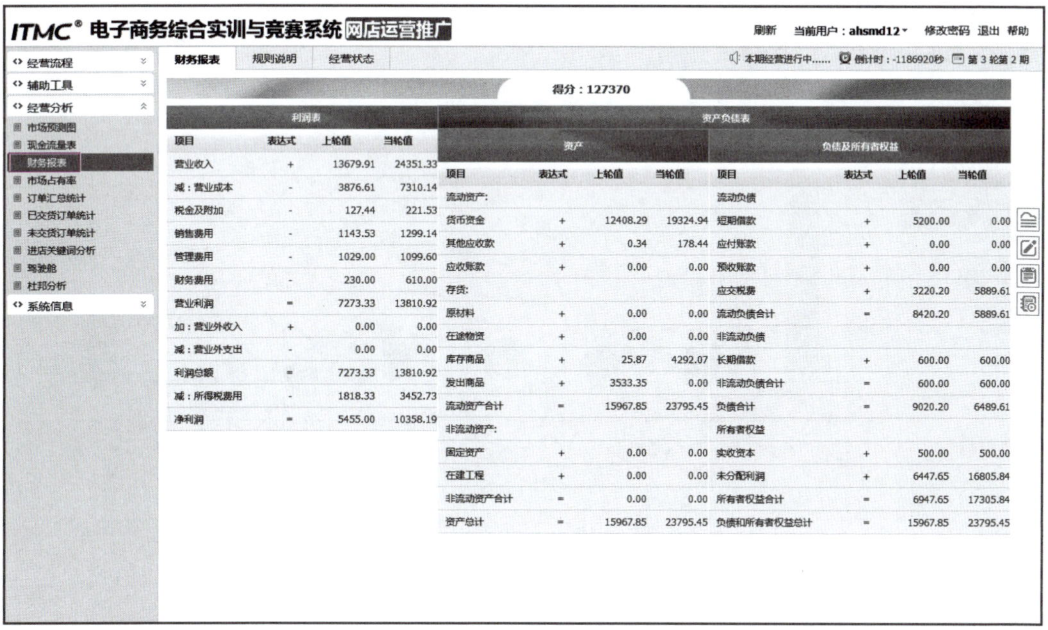

图 2-72　财务报表

(4)市场占有率

单击“经营分析”下的“市场占有率”，根据轮次、期数、商品查询市场占有率信息，如图 2-73 所示。

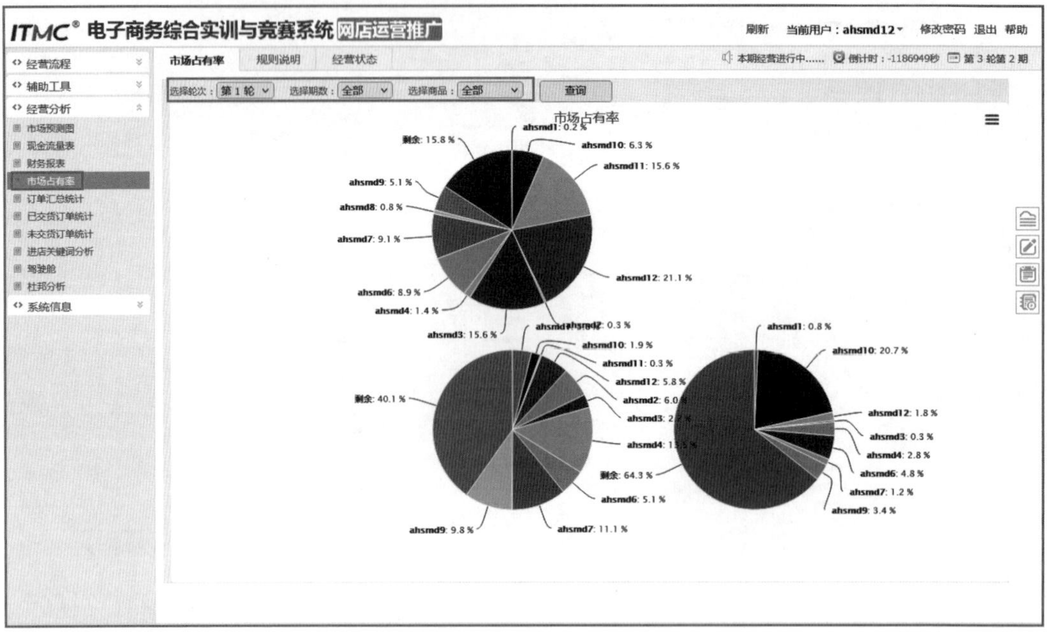

图 2-73　市场占有率

(5)订单汇总统计

单击“经营分析”下的“订单汇总统计”,如图 2-74 所示。

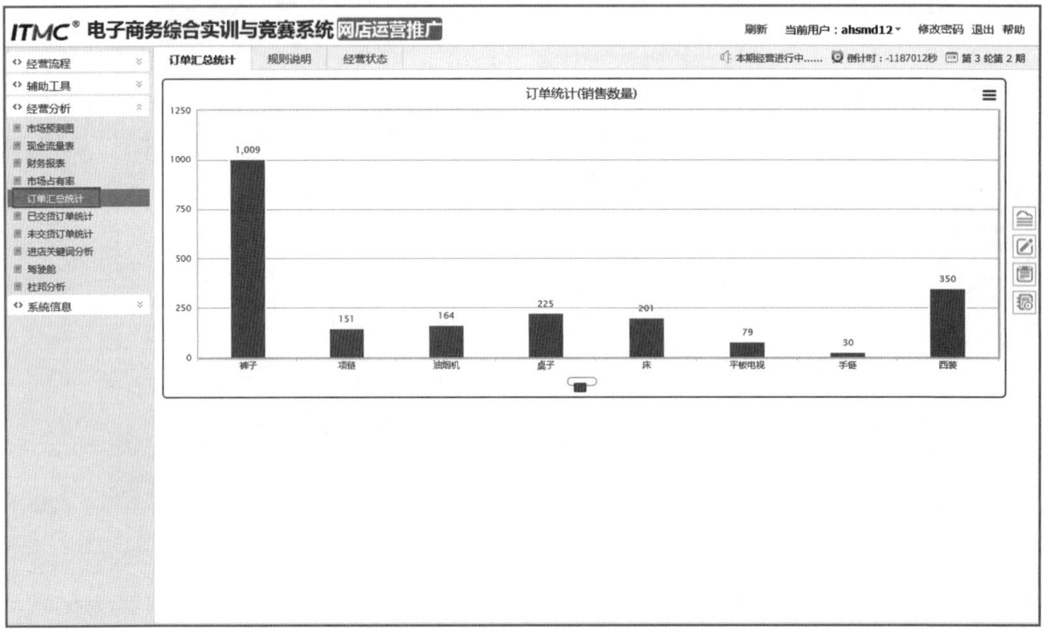

图 2-74　订单汇总统计

(6)已交货订单统计

单击“经营分析”下的“已交货订单统计”,选择轮次和期数,查询已交货订单,如

图 2-75 所示。

	商品名	城市名称	合计数量	平均价格	合计金额
1	床	北京	31	39.50	1162.56
2	桌子	北京	24	55.66	1423.80
3	油烟机	北京	85	22.26	2083.20
4	平板电视	北京	14	19.50	273.00
5	项链	北京	24	77.14	1853.75
6	床	沈阳市	32	37.62	1220.80
7	桌子	沈阳市	32	47.27	1575.64
8	项链	沈阳市	29	84.13	2449.15
9	裤子	沈阳市	112	6.10	683.20
10	床	石家庄	21	32.00	672.00
11	桌子	石家庄	3	41.00	123.00
12	油烟机	石家庄	16	21.00	336.00
13	项链	石家庄	12	75.00	900.00
14	平板电视	太原市	18	19.50	351.00
15	裤子	太原市	96	6.10	585.39
		合计	549		15692.49

图 2-75　已交货订单统计

(7)未交货订单统计

单击“经营分析”下的“未交货订单统计”，选择轮次和期数，查询未交货订单，如图 2-76 所示。

	商品名	城市名称	合计数量	平均价格	合计金额
1	手链	北京	10	60.00	600.00
2	裤子	北京	33	7.90	260.70
3	西装	北京	15	14.00	210.00
4	平板电视	沈阳市	3	23.00	69.00
5	项链	沈阳市	13	87.12	1132.56
6	手链	沈阳市	8	60.00	480.00
7	裤子	沈阳市	92	6.11	559.25
8	西装	沈阳市	34	14.00	476.00
9	平板电视	石家庄	4	23.00	92.00
10	项链	石家庄	37	87.12	3223.44
11	手链	石家庄	8	65.50	524.00
12	裤子	石家庄	134	5.96	809.82
13	西装	石家庄	6	14.00	84.00
14	平板电视	太原市	6	23.00	138.00
15	裤子	太原市	97	6.42	605.75
16	裤子	哈尔滨市	19	7.90	150.10
17	裤子	广州市	48	7.90	379.20
18	西装	广州市	5	14.00	70.00
		合计	572		9863.82

图 2-76　未交货订单统计

(8)进店关键词分析

单击“经营分析”下的“进店关键词分析”,选择推广组、推广计划、商品、时间,查询进店关键词分析情况,如图 2-77 所示。

图 2-77 进店关键词分析

(9)驾驶舱

单击“经营分析”下的“驾驶舱”,如图 2-78 所示。

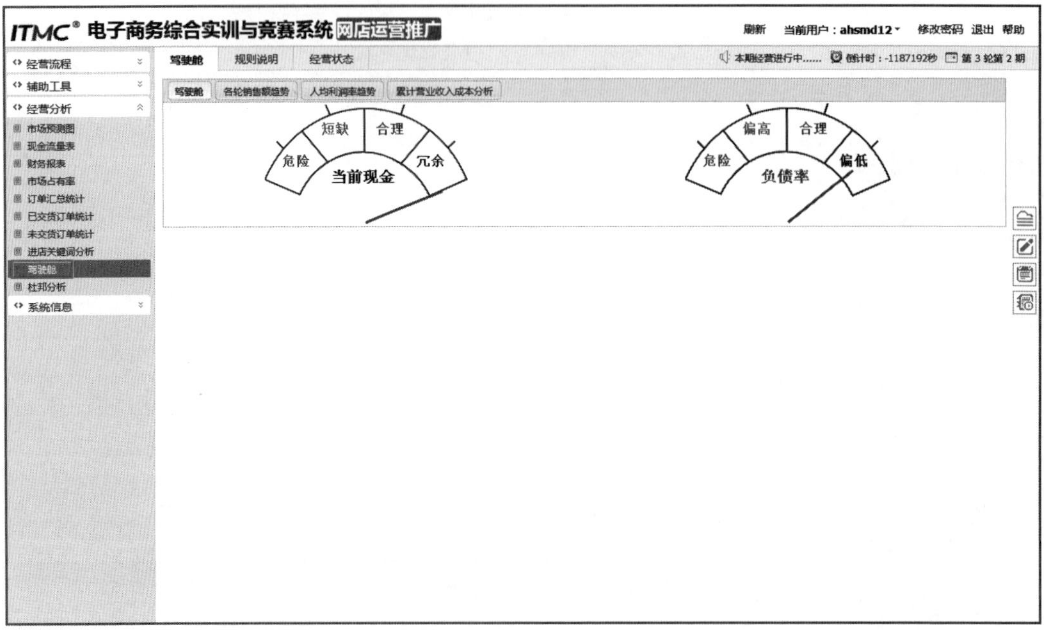

图 2-78 驾驶舱

(10)杜邦分析

单击“经营分析”下的“杜邦分析”,如图 2-79 所示。

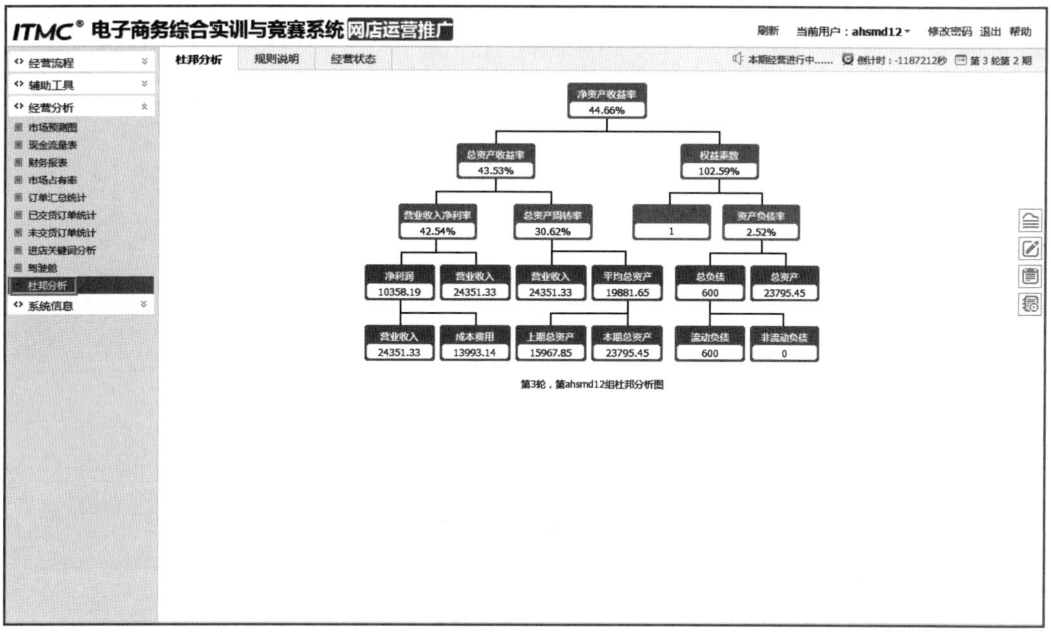

图 2-79　杜邦分析

课题训练

在每一轮关账后,查询利润表,如图 2-80 所示,记录 5 轮的利润表数据,填入表 2-14,再结合现金流量表,判断净利润的盈利能力。

利润表			
项目	表达式	上轮值	当轮值
营业收入	+	13679.91	24351.33
减：营业成本	-	3876.61	7310.14
税金及附加	-	127.44	221.53
销售费用	-	1143.53	1299.14
管理费用	-	1029.00	1099.60
财务费用	-	230.00	610.00
营业利润	=	7273.33	13810.92
加：营业外收入	+	0.00	0.00
减：营业外支出	-	0.00	0.00
利润总额	=	7273.33	13810.92
减：所得税费用	-	1818.33	3452.73
净利润	=	5455.00	10358.19

图 2-80　利润表

表 2-14　　　　5 轮利润表数据

项目	表达式	第一轮	第二轮	第三轮	第四轮	第五轮
营业收入	+					
减:营业成本	−					
税金及附加	−					
销售费用	−					
管理费用	−					
财务费用	−					
营业利润	=					
加:营业外收入	+					
减:营业外支出	−					
利润总额	=					
减:所得税费用	−					
净利润	=					

模块拓展

对于很多新手来讲,模拟经营过程中,令人烦恼的一件事就是现金断流,导致不能继续经营下去,这种情况叫破产。破产是指所持有的现金不足以支付必须要支付的款项,造成现金断流。一般造成现金断流的原因包括:不能支付应付账款、贷款本息、员工工资、租赁费、维修费、售后服务费、库存管理费、行政管理费、相关税费、物流费用及网店装修费用。在电子商务沙盘模拟中,因为对现金使用不当导致企业经营困难甚至破产的案例时有发生。发生这些现象的主要原因在于企业没有做好现金预算和财务计划。

模块 3

市场分析——运营定位

学习目标

1. 能够通过分析数据魔方、市场预测图，完成网店市场定位。
2. 能够根据商品定位和人群定位，完成运营定位。
3. 能够收集相关数据，确定对应商品的市场需求。
4. 能够按照运营计划，制定合理的采购策略。
5. 维护市场秩序，不恶意攻击竞争对手，不恶意破坏市场。

思维导图

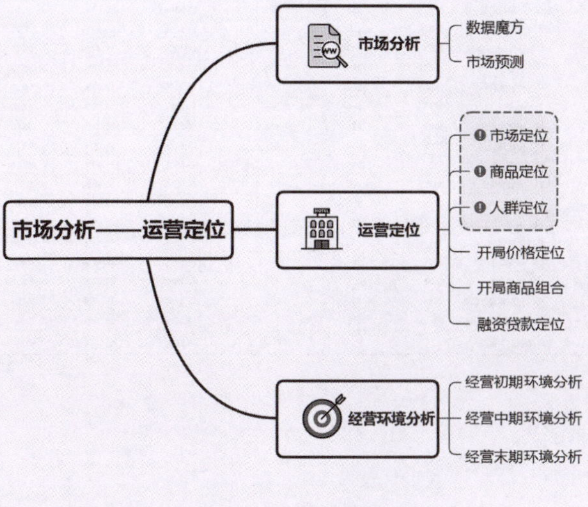

课题 1 市场分析

电子商务沙盘中模拟了网店市场环境，主要通过数据魔方和市场预测图向企业提供市场信息。市场预测图从宏观方面给出了商品的发展趋势，包括商品的需求趋势及价格趋势；数据魔方则从微观方面给出了每一期的具体市场需求数据和价格数据，同时提供了每种商品的消费者搜索习惯及行为。也就是说，制定网店发展战略时，需要以市场预测图为依据；制定网店经营策略时，需要以数据魔方为基准。

课题内容

1.1 数据魔方

数据魔方（图 3-1）是电子商务沙盘提供的一个重要分析工具。它为卖家提供不同类目商品的市场需求信息以及基于大数据的关键词的相关数据信息；卖家可以通过数据魔方进行市场分析定位，并分析每个关键词的相关数据，制定自己的经营策略。所有经营活动都必须围绕数据魔方开展。每次模拟运营的第 1 轮第 1 期的数据魔方信息都是随机的，以后每期的数据魔方根据市场经营情况，有规律地变动。

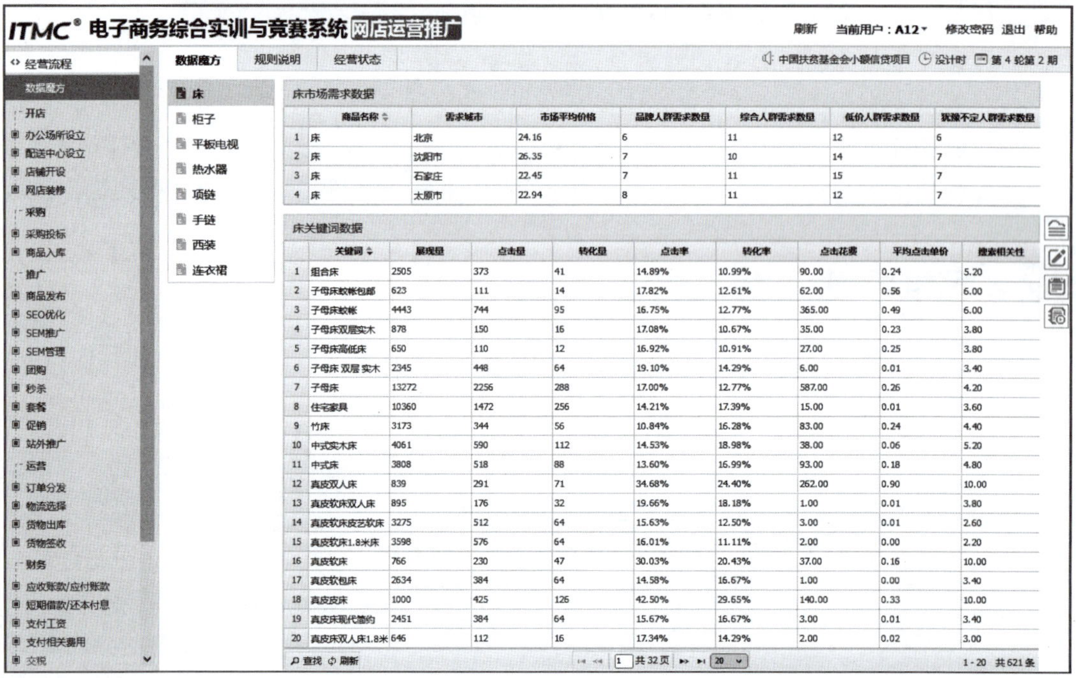

图 3-1 数据魔方

数据魔方提供产品、市场需求、市场平均价格、消费人群、关键词等有关数据信息。在5轮经营周期内，共有13种商品。13种商品分为四大类：服装类（裤子、西装、连衣裙）、电器类（油烟机、平板电视、热水器、空调）、珠宝类（项链、手链、戒指）、家具类（桌子、床、柜子）。在第1轮第1期出现四种商品，以后每期出现一种新商品。每一期每种商品的市场需求信息包括：需求城市、市场平均价格、四类人群需求数量。特别要注意四类人群需求数量，因为这里的数据是模拟市场中真实的需求数据，可以根据此市场需求数据确定目标人群。

数据魔方列出消费者搜索商品时使用的关键词，即给出了消费者搜索习惯或搜索行为特征。每种商品的关键词数量详见表3-1～表3-4，每个关键词详细给出了展现量、点击量、转化量、点击率、转化率、点击花费、平均点击单价、搜索相关性等数据信息。

表3-1　服装类商品词库量

运营时间	服装类商品	词库量（条）	商品体积
第1轮第1期	裤子	6 639	3
第2轮第2期	西装	1 489	3
第4轮第2期	连衣裙	14 181	3

表3-2　电器类商品词库量

运营时间	电器类商品	词库量（条）	商品体积
第1轮第1期	油烟机	165	5
第2轮第1期	平板电视	140	6
第4轮第1期	热水器	248	6
第5轮第2期	空调	154	10

表3-3　珠宝类商品词库量

运营时间	珠宝类商品	词库量（条）	商品体积
第1轮第1期	项链	1 030	2
第3轮第1期	手链	845	2
第5轮第1期	戒指	479	2

表3-4　家具类商品词库量

运营时间	家具类商品	词库量（条）	商品体积
第1轮第1期	桌子	669	10
第1轮第2期	床	621	10
第3轮第2期	柜子	869	10

数据魔方把消费者分为四类人群，分别是品牌人群、低价人群、综合人群和犹豫不定人群。四类人群的消费需求和特征各有不同，不能统一对待，要因人而异。通过数据魔方的数据，制定网店运营策略，主要解决三个问题：卖什么？卖给谁？怎么卖？

第一，卖什么？在第1轮第1期，需要规划店铺卖什么商品。在决定要卖什么之前，先要了解数据魔方提供的商品有什么特征。一般来说，商品消费有三个层面：必需品、消费品和奢侈品。必需品是满足日常生活需要的物品；消费品是在必需品的层面上，融入了精神文化元素，购买消费品有利于提高生活质量、促进市场经济；奢侈品是一种超出人们生存与发展需要范围的，具有独特、稀缺、珍奇等特点的消费品，又称为非生活必需品。以第1轮第1期的四种商品(桌子、油烟机、项链、裤子)为例,查看四种商品的市场需求数据,可以发现裤子市场平均价格最低,需求数量最大,属于必需品,此类商品利润低;项链市场平均价格最高,需求数量最小,属于奢侈品,此类商品利润高;油烟机、桌子属于消费品,需求量和利润都在项链和裤子之间。了解商品特征后,结合市场预测图,做出经营类目的选择,是走“专卖店”的模式,还是走“杂货铺”的模式。

第二,卖给谁?确定经营类目后,就要思考把商品卖给谁。数据魔方中提供了四类人群在每个城市的商品需求数量及市场平均价格。根据商品特征及市场需求合理选择消费人群,万万不可消极等待,应主动寻找目标人群。一般来说,必需品量大价格低,适合对价格敏感且需求量大的消费人群;奢侈品量小价格高,适合对价格不敏感且需求量小的消费人群。假设在第1轮第1期,选择裤子进行销售,那么可以选择低价人群和犹豫不定人群进行营销,这样才能实现需求供应平衡。

第三,怎么卖?确定经营商品和目标人群后,需要思考采用什么样的推广方式,把商品推销给目标人群。先要深入了解消费者的消费行为或消费习惯,再去挖掘影响目标人群购买的因素,最后才能确定采用什么样的推广方式。数据魔方中的关键词蕴含了消费者的搜索习惯和搜索行为,需要卖家从中挖掘出规律,这样才能开展精准营销。不管采用什么样的推广方式,都要确保满足人群成交条件,这样才能把商品销售出去。

1.2 市场预测

市场预测图为经营者展示了各类商品的市场走势情况,包括市场总数量需求、市场平均价格等的预测。每幅预测图以商品生命周期为横轴,以预测值为纵轴,形成柱状图,每根柱子上方显示市场总数量需求或市场平均价格的预测具体数值,方便经营者制定运营策略。

以床为例,如图3-2、图3-3所示,从第1轮第2期开始有市场需求,到第5轮第1期为止,期间市场总数量需求呈现先增后减的发展趋势,市场平均价格基本逐期减小,清晰地展示了床的市场生命周期和需求趋势。商品的需求预测非常重要,若某商品预测图显示到某轮某期止,那么,经营者需在此轮此期完成货物出库和清库存的工作。否则,下一期将无法从市场上采购到此商品,也将无人购买库存中的此商品。

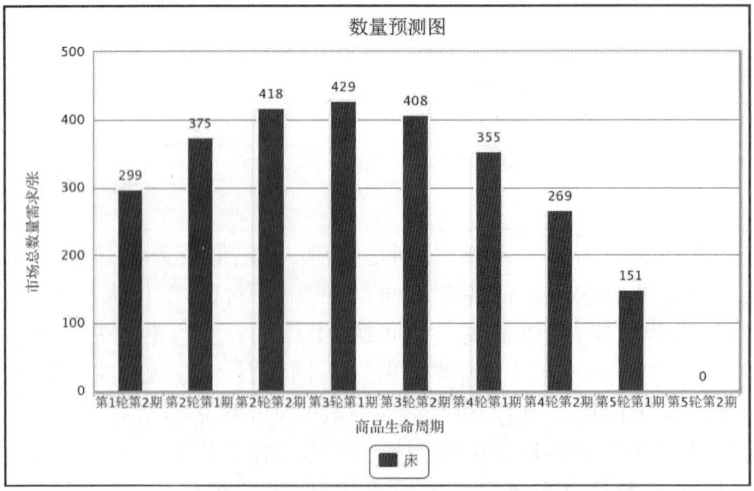

图3-2 床的市场总数量需求预测图

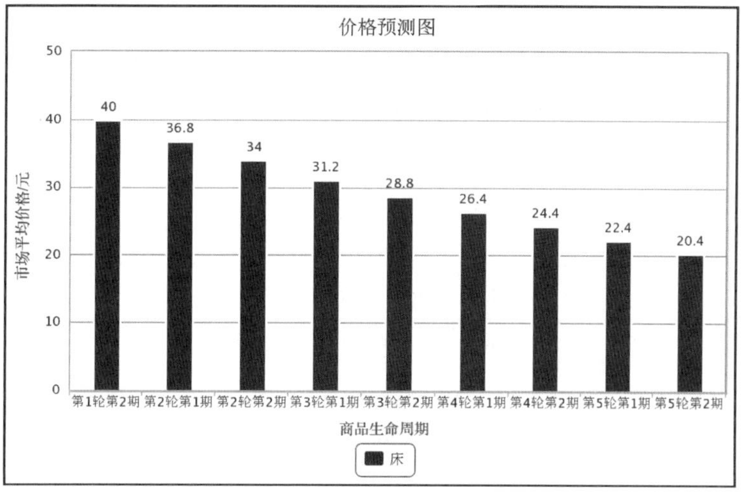

图 3-3　床的市场平均价格预测图

根据各种商品市场预测图，制作经营周期内 13 种商品的价格预测表图和需求数量预测表图，了解商品的大致走势。从表 3-5 和图 3-4～图 3-7 可以看出，每一种商品的市场平均价格都是逐步下降的。刚出现时，商品价值最大，随着时间推移，商品价值越来越小。所以，在经营中要及时抢占新商品市场，并尽快出手。从表 3-6 和图 3-8～图 3-11 可以看出，市场上的商品在不断进行更新换代，新的商品总会取代旧的商品，而每种商品在它的流行期间都会经历一个凸形的需求模型，从出现到黄金时间，再到被其他商品取代。

消费者总是对新鲜事物感兴趣，所有商品的需求模型中，最高点往往在商品出现的初期，中后期市场出现替代品，新的商品也就分流了现有商品对消费者的吸引力，从而导致该商品在之后的需求持续下滑。在市场对商品数量的需求上，必需品大于奢侈品的数量，如裤子和项链。但必需品的流行周期比奢侈品短，也就是说奢侈品的保值力更强。

表 3-5　　**商品生命周期与市场平均价格**　　单位：元

类别	商品	1-1	1-2	2-1	2-2	3-1	3-2	4-1	4-2	5-1	5-2
服装	裤子	8	7.68	7.36	7.04	6.8	6.56	6.24			
	西装				16	15.36	14.72	14.08	13.6	13.12	12.84
	连衣裙								12	11.52	11.04
珠宝	项链	80	79.2	78.4	77.6	76.8	76	75.2	74.4	73.6	
	手链					72	68.4	64.8	61.92	58.32	55.44
	戒指									52	49.4
家具	桌子	56	54.88	53.76	52.64	51.52					
	床		40	36.8	34	31.2	28.8	26.4	24.4	22.4	
	柜子						60	55.2	51	46.8	43.2

续表

类别	商品	1-1	1-2	2-1	2-2	3-1	3-2	4-1	4-2	5-1	5-2
电器	油烟机	32	29.44	27.2	24.96	23.04					
	平板电视			24	21.6	19.44	17.52	15.84	14.16	12.72	
	热水器							20	18	16.2	14.6
	空调										36

表 3-6　　商品生命周期与需求数量

类别	商品	1-1	1-2	2-1	2-2	3-1	3-2	4-1	4-2	5-1	5-2
服装	裤子	1 400	1 406	1 343	1 211	1 011	743	406			
	西装				670	695	688	651	583	483	353
	连衣裙								750	785	808
珠宝	项链	100	134	157	169	169	158	136	102	57	
	手链					70	106	133	152	163	165
	戒指									90	107
家具	桌子	140	158	154	126	74					
	床		130	163	182	187	178	154	117	66	
	柜子						80	108	132	153	169
电器	油烟机	250	272	258	208	122					
	平板电视			210	240	250	240	210	160	90	
	热水器							230	267	297	322
	空调										80

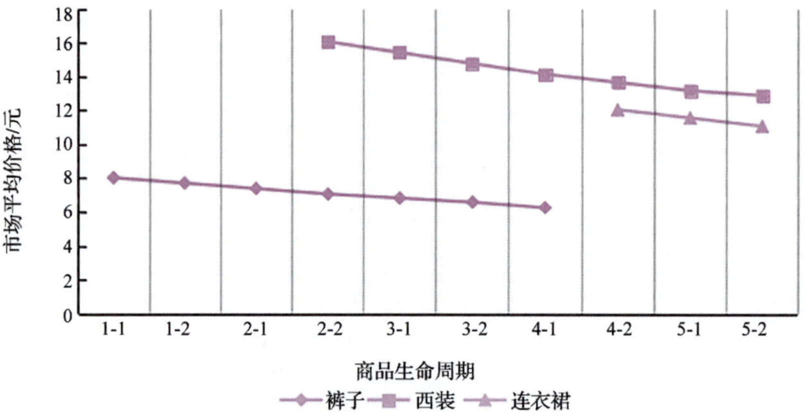

图 3-4　服装类价格预测折线图

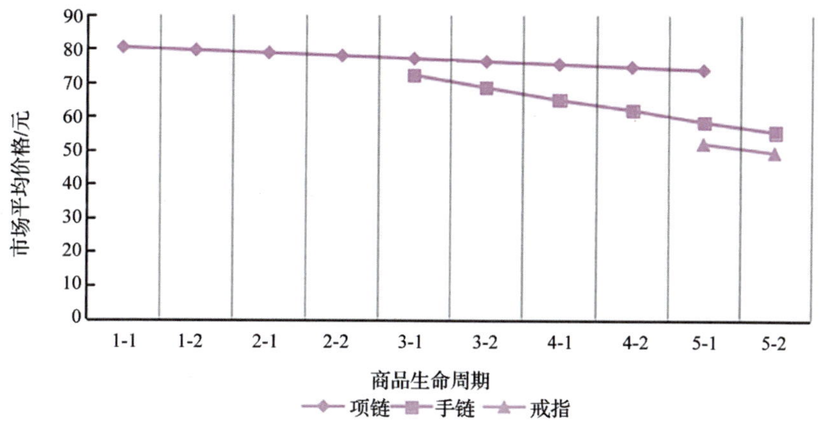

图 3-5　珠宝类价格预测折线图

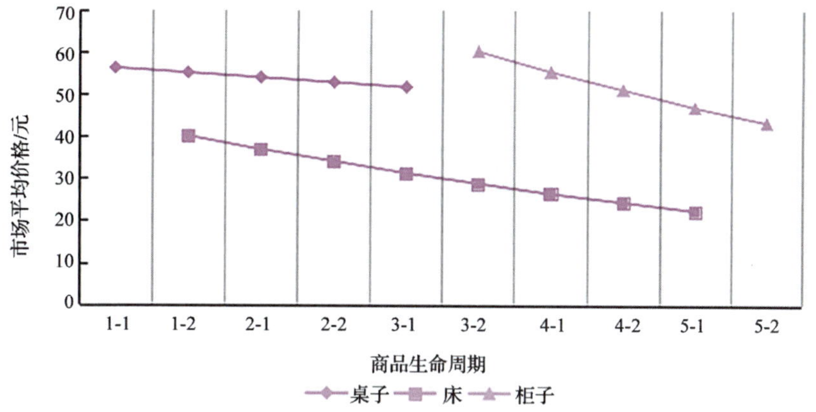

图 3-6　家具类价格预测折线图

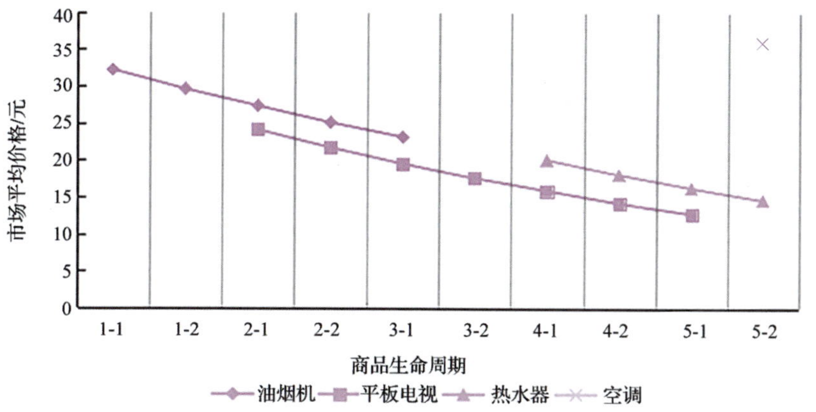

图 3-7　电器类价格预测折线图

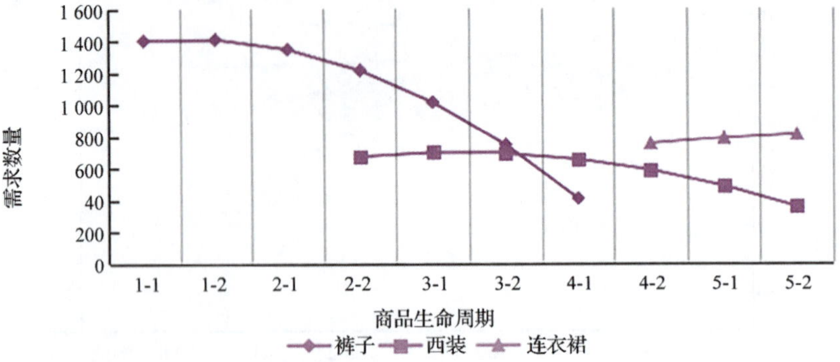

图 3-8 服装类需求模型图

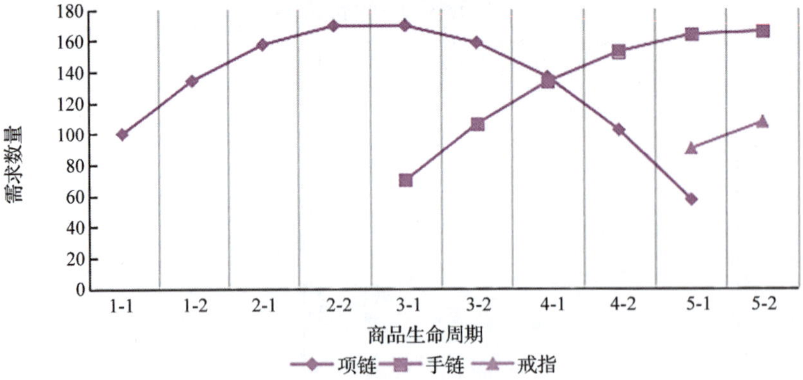

图 3-9 珠宝类需求模型图

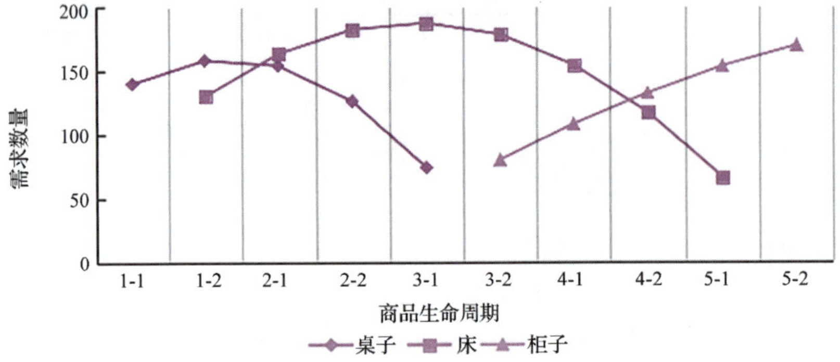

图 3-10 家具类需求模型图

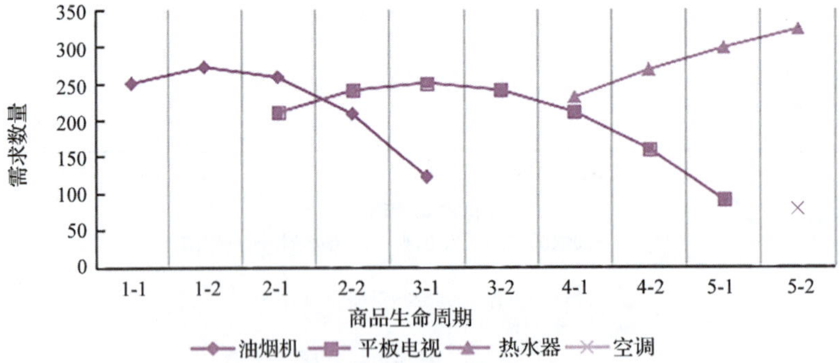

图 3-11 电器类需求模型图

依据市场预测图，表 3-7 给出了 13 种商品特征。读懂了市场预测图，同时还要对竞争对手有正确的评估，才能制定采购和销售策略。

表 3-7　　商品特征

商品类别	市场特征	物流特征	人群特征
服装 （裤子、西装、连衣裙）	价格低，需求数量大	邮费高昂	后期地区较为偏远， 适合分仓及平邮
珠宝 （项链、手链、戒指）	价格高，需求数量小	邮费低廉	后期地区较为集中， 适合直接发货
电器 （油烟机、平板电视、热水器、空调）	价格较低，需求数量较大	邮费较高	后期适合 EMS 及平邮， SEM 适合做精确
家具 （桌子、床、柜子）	价格较高，需求数量较小	邮费较低	后期地区较为集中， 适合直接发货

课题训练

根据市场情况预测商品的需求数量和市场平均价格，计算对应的销售额，填写表 3-8～表 3-11。观察同一类别中不同商品在不同周期的销售额变化情况，并粗略画出商品类别销售额折线图或商品的销售额折线图。

表 3-8　　服装类商品销售额　　单位：元

类别	商品	第 1 轮 第 1 期	第 1 轮 第 2 期	第 2 轮 第 1 期	第 2 轮 第 2 期	第 3 轮 第 1 期	第 3 轮 第 2 期	第 4 轮 第 1 期	第 4 轮 第 2 期	第 5 轮 第 1 期
服装	裤子									
	西装									
	连衣裙									
合计										
折线图										

表 3-9　　　家具类商品销售额　　　单位：元

类别	商品	第 1 轮 第 1 期	第 1 轮 第 2 期	第 2 轮 第 1 期	第 2 轮 第 2 期	第 3 轮 第 1 期	第 3 轮 第 2 期	第 4 轮 第 1 期	第 4 轮 第 2 期	第 5 轮 第 1 期
家具	桌子									
	床									
	柜子									
合计										
折线图										

表 3-10　　　珠宝类商品销售额　　　单位：元

类别	商品	第 1 轮 第 1 期	第 1 轮 第 2 期	第 2 轮 第 1 期	第 2 轮 第 2 期	第 3 轮 第 1 期	第 3 轮 第 2 期	第 4 轮 第 1 期	第 4 轮 第 2 期	第 5 轮 第 1 期
珠宝	项链									
	手链									
	戒指									
合计										
折线图										

表 3-11　电器类商品销售额　单位:元

类别	商品	第1轮 第1期	第1轮 第2期	第2轮 第1期	第2轮 第2期	第3轮 第1期	第3轮 第2期	第4轮 第1期	第4轮 第2期	第5轮 第1期
电器	油烟机									
	平板电视									
	热水器									
	空调									
合计										
折线图										

课题 2 运营定位

经营网店,如果没有准确的运营定位,就没法找到顾客人群,也没法给店铺做宣传。紊乱的定位,无法给店铺带来高质量的顾客,也就带不起销量了。所以,在开店之初就要做好定位。

课题内容

2.1　市场定位

市场定位是指为使产品在目标消费者心目中相对于竞争产品而言占据清晰、特别和理想的位置而进行的安排。因此,营销人员设计的位置必须使他们的产品有别于竞争品牌,并取得在目标市场中的最大战略优势。

市场定位有以下三种方式：

(1)避强定位

这种策略是企业避免与强有力的竞争对手发生直接竞争，而将自己的产品定位于另一市场的区域内，使自己的产品在某些特征或属性方面与强势竞争对手有明显的区别。这种策略可使自己迅速在市场上站稳脚跟，并在消费者心中树立起一定形象。由于这种做法风险较小，成功率较高，因此常为多数企业所采用。

(2)迎头定位

这种策略是企业根据自身的实力，为占据较佳的市场位置，不惜与市场上占支配地位、实力最强或较强的竞争对手发生正面竞争，从而使自己的产品进入与竞争对手相同的市场位置。由于竞争对手强大，这一竞争过程往往相当引人注目，企业及其产品能较快地为消费者所了解，达到树立市场形象的目的。这种策略可能引发激烈的市场竞争，具有较大的风险。因此，企业必须知己知彼，了解市场容量，正确判定凭自己的资源和能力能否比竞争对手做得更好，或者能否与其平分秋色。

(3)重新定位

这种策略是企业对销路少、市场反应差的产品进行二次定位。初次定位后，如果由于顾客的需求偏好发生转移，市场对本企业产品的需求减少，或者由于新的竞争者进入市场，选择与本企业相近的市场位置，这时，企业就需要对其产品进行重新定位。一般来说，重新定位是企业摆脱经营困境，寻求新的活力的有效途径。此外，企业如果发现新的产品市场范围，也可以进行重新定位。

2.2 商品定位

在实际经营过程中，很多人将经营不善归结为销售订单太少、SEM费用太高、站外媒体费用太高、贷款额度不够等，但这些往往是表面现象。“商品定位”极易被忽视，很多学生在经营时业绩已经不佳，但仍然按照原来的思路操作，该进入的商品市场没有进入，该放弃的商品还在经营，甚至到结束时，仍然没有明白“为什么我没有利润”。电子商务沙盘的精髓在于深刻体验并理解网店运营中“采、供、销”“人、财、物”之间的逻辑关系，从而引申到对计划、决策、战略、流程和团队合作等方面知识的认识。如不能透彻“剖析”各商品的定位，度量每个商品对企业的“贡献”并随时修正经营，无疑将使得企业经营陷入混乱的境地。

(1)商品定位分析

可以采用波士顿矩阵(BCG Matrix)对13种商品进行分析定位，如图3-12所示。波士顿矩阵法是一种定性的分析方法，是指企业发展能够与千变万化的市场机会切实可行地适应，就必须合理地在各项业务之间分配资源，可以帮助我们分析一个企业的投资业务组合是否合理，也帮助企业制定相应的发展战略。

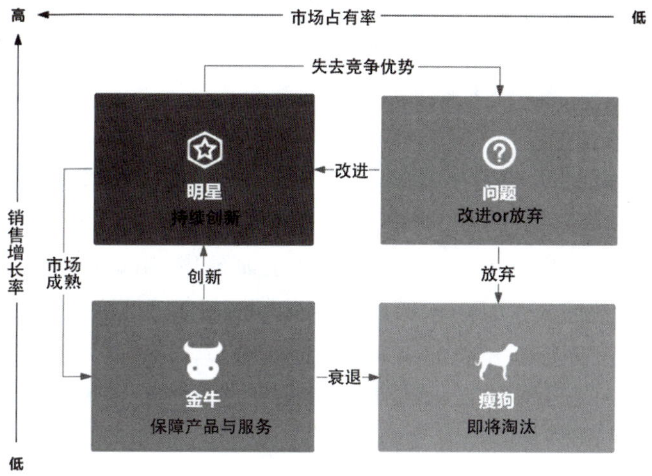

图 3-12 波士顿矩阵

微课：波士顿矩阵

波士顿矩阵认为一般决定产品结构的基本因素有两个：市场引力与企业实力。市场引力包括整个市场的销售量(额)增长率、竞争对手强弱及利润高低等。其中最主要的是反映市场引力的综合指标——销售增长率，这是决定企业产品结构是否合理的外在因素；企业实力包括市场占有率，技术、设备、资金利用能力等，其中市场占有率是决定企业产品结构的内在因素，它直接显示出企业竞争实力。

通过以上两个因素相互作用，会出现四种不同性质的产品类型，形成不同的产品发展前景：①销售增长率和市场占有率“双高”的产品群(明星类产品)；②销售增长率和市场占有率“双低”的产品群(瘦狗类产品)；③销售增长率高、市场占有率低的产品群(问题类产品)；④销售增长率低、市场占有率高的产品群(金牛类产品)。充分了解了四种模式的特点后，可以将波士顿矩阵应用在企业业务经营中，分析产品组合，制定具体战略。产品所处的生命周期不同，其产品发展前景也会不同。在经营过程中，应时刻关注产品的变化情况，根据不同竞争态势确定销售增长率和市场占有率的合适分界比例，用来分析店铺产品组合，及时调整运营策略。

(2)清仓末期产品，打造优势产品

作为运营人员，通过分析产品的市场需求分布状态，顺应市场需求发展趋势，就更容易获得成功。

分析产品需求分布状态要从两方面入手：一是了解产品的生命周期，二是了解产品生命周期内的市场需求的价格、数量、价值、地点、人群特征等信息。这些信息可以从电子商务沙盘中提供的市场预测图大体了解到，尽管这里看到的只是产品的大致走势，最终真实市场需求还是从数据魔方中得到，但是提前研究产品预测信息，将产品价格、数量、生命周期等信息了然于心，才能提前做好运营规划，制定产品组合，在产品生命周期结束时，提前准备清仓，将有限的资金等资源用在优势产品和新产品上。

第 3 轮运营中，桌子和油烟机这两个产品在第 3 轮第 1 期将退出市场，如果在第 3 轮第 1 期运营中无法销售出去，将会导致占压资金，占用库存空间，产生大量库存管理费，因此，在第3轮第1期甚至第2轮第2期运营中就要提前做好规划，避免将有限的宝贵资金浪费掉，例如：从第2轮第2期开始可以结合资金状况制定两种产品的销售策略，并保证第3轮第1期采购产品完成订单，再将剩余产品全部清仓。

第3轮第1期采购策略制定：一是统计两种产品未交货订单状况，适度提高采购价格，以保证交货，避免违约退单；二是决定本期是否继续销售，如果继续销售，要控制好采购数量，配合定价、人群策略，保证全部出货。如果第3轮第1期存在大量的这两种商品尚未销售，要提升引流、增强销售力度，对上架数量停止加预售，制定有吸引力的价格，甚至亏损清仓，保证产品全部出库。同样，后期对裤子在第4轮第1期的运营也要提前做好规划。

在第3轮运营中，各小组的人群、产品优势初步显现，可利用已取得的人群、产品优势，扩大竞争优势，减少劣势，提升业绩。运营者除了要关注人群策略，还要注重产品市场分析，通过分析产品定位、产品销售业绩等，判断产品未来销售趋势，结合竞争态势、引流策略、定价策略，及时灵活调整运营。不可不做产品市场分析，不顾竞争态势，按固定思维操作，该放弃的劣势产品不放弃，该提升的优势产品不提升，该抓住的新产品不抓住，务必要将有限的资源用在能扩大竞争优势的人群和产品上。

(3)产品采购策略

每一期都有一个新产品出现，采购产品前应牢记各类产品的采购信息，才能快速有效地制订采购方案。采购有关数据详见表3-12至表3-20。

表3-12　服装类最低采购价格　单位：元

运营时间	裤子	西装	连衣裙
第1轮第1期	2.00		
第1轮第2期	1.92		
第2轮第1期	1.84		
第2轮第2期	1.76	4	
第3轮第1期	1.70	3.84	
第3轮第2期	1.64	3.68	
第4轮第1期	1.56	3.52	
第4轮第2期		3.40	3.00
第5轮第1期		3.28	2.88

表3-13　家具类最低采购价格　单位：元

运营时间	桌子	床	柜子
第1轮第1期	14.00		
第1轮第2期	13.72	10.00	
第2轮第1期	13.44	9.20	
第2轮第2期	13.16	8.50	
第3轮第1期	12.88	7.80	

续表

运营时间	桌子	床	柜子
第 3 轮第 2 期		7.20	15.00
第 4 轮第 1 期		6.60	13.80
第 4 轮第 2 期		6.10	12.75
第 5 轮第 1 期		5.60	11.70

表 3-14　　**电器类最低采购价格**　　单位:元

运营时间	油烟机	平板电视	热水器
第 1 轮第 1 期	8		
第 1 轮第 2 期	7.36		
第 2 轮第 1 期	6.8	6	
第 2 轮第 2 期	6.24	5.4	
第 3 轮第 1 期	5.76	4.86	
第 3 轮第 2 期		4.38	
第 4 轮第 1 期		3.96	5
第 4 轮第 2 期		3.54	4.5
第 5 轮第 1 期		3.18	4.05

表 3-15　　**珠宝类最低采购价格**　　单位:元

运营时间	项链	手链	戒指
第 1 轮第 1 期	20		
第 1 轮第 2 期	19.8		
第 2 轮第 1 期	19.6		
第 2 轮第 2 期	19.4		
第 3 轮第 1 期	19.2	18	
第 3 轮第 2 期	19	17.1	
第 4 轮第 1 期	18.8	16.2	
第 4 轮第 2 期	18.6	15.48	
第 5 轮第 1 期	18.4	14.58	13

表 3-16　　**服装类供应数量**

运营时间	裤子	西装	连衣裙
第 1 轮第 1 期	2 100		
第 1 轮第 2 期	2 109		
第 2 轮第 1 期	2 014		
第 2 轮第 2 期	1 816	1 005	
第 3 轮第 1 期	1 516	1 042	
第 3 轮第 2 期	1 114	1 032	

续表

运营时间	裤子	西装	连衣裙
第 4 轮第 1 期	609	976	
第 4 轮第 2 期		874	1 125
第 5 轮 1 期		724	1 177

表 3-17　　家具类供应数量

运营时间	桌子	床	柜子
第 1 轮第 1 期	210		
第 1 轮第 2 期	237	195	
第 2 轮第 1 期	231	244	
第 2 轮第 2 期	189	273	
第 3 轮第 1 期	111	280	
第 3 轮第 2 期		267	120
第 4 轮第 1 期		231	162
第 4 轮第 2 期		175	198
第 5 轮第 1 期		99	229

表 3-18　　电器类供应数量

运营时间	油烟机	平板电视	热水器
第 1 轮第 1 期	375		
第 1 轮第 2 期	408		
第 2 轮第 1 期	387	315	
第 2 轮第 2 期	312	360	
第 3 轮第 1 期	183	375	
第 3 轮第 2 期		360	
第 4 轮第 1 期		315	345
第 4 轮第 2 期		240	400
第 5 轮第 1 期		135	445

表 3-19　　珠宝类供应数量

运营时间	项链	手链	戒指
第 1 轮第 1 期	150		
第 1 轮第 2 期	201		
第 2 轮第 1 期	235		
第 2 轮第 2 期	253		
第 3 轮第 1 期	253	105	
第 3 轮第 2 期	237	159	
第 4 轮第 1 期	204	199	

续表

运营时间	项链	手链	戒指
第 4 轮第 2 期	153	228	
第 5 轮第 1 期	85	244	135

表 3-20　　供应商促销方式

序号	满足条件	享受优惠
1	数量大于 50,信誉度大于 50	享受折扣 0.95 折
2	数量大于 100,信誉度大于 100	享受折扣 0.90 折
3	数量大于 160,信誉度大于 150	享受折扣 0.85 折
4	数量大于 200,信誉度大于 200	享受折扣 0.80 折
5	数量大于 300,信誉度大于 200	享受折扣 0.60 折

在操作时间允许的情况下,建议采用分拆同一采购产品订单、阶梯采购方式,运营初期更是如此。

第一,采用阶梯采购可以分散风险,调整采购成本。尽管同种商品一次性采购数量和信誉度都达到卖家的促销方式要求,可以享受价格和账期上的优惠,但是第一轮各组运营风格未知,存在巨大风险。采用阶梯采购方式,可以规避风险,测试市场价格,进而降低采购成本。

第二,采用阶梯采购可以分析竞争对手,保持企业信誉。在运营中后期,仍可视情况采用阶梯采购,竞争对手通过分析上一轮各小组运营状况,可分析判断某小组需要大量交付的产品,从而通过加价采购至断货导致某小组无法交货,进而产生大量违约订单,影响其信誉度和商品绩效。

2.3　人群定位

电子商务沙盘中品牌人群和综合人群是高价高费人群;低价人群和犹豫不定人群是低价低费人群。结合商品的预测价格,可以制定低价人群策略、高价人群策略和低价+高价人群策略。

(1)低价人群策略

考虑到前期品牌人群没有市场需求,按照人群成交顺序,最先购买的是低价人群,所以可以通过价格来吸引顾客,产生订单,积累经营业绩。同时,犹豫不定人群的市场需求量也比较大,可以通过一定的促销力度占领犹豫不定人群。积累到一定经营业绩后,及时转到高价人群。这里需要注意以下两点:

第一,制定较低价格前,需要做好成本核算和财务预算,避免定价过低,不能弥补成本,从而无法获取利润,导致贷款不能按期偿还,出现现金流断裂、网店提前破产的情况。

第二,如果竞争环境中大多数网店都采取低价人群策略,竞争过于激烈,可能会因为价格比其他网店制定得高而无法获得大量订单,造成商品积压,入不敷出,网店无法偿还贷款,最终破产。

采用这种策略的企业如果能够提前做好成本核算和财务预算,制定出比竞争对手略低的价格，就可获得大量订单，按期偿还贷款，积攒较多的人气，在后期可以逐步提高价格，争取获得更高的利润，同时利用团购、秒杀、套餐等促销策略吸引犹豫不定人群，获得更多的订单。

(2)高价人群策略

前期高价人群只有综合人群有需求，所以可以从综合人群影响因素入手，提高综合人群成交概率。例如，通过将办公地点选在品牌影响力较高的地区、在综合人群分布的主要城市进行慈善捐款、雇佣较多业务能力强的工作人员等，都可提高综合人群成交百分比。在第1轮第1期，大家都没有订单和人气的环境中，采用强有力的促销方式，例如高价秒杀，可以争取更多的订单和吸引更多的人气，既能为本期带来较多的利润，又能为后期积累销售额和人气，从而提高后期的综合人群成交百分比。

采用本策略需要注意以下三点：

一是定位综合人群并采用高价秒杀方式是一种危险策略，制定的价格不可过低，综合人群需要投入的成本较大，并且由于竞争对手的存在，对成交指数的影响存在不确定性，稍有不慎就可能造成大麻烦。

二是如果竞争环境中数家店铺都采取综合人群策略，竞争过于激烈，订单不多时，需要适时改变策略。

三是在运营流程中，各类人群都要首先处理物流需求迫切的客户，然后做好订单统计，看到有的订单缺货时，下一期要及时补货、及时处理订单，按客户要求的时间调整物流方式，保证客户收货的时间，这样才能确保网店的信誉。对综合人群要格外注意这一点，如果运营不当，会导致不能满足客户的要求，网店失去信誉直至得分变为负数。因此，采用这一定位策略的网店，一定要做好运营这一环节。

采用这种策略的企业如果能够提前做好预估、合理定价，获得大量综合人群的订单，结合使用吸引客户的促销方式，积累较高的人气，适度提升慈善捐款额度和媒体影响力，可以获得更多的订单，进而占有综合人群和品牌人群的大量市场。

(3)低价+高价人群策略

这是把高价人群策略和低价人群策略搭配使用。例如，某几个商品实行低价人群策略，另外几个商品实行高价人群策略。在运营中需要确定主要人群策略，在四种人群中，根据不同阶段的运营需要和竞争需要，选择合适的人群。竞争对手的行为会对本小组运营产生深刻影响，因此，在运营中要避免人群策略单一化。通过上一轮运营，分析竞争对手的产品策略、定价策略、人群策略，对本组的运营策略进行调整。在确定主要人群定位的基础上，通过多种人群组合策略提升运营绩效，分散风险。

总之，任何策略都不是固定的，都需要根据市场情况和竞争对手情况，及时调整。灵活应对，及时改变才是上策。

2.4 开局价格定位

(1)最低价格或第二低价

产品的价格做到市场中的最低或者第二低价。低价人群需求量很大，最低价格者很难独自满足低价市场需求，所以把价格做到第二低价，有时候比最低价格要好一些。

优势：资金投入小、成本低，产品绩效高，出单量较为稳定可控。

风险：价格决定一切，容易被竞争对手以更低的价格反刷单；由于订单有签收账期，低价赔得太多容易破产；因利润低，为了维持商品绩效，后续采购占用资金较多，所以无法投入过多的推广费用。

此方案适用于所有产品。

(2)综合人群里的最低价

产品的价格做到所有综合人群里最低。从本质上讲，这种价格定位也属于最低价格定位，只不过这里最低价仅仅是在综合人群里的最低价，不是所有人群中的最低价。

优势：配合团购、促销、秒杀，在综合人群中卖得较多；配合高竞价的 SEM 容易高价卖给低价人群；市场脱节的情况下也可以抢占低价人群市场。

风险：市场价格属于相对价格，综合人群里的最低价不好把控，往往会弄巧成拙；配合秒杀、团购、促销虽然销量会好一些，但是利润也会相对低一些。

此方案一般不适用于裤子、西装、裙子等一口价较低的产品。

(3)1.1 倍的价格

1.1 倍的价格是指数据魔方市场平均价格中最低价的 1.1 倍（低价人群、犹豫不定人群可溢价 10%）。1.1 倍的价格理论上可以抢占低价人群市场，但是实际比赛中比较难抢占低价人群市场，再加上做这个价格的人多，所以此价格一般配合秒杀、团购或者折扣来做，效果会好一些。

优势：配合团购、促销、秒杀、SEM 之后，可以卖给综合人群和犹豫不定人群；市场较为稳定，只要综合指数高，较容易出单。

风险：由于做此价格的人较多，综合指数、SEM、团购、秒杀、促销上会竞争激烈，导致成本增加；配合秒杀、促销、团购虽然销量会好一些，但是利润也会相对降低一些，尤其是配合团购和正常购买折扣较低的，退货比较严重。

此方案适用于所有产品。

(4)最低价到 1.1 倍的价格

价格定位在市场平均价格中的最低价到其 1.1 倍价格之间。常用的有三种形式：最低价的 1.1 倍降低一分钱，最低价的 1.1 倍降低几角钱，最低价的 1.1 倍降低几元钱。

优势：此价格配合 SEM 会比 1.1 倍的价格更容易实现高价卖给低价人群；配合团购、促销、秒杀之后，可以卖给综合人群和犹豫不定人群；后面在商品绩效刷到满分或分特别高的情况下，是可以直接用这个价格打入低价人群市场的；本价格更适用于裤子、西装、裙子这些需求数量较大的产品。

风险：开局用此价格会比 1.1 倍的价格和最低价的稳定性差一些；后期在绩效并不高的情况下，除非配合高竞价 SEM，否则很难实现卖给部分低价人群。

此方案适用于所有产品。

(5)1.1 倍到 1.2 倍之间的价格

由于品牌人群和综合人群可以溢价 20%，所以价格也定位在 1.1 倍到 1.2 倍之间。

市场平均价格高的时候一般可选用 1.2 倍降低一分钱和 1.1 倍增加几角钱的方案。

优势：在市场平均价格高的时候，综合人群里的最高价销售额会不错，出单较为稳定；配合团购、促销、秒杀、SEM 之后，可以卖给综合人群和犹豫不定人群。

风险：在市场平均价格低的时候，综合人群里的最高价会卖不动，哪怕配合秒杀、团购、促销也会卖不动，很容易造成每个货只能卖出几件的情况。

本方案不适用于开局随机性较大的场，而更适用于后期，观察每期的新品市场平均价格偏高还是偏低，如果做低价的价格够低，并且完全占领低价人群市场，就可以用这个价格范围去抢占综合人群市场。

2.5 开局商品组合

(1)四种商品做相同的方案

四种商品做相同的方案是指四种商品同时做低价或高价。

优势：很容易爆单，四种商品都爆单；在高手场很容易碰到许多打组合方案的选手，四种商品打一个方案可以以不变应万变。

风险：容易造成大面积瘫痪，万一碰到打同样方案的选手，容易造成四种商品都卖不出去。

(2)3+1 或 2+2 的方案

这种商品组合是把一部分商品定位在低价，一部分商品定位在高价。

优势：相比四种商品打同一个方案，这两种方案更为稳妥，很容易打到两个或者两个以上的商品，后面靠新品和 B 店翻盘；与其他竞争对手方案重合度较低。

风险：可能会有 1 到 2 个产品卖不出去，或者这 1 到 2 个产品绩效打不上去。

(3)1+1+2 的方案

本方案是把商品分别定位在低价人群、综合人群和犹豫不定人群。

优势：相比 2+2 或 3+1 方案，此方案更为稳妥，碰到相同方案的选手概率更低，更容易提升个别商品的绩效，虽然开局不会太理想，但是可以保证能够稳稳地活下去。

风险：此方案在更容易找到个别商品的市场空白的同时，很大概率有 1 到 2 个商品卖不出去，前两轮会很艰辛，一旦碰到某个打同样方案的选手在开局爆单，三轮之内都很难有机会反超他。

2.6 融资贷款定位

融资贷款有利于店铺迅速扩大规模，抢占市场，但同时也会导致运营成本上升，一旦现金流断裂无法归还贷款，将导致店铺破产。

贷款数量的多少取决于所有者权益，在运营的前两轮，店铺处于起始阶段，尚未完成原始积累，资金有限，盈利能力有限，但为取得竞争优势，却需要大量投入资金提升市场占有率，因此会导致运营成本上升，利润下降，所有者权益降低，从而可能导致店铺融资困难。

在前两轮运营中，需要格外关注所有者权益，市场占有率高，处于相对优势，所有者权益高，可以大量融资，加快网店发展；市场占有率低，处于相对劣势，要保证所有者权益，提升贷款额度，为后期调整策略、反败为胜提供机会。

在贷款策略上，由于账期延后，会导致初期资金匮乏，因此一般需要贷款，从规则中可以知道，首先要选择短贷（长贷），其次才是民间融资。

在贷款方式上，长贷利息较高，但是可以缓解短期还款压力，在使用部分短贷额度后，可在轮末，根据运营情况，选择是否将长、短贷的共用额度贷满。

在贷款数额上，根据要实现的运营目标，以需定贷，不浪费每一分贷款。

在贷款用途上，主要用于解决实现运营目标的短期现金缺口，在初期竞争形势不明、缺少分析数据的情况下，将贷款资金大量用于慈善、SEM 推广等收益风险不确定的支出项目，是非常危险的。

课题训练

（1）分析各类消费人群需求量占商品总需求量的百分比。统计各类人群对商品的需求量，计算各类人群对商品在不同周期的需求量占比，并粗略画出本期对应的饼状图，将其填入表 3-21～表 3-46。

表 3-21　各类人群对裤子的需求量

人群	第 1 轮 第 1 期	第 1 轮 第 2 期	第 2 轮 第 1 期	第 2 轮 第 2 期	第 3 轮 第 1 期	第 3 轮 第 2 期	第 4 轮 第 1 期	第 4 轮 第 2 期	第 5 轮 第 1 期
低价人群									
品牌人群									
综合人群									
犹豫不定人群									
合计									

表 3-22　各类人群对裤子的需求量占比

人群	第 1 轮 第 1 期	第 1 轮 第 2 期	第 2 轮 第 1 期	第 2 轮 第 2 期	第 3 轮 第 1 期	第 3 轮 第 2 期	第 4 轮 第 1 期	第 4 轮 第 2 期	第 5 轮 第 1 期
低价人群									
品牌人群									
综合人群									
犹豫不定人群									
饼状图									

表 3-23 各类人群对西装的需求量

人群	第1轮 第1期	第1轮 第2期	第2轮 第1期	第2轮 第2期	第3轮 第1期	第3轮 第2期	第4轮 第1期	第4轮 第2期	第5轮 第1期
低价人群									
品牌人群									
综合人群									
犹豫不定人群									
合计									

表 3-24 各类人群对西装的需求量占比

人群	第1轮 第1期	第1轮 第2期	第2轮 第1期	第2轮 第2期	第3轮 第1期	第3轮 第2期	第4轮 第1期	第4轮 第2期	第5轮 第1期
低价人群									
品牌人群									
综合人群									
犹豫不定人群									
饼状图									

表 3-25 各类人群对连衣裙的需求量

人群	第1轮 第1期	第1轮 第2期	第2轮 第1期	第2轮 第2期	第3轮 第1期	第3轮 第2期	第4轮 第1期	第4轮 第2期	第5轮 第1期
低价人群									
品牌人群									
综合人群									
犹豫不定人群									
合计									

表 3-26 各类人群对连衣裙的需求量占比

人群	第1轮 第1期	第1轮 第2期	第2轮 第1期	第2轮 第2期	第3轮 第1期	第3轮 第2期	第4轮 第1期	第4轮 第2期	第5轮 第1期
低价人群									
品牌人群									
综合人群									
犹豫不定人群									

续表

人群	第1轮第1期	第1轮第2期	第2轮第1期	第2轮第2期	第3轮第1期	第3轮第2期	第4轮第1期	第4轮第2期	第5轮第1期
饼状图									

表 3-27　各类人群对油烟机的需求量

人群	第1轮第1期	第1轮第2期	第2轮第1期	第2轮第2期	第3轮第1期	第3轮第2期	第4轮第1期	第4轮第2期	第5轮第1期
低价人群									
品牌人群									
综合人群									
犹豫不定人群									
合计									

表 3-28　各类人群对油烟机的需求量占比

人群	第1轮第1期	第1轮第2期	第2轮第1期	第2轮第2期	第3轮第1期	第3轮第2期	第4轮第1期	第4轮第2期	第5轮第1期
低价人群									
品牌人群									
综合人群									
犹豫不定人群									
饼状图									

表 3-29　各类人群对平板电视的需求量

人群	第1轮第1期	第1轮第2期	第2轮第1期	第2轮第2期	第3轮第1期	第3轮第2期	第4轮第1期	第4轮第2期	第5轮第1期
低价人群									
品牌人群									
综合人群									
犹豫不定人群									
合计									

表 3-30　　各类人群对平板电视的需求量占比

人群	第 1 轮 第 1 期	第 1 轮 第 2 期	第 2 轮 第 1 期	第 2 轮 第 2 期	第 3 轮 第 1 期	第 3 轮 第 2 期	第 4 轮 第 1 期	第 4 轮 第 2 期	第 5 轮 第 1 期
低价人群									
品牌人群									
综合人群									
犹豫不定人群									
饼状图									

表 3-31　　各类人群对热水器的需求量

人群	第 1 轮 第 1 期	第 1 轮 第 2 期	第 2 轮 第 1 期	第 2 轮 第 2 期	第 3 轮 第 1 期	第 3 轮 第 2 期	第 4 轮 第 1 期	第 4 轮 第 2 期	第 5 轮 第 1 期
低价人群									
品牌人群									
综合人群									
犹豫不定人群									
合计									

表 3-32　　各类人群对热水器的需求量占比

人群	第 1 轮 第 1 期	第 1 轮 第 2 期	第 2 轮 第 1 期	第 2 轮 第 2 期	第 3 轮 第 1 期	第 3 轮 第 2 期	第 4 轮 第 1 期	第 4 轮 第 2 期	第 5 轮 第 1 期
低价人群									
品牌人群									
综合人群									
犹豫不定人群									
饼状图									

表 3-33 各类人群对空调的需求量

人群	第 1 轮 第 1 期	第 1 轮 第 2 期	第 2 轮 第 1 期	第 2 轮 第 2 期	第 3 轮 第 1 期	第 3 轮 第 2 期	第 4 轮 第 1 期	第 4 轮 第 2 期	第 5 轮 第 1 期
低价人群									
品牌人群									
综合人群									
犹豫不定人群									
合计									

表 3-34 各类人群对空调的需求量占比

人群	第 1 轮 第 1 期	第 1 轮 第 2 期	第 2 轮 第 1 期	第 2 轮 第 2 期	第 3 轮 第 1 期	第 3 轮 第 2 期	第 4 轮 第 1 期	第 4 轮 第 2 期	第 5 轮 第 1 期
低价人群									
品牌人群									
综合人群									
犹豫不定人群									
饼状图									

表 3-35 各类人群对桌子的需求量

人群	第 1 轮 第 1 期	第 1 轮 第 2 期	第 2 轮 第 1 期	第 2 轮 第 2 期	第 3 轮 第 1 期	第 3 轮 第 2 期	第 4 轮 第 1 期	第 4 轮 第 2 期	第 5 轮 第 1 期
低价人群									
品牌人群									
综合人群									
犹豫不定人群									
合计									

表 3-36 各类人群对桌子的需求量占比

人群	第 1 轮 第 1 期	第 1 轮 第 2 期	第 2 轮 第 1 期	第 2 轮 第 2 期	第 3 轮 第 1 期	第 3 轮 第 2 期	第 4 轮 第 1 期	第 4 轮 第 2 期	第 5 轮 第 1 期
低价人群									
品牌人群									
综合人群									

续表

人群	第1轮第1期	第1轮第2期	第2轮第1期	第2轮第2期	第3轮第1期	第3轮第2期	第4轮第1期	第4轮第2期	第5轮第1期
犹豫不定人群									
饼状图									

表 3-37　各类人群对床的需求量

人群	第1轮第1期	第1轮第2期	第2轮第1期	第2轮第2期	第3轮第1期	第3轮第2期	第4轮第1期	第4轮第2期	第5轮第1期
低价人群									
品牌人群									
综合人群									
犹豫不定人群									
合计									

表 3-38　各类人群对床的需求量占比

人群	第1轮第1期	第1轮第2期	第2轮第1期	第2轮第2期	第3轮第1期	第3轮第2期	第4轮第1期	第4轮第2期	第5轮第1期
低价人群									
品牌人群									
综合人群									
犹豫不定人群									
饼状图									

表 3-39　　各类人群对柜子的需求量

人群	第 1 轮 第 1 期	第 1 轮 第 2 期	第 2 轮 第 1 期	第 2 轮 第 2 期	第 3 轮 第 1 期	第 3 轮 第 2 期	第 4 轮 第 1 期	第 4 轮 第 2 期	第 5 轮 第 1 期
低价人群									
品牌人群									
综合人群									
犹豫不定人群									
合计									

表 3-40　　各类人群对柜子的需求量占比

人群	第 1 轮 第 1 期	第 1 轮 第 2 期	第 2 轮 第 1 期	第 2 轮 第 2 期	第 3 轮 第 1 期	第 3 轮 第 2 期	第 4 轮 第 1 期	第 4 轮 第 2 期	第 5 轮 第 1 期
低价人群									
品牌人群									
综合人群									
犹豫不定人群									
饼状图									

表 3-41　　各类人群对项链的需求量

人群	第 1 轮 第 1 期	第 1 轮 第 2 期	第 2 轮 第 1 期	第 2 轮 第 2 期	第 3 轮 第 1 期	第 3 轮 第 2 期	第 4 轮 第 1 期	第 4 轮 第 2 期	第 5 轮 第 1 期
低价人群									
品牌人群									
综合人群									
犹豫不定人群									
合计									

表 3-42　　各类人群对项链的需求量占比

人群	第 1 轮 第 1 期	第 1 轮 第 2 期	第 2 轮 第 1 期	第 2 轮 第 2 期	第 3 轮 第 1 期	第 3 轮 第 2 期	第 4 轮 第 1 期	第 4 轮 第 2 期	第 5 轮 第 1 期
低价人群									
品牌人群									
综合人群									

续表

人群	第1轮第1期	第1轮第2期	第2轮第1期	第2轮第2期	第3轮第1期	第3轮第2期	第4轮第1期	第4轮第2期	第5轮第1期
犹豫不定人群									
饼状图									

表 3-43 各类人群对手链的需求量

人群	第1轮第1期	第1轮第2期	第2轮第1期	第2轮第2期	第3轮第1期	第3轮第2期	第4轮第1期	第4轮第2期	第5轮第1期
低价人群									
品牌人群									
综合人群									
犹豫不定人群									
合计									

表 3-44 各类人群对手链的需求量占比

人群	第1轮第1期	第1轮第2期	第2轮第1期	第2轮第2期	第3轮第1期	第3轮第2期	第4轮第1期	第4轮第2期	第5轮第1期
低价人群									
品牌人群									
综合人群									
犹豫不定人群									
饼状图									

表 3-45　　　　各类人群对戒指的需求量

人群	第1轮第1期	第1轮第2期	第2轮第1期	第2轮第2期	第3轮第1期	第3轮第2期	第4轮第1期	第4轮第2期	第5轮第1期
低价人群									
品牌人群									
综合人群									
犹豫不定人群									
合计									

表 3-46　　　　各类人群对戒指的需求量占比

人群	第1轮第1期	第1轮第2期	第2轮第1期	第2轮第2期	第3轮第1期	第3轮第2期	第4轮第1期	第4轮第2期	第5轮第1期
低价人群									
品牌人群									
综合人群									
犹豫不定人群									
饼状图									

(2)根据市场及人群需求数据分析,选择适合的运营商品填入表 3-47。

表 3-47　　　　商品选择

周期	商品名称	选择原因
第1轮第1期		
第1轮第2期		
第2轮第1期		
第2轮第2期		

续表

周期	商品名称	选择原因
第 3 轮第 1 期		
第 3 轮第 2 期		
第 4 轮第 1 期		
第 4 轮第 2 期		
第 5 轮第 1 期		

课题 3 经营环境分析

经营初期，各经营团队的经营策略可以说既是明确的，又是待定的。之所以说经营策略是明确的，是因为各经营团队在开展经营活动之前，经营者一般会大致制定几套基本的经营方案及经营的基本思路，以避免经营过程中乱了阵脚。之所以说经营策略是待定的，是由于经营尚未开始，经营者对市场信息及竞争对手的信息尚未可知，对经营环境缺乏了解，因此具体的经营策略很难提前确定；并且在经营过程中，竞争环境不断变化，也需要经营者根据环境的变化适时、适当地调整经营策略。

课题内容

在电子商务沙盘的经营过程中，经营团队可从以下三个方面分析经营环境：

3.1 经营初期环境分析

(1)竞争对手实力预估。合理预估竞争对手的实力对于经营者来说至关重要，这不仅能够帮助经营者调整心态，在面对各种挑战时保持冷静，而且能为前期经营策略的合理制定提供重要参考。当预估竞争对手实力较弱时，企业可以更加积极地追求扩张速度，抓住市场机遇。然而，如果预估竞争对手实力相当且竞争激烈，企业在扩张速度上应更为保守，以避免不必要的风险。值得注意的是，即使竞争对手实力不强，企业在初期也应选择保守经营，以规避潜在的未知风险。这种审慎的经营态度将有助于企业稳健发展。

(2)分析各人群市场的需求量及价格水平。对各类消费群体需求量的分析有助于经营者选择目标市场，制定合适的营销策略。通过市场预测图可以了解所有商品的生命周期，把握销售的宏观指导方向，而数据魔方提供了每一期的具体商品需求情况，从微观方面分析市场初期环境。

3.2　经营中期环境分析

这一阶段的环境分析将贯穿于企业的整个经营期，包括从第一轮经营开始至第五轮经营结束，尤其是第一轮和第二轮的经营期，各种经营策略变化较多，市场竞争环境不确定性较大，因此更需要经营者关注竞争对手的经营策略，以便寻求企业发展机会。

(1)关注各组的经营状态。具体来看，经营者要关注竞争对手的价格策略、慈善策略、人群策略等。一是了解各组的价格策略，经营者可在“辅助工具”中的“ITMC 商城”查看各组的定价、促销情况，从而可以推断各组的价格策略及销售意图，特别是媒体招标开始时，相关数据可以看得最清晰和最真实；二是关注各小组的慈善策略，特别是第 1 轮第 1 期，经营者可在“辅助工具”中的“排行榜”和“企业信息”查看各小组的慈善情况，了解各小组的慈善投标金额，从而判断哪些小组是主打综合人群；三是关注各组的人群策略，经营者通过慈善信息及“经营分析”中的“市场占有率”确定各小组的主打销售人群和经营策略。

(2)寻求各商品消费人群的市场机会。各商品在零售市场上均有四类消费群体，企业经营过程中应适当关注各类消费群体的市场机会。通常在经营的第 1 轮、第 2 轮，由于需要关注的市场信息量并不大，各企业都会有比较充裕的时间关注各类消费群体的交易情况，并与竞争对手展开博弈竞争。但在经营中后期，随着部分小组的破产退出，市场信息量加大，在有限的经营时间里，有些企业往往会忽略或无暇顾及对交易细节的分析，因此经营者应该在经营过程中有针对性地关注一些交易细节，寻求交易机会。

3.3　经营末期环境分析

每轮经营结束后，各企业应将重点放在对各组财务报表、市场占有率的分析研究上。经营者通过对财务报表数据的分析，并对各组经营绩效、发展潜力、竞争态势等进行预测，为下一轮经营策略的制定提供参考。

(1)各组财务报表分析。从财务报表中可以分析各组的经营状态，如可以获得各组的盈亏情况、商品库存情况、现金、贷款情况及权益等，掌握这些信息有利于了解各组的竞争地位及发展潜力。

(2)竞争态势分析。由于市场容量有限，一般来说，如果破产的企业越多，则后续的竞争程度越不激烈。影响竞争程度的因素还包括各企业的市场占有率、商品库存、综合指数、SEO 和 SEM 的转化率等。因此，每轮结束后，经营者需要分析竞争局面，了解剩余企业的数量、现有企业的所有者权益高低、商品库存、市场占有率、资金状况等因素，对下一轮的竞争态势进行预测。

(3)综合指数分析。企业经营者需要时时关注各企业的综合指数，原因在于：一方面，企业综合指数的高低直接影响综合人群的交易；另一方面，企业综合指数的高低也会影响其他人群的成交，特别是前两轮。

根据综合评价指数计算公式可知，在企业原始积累的前两轮，综合指数主要和卖家企业信誉度、卖家店铺总人气、卖家社会慈善、卖家员工经验值、卖家员工业务能力有密切关系，特别是卖家企业信誉度、卖家店铺总人气和卖家社会慈善对综合指数的影响占主导地位。

(4)发展潜力分析。判定企业的发展潜力，需要综合考虑企业的整体经营状况，其中有三个指标比较重要。一是企业的综合指数，综合指数高有利于企业扩大综合人群的销售比例，获得高额的利润；二是企业所有者权益，所有者权益高说明企业前期经营业绩较好，且企业的融资能力较强；三是企业的商品库存，库存量说明了企业可供销售的商品数量，如果商品数量多且企业能够把商品销售出去，则一般具备较强的成长力。

电子商务沙盘模拟经营中为了实现战略目标，最有效的工具是做长期资金规划，前期至少规划 2～3 轮，同时将采购计划、促销计划、推广计划等也一并完成，就形成了一套可行的战略。当然仅一套战略是不够的，事先需要形成数套战略，同时在执行的过程中动态调整。有两点要引起重视：一是在战略的制定和执行中，不要忘记你的竞争对手，竞争对手的一举一动都会对你产生重大影响；二是前三轮是经营的关键，此时企业资源较少，战略执行必须步步为营，用好每一分钱。而且前期若是被竞争对手拉大距离，后期想赶超是很难的。第一期浪费一万元，可能导致第五轮权益相差几十万元，这就是“蝴蝶效应”。

课题训练

结合模拟经营现状，谈谈网店的经营环境是怎样的，又是如何改变的，记录在以下方框内。

模块拓展

以下几种开局方案(表 3-48～表 3-56),是学生在训练时总结的,具有一定的参考性,可以开阔读者的思维和视野。

表 3-48 极限综合开局

商品	城市选择	采购数量	仓库选择	经理指数	商品定价	SEM费用/元	团购折扣	促销折扣	慈善/元	贷款
裤子	银川	75	沈阳500仓	3高	最低价的1.2倍	20	不做	不做	50(保持第一)	800元左右
油烟机		26			min(最低价的1.2倍,最高价的1.1倍)	10	4折左右	9.99折		
桌子		12			min(最低价的1.2倍,最高价的1.1倍)	10	4折左右	9.99折		
项链		12			最低价的1.2倍	20		不做		
风险评估	策略风险:低 相较于杭州的综合打法,银川的租金更低,工资水平也是最低的,前期的运营成本大大降低。第1轮第2期有充裕的资金,第2轮第1期的还贷压力特别小,商品利润率特别高									

表 3-49 高综合犹豫开局

商品	城市选择	采购数量	仓库选择	经理指数	商品定价	SEM费用/元	团购折扣	促销折扣	慈善/元	贷款
裤子	银川	150	沈阳4000仓	1～3高	最低价的1.1倍	20	6.5折左右	9.99折	30(前3即可)	1 300元左右
油烟机		36			最低价的1.1倍	20	4.5折左右	9.99折		
桌子		18			最低价的1.1倍	20	4.5折左右	9.99折		
项链		12			最低价的1.1倍	20	4折左右	9.99折		
风险评估	策略风险:中 这种打法的优势是容错率比较高,稳定性比较强,适用于任何场。正常购买赚利润,团购保绩效,但是对于选手控单能力、后期的运营能力有一定的要求									

表 3-50　　综合低价开局

商品	城市选择	采购数量	仓库选择	经理指数	商品定价	SEM费用/元	团购折扣	促销折扣	慈善/元	贷款
裤子	银川	150	沈阳4000仓	2～6高	比数据魔方最低价少0.5元	40	9.5折	9.99折	20	1 500元左右
油烟机		36			比数据魔方最低价少2元	30	9.5折	9.99折		
桌子		18			比数据魔方最低价少4元	30	9.5折	9.99折		
项链		18			比数据魔方最低价少6元	50	9.5折	9.99折		
风险评估	策略风险：高 这种打法比较冒险，稳定性较差，比较依赖SEO＋SEM的引流，但是一旦成功利润会很高，比较适合网赛等非质量场，可以多招点经理、提高SEM增强稳定性									

表 3-51　　低价开局

商品	城市选择	采购数量	仓库选择	经理指数	商品定价/元	SEM费用/元	团购折扣	促销折扣	慈善/元	贷款
裤子	银川	200	沈阳4000仓	1初	6.5	10	9.99折	9.99折	10	1 600元左右
油烟机		36			18	10	9.99折	9.99折		
桌子		24			28	10	9.99折	9.99折		
项链		20			45	10	9.99折	9.99折		
风险评估	策略风险：低 这种打法稳定性较强，适用于任何场，质量场更好，但是利润很低，后期很考验选手个人的运营能力，是一个比较保守的打法，前期破产的概率很小，但是对资金的控制很严格									

表 3-52　　犹豫开局

商品	城市选择	采购数量	仓库选择	经理指数	商品定价	SEM费用/元	团购折扣	促销折扣	慈善/元	贷款
裤子	银川	180	沈阳4000仓	1高	最低价的1.1倍	20	7.4折	7.4折	10	1 500元左右
油烟机		36			最低价的1.1倍	20	5.78折	5.78折		
桌子		18			最低价的1.1倍	20	5.78折	5.78折		
项链		18			最低价的1.1倍	20	5.78折	5.78折		
风险评估	策略风险：低 这种打法和低价的思路一致，前期只是为了做商品绩效，利润较低，但是稳定性很强，对选手的运营能力要求很高									

表 3-53　床开局方案

采购数量	商品定价	团购折扣	秒杀	促销折扣	SEM 费用/元	目标人群
50	最高价的1.2倍	不做	关	不做	20	综合人群
75	最低价的1.2倍	不做	关	不做	30	综合人群
120	最低价的1.1倍	7.5折左右	关	9.48折	50	主综合人群 辅犹豫不定人群
150	最低价的1.05倍	9.99折	关	9.99折	50	主综合人群 辅低价人群
150	最低价的1.1倍	8折左右	关	卡6.5元的折扣	30	主犹豫不定人群 辅综合人群
200	比最低价少0.2元	8.5折左右	关	卡6.5元的折扣	30	主低价、犹豫不定人群 辅综合人群
300	6元	9.99折	关	9.99折	30	低价人群

表 3-54　桌子开局方案

采购数量	商品定价	团购折扣	秒杀	促销折扣	SEM 费用/元	目标人群
8	最低价的1.2倍	不做	关	不做	30	综合人群
12	最低价的1.2倍/最高价的1.1倍取较低者	卡28元的折扣（4.5折左右）	关	9.99折	30	综合人群 犹豫不定人群
18	最低价的1.1倍	卡28元的折扣	关	9.99折	20	综合人群 犹豫不定人群
24	最低价的1.1倍	卡28元的折扣	关	卡42元的折扣（7折左右）	20	犹豫不定人群
18	最低价的1.1倍	卡35元的折扣（6折左右）	关	卡35元的折扣	30	犹豫不定人群
18	最低价少4元	9.99折	关	9.99折	30	主综合人群 辅低价人群
18	最低价的1.05倍	卡42元的折扣（7.5折）	关	卡42元的折扣	20	主犹豫不定人群 辅综合、低价人群
18	42元	9.99折	关	9.99折	20	综合人群 低价人群
24	28元	9.99折	关	9.99折	20	低价人群

表 3-55　油烟机开局方案

采购数量	商品定价	团购折扣	秒杀	促销折扣	SEM 费用/元	目标人群
18	最低价的 1.2 倍	不做	关	不做	20	综合人群
28	最低价的 1.2 倍/最高价的 1.1 倍取较低者	卡 16 元的折扣（4.5 折左右）	关	9.99 折	20	综合人群 犹豫不定人群
36	最低价的 1.1 倍	卡 16 元的折扣	关	9.99 折	20	综合人群 犹豫不定人群
45	最低价的 1.1 倍	卡 16 元的折扣	关	卡 24 元的折扣（7 折左右）	20	犹豫不定人群
36	最低价的 1.1 倍	卡 20 元的折扣	关	卡 20 元的折扣（6 折左右）	20	犹豫不定人群
28	比最低价少 2 元	9.99 折	关	9.99 折	20	主综合人群 辅低价人群
36	最低价的 1.05 倍	卡 24 元的折扣（7.5 折）	关	卡 24 元的折扣（7.5 折）	20	主犹豫不定人群 辅综合、低价人群
36	24 元	9.99 折	关	9.99 折	20	综合人群 低价人群
36	16 元	9.99 折	关	9.99 折	20	低价人群

表 3-56　项链开局方案

采购数量	商品定价	团购折扣	秒杀	促销折扣	SEM 费用/元	目标人群
1	0.01 元(不开预售)	不做	开	0.01 折	0	低价人群
1	最低价的 1.1 倍	不做	开	2.8 折	0	犹豫不定人群
12	最低价的 1.2 倍	不做	关	不做	40	综合人群
12	比最低价少 6 元	9.99 折	关	9.99 折	50	主综合人群 辅低价人群
18	最低价的 1.05 倍	卡 60 元的折扣（7.5 折左右）	关	卡 60 元的折扣（7.5 折左右）	50	主犹豫不定人群 辅低价综合人群
12	最低价的 1.1 倍	卡 50 元的折扣（5.5 折左右）	关	卡 50 元的折扣（5.5 折左右）	40	犹豫不定人群
12	最低价的 1.1 倍	卡 35 元的折扣（4 折左右）	关	9.99 折	40	综合人群 犹豫不定人群
12	60 元	9.99 折	关	9.99 折	30	综合人群 低价人群
20	40 元	9.99 折	关	9.99 折	20	低价人群

模块 4

网店推广——流量引入

学习目标

1. 能够根据SEO排名规则制定SEO推广策略，优化商品标题，获取免费流量。
2. 能够根据SEM排名规则制定SEM推广策略，合理投放关键词，获取付费流量。
3. 能够根据站外推广规则制定媒体广告投放策略，合理选择媒体投放时段，获取站外流量。
4. 能够对推广效果进行分析，优化推广策略，有效增加网店流量。
5. 养成“分析数据、调整策略”的职业素养，树立正确的网店推广价值观。

思维导图

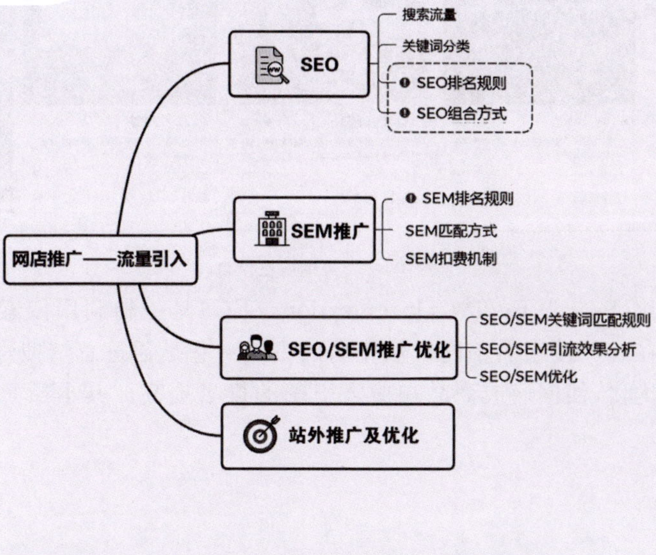

课题 1 SEO

在电子商务沙盘中，通过 SEO 优化标题关键词尽可能匹配买方的搜索习惯，可以在买方搜索某个关键词时，展示与该关键词相关的商品，并取得靠前的自然排名。

课题内容

微课：SEO

1.1 搜索流量

买家在搜索引擎中输入关键词并点击搜索后，买家搜索的关键词与卖家设置的关键词会进行系统匹配，匹配成功的，就将与关键词相关的产品或广告进行展示，产生了流量。例如，在电子商务平台上搜索“行李箱”一词，搜索结果也是与行李箱相关的产品或广告。按照收费标准可以把流量分为免费流量和付费流量，免费流量代表是 SEO，付费流量代表是 SEM。

图 4-1 所示是电子商务平台中常见的买卖双方关键词匹配结果，买家搜索关键词“行李箱”，主搜索区中的商品标题里都含有关键词“行李箱”，网页右侧一列的“掌柜热卖”就是与“行李箱”相关的商品广告。

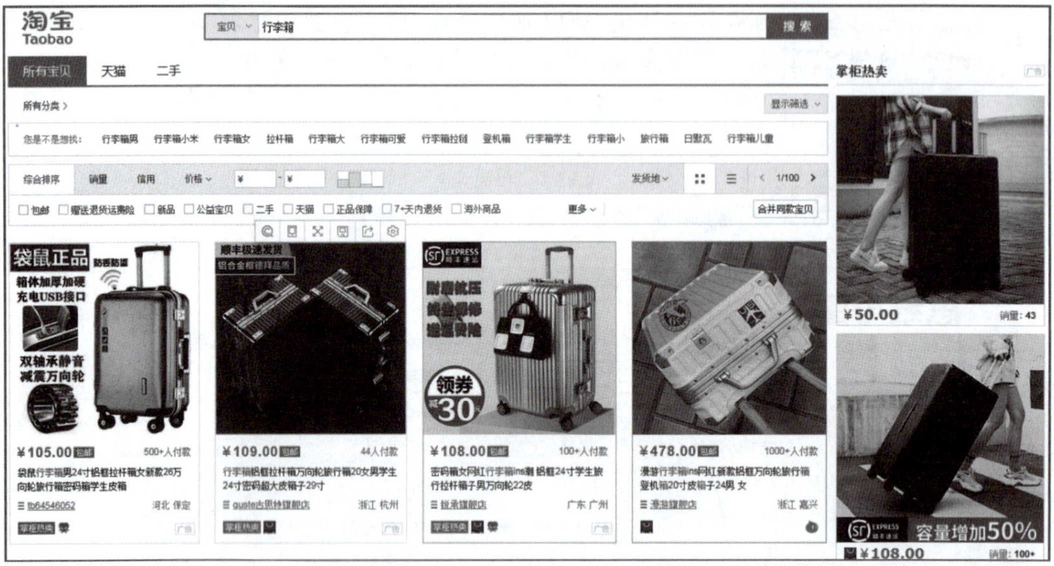

图 4-1 关键词匹配示例

搜索引擎优化（Search Engine Optimization，SEO）是一种利用搜索引擎的搜索规则来提高目前网店在有关搜索引擎内自然排名的方式。它是通过总结搜索引擎的排名规律对网店进行合理优化，使网店或商品在搜索引擎的排名提高。其本质是迎合搜索引擎的排序机制，让搜索引擎认为该店铺的商品或服务对使用该搜索引擎的用户而言最有价值，从而提高其展现、点击和成交量。它是一种免费推广方式。图 4-2 所示是电子商务平台搜索结果展示页面 SEO 所处的位置。

图 4-2　SEO 位置

搜索引擎营销（Search Engine Marketing，SEM）是指基于搜索引擎平台的付费推广，平台提供资源，商家付费购买优质资源，并利用人们对搜索引擎的依赖和使用习惯，在人们检索信息的时候将推广信息传递给目标用户。图 4-3、图 4-4 所示分别是电子商务平台搜索结果展示页面 SEM 所处的位置。

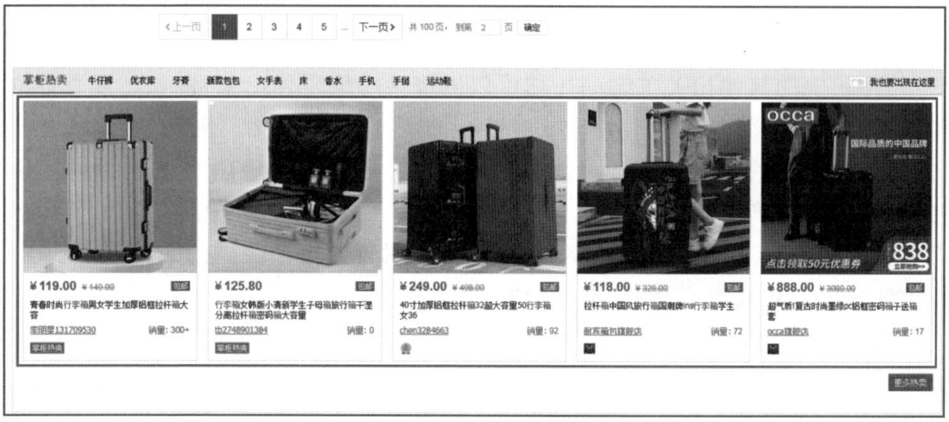

图 4-3　SEM 位置（底部）

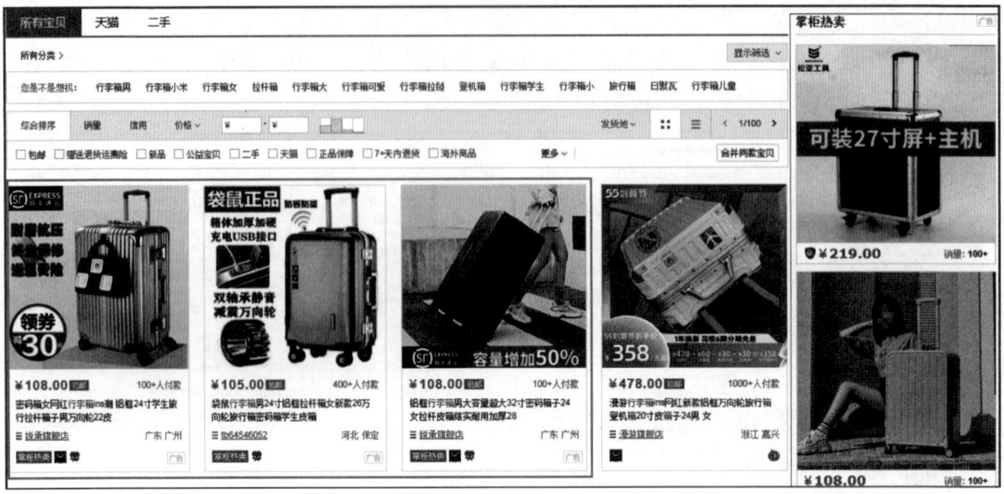

图 4-4　SEM 位置(顶部)

1.2　关键词分类

关键词是指用户在使用搜索引擎时输入的表达个人需求的词,它往往是最能直接反映出用户意图的。如果网店选对关键词,那便可以快速地出现在精准用户的搜索结果中,达到引流的目的。

设置关键词在 SEO 推广中处于核心地位。电子商务沙盘中的 SEO 推广主要是对商品标题优化(关键词优化)。通过优化标题关键词尽可能匹配买方的搜索习惯,在买方搜索某个关键词时,展示与该关键词相关的商品,并取得靠前的自然排名。所以设置的关键词既要考虑 SEO 排名规则,又要考虑企业的发展阶段、商品的属性特征、市场的竞争环境等综合因素。

目前行业内并没有对关键词的类别划分形成统一标准,但在主流搜索引擎中常见的关键词类型一般有:核心词、品牌词、属性词、营销词和长尾词等。

(1)核心词

核心词是指与商品有紧密联系的、能精准表达商品的关键词。核心词是标题的重要组成要素,标题中的其他相关关键词往往可以围绕核心词延伸出来,例如,“夏季连衣裙中长款”,这里的核心词就是“连衣裙”。一般核心词字数较少,多为行业内的短词、热词和大词,搜索量非常大,但数量往往较小,因此竞争激烈。同时,用户在使用核心词搜索商品时,搜索引擎很难准确判断用户的精准需求,只能大致确定用户所需商品的类目,因此在搜索结果中无法精准地展现用户需要的商品,这类词的转化率往往偏低。

常见的核心词主要有商品词、类目词等。

商品词一般指的是商品的名称,例如“连衣裙”“移动电源”“手机”等。

类目词一般指的是商品所属类目的名称,类目词又可细化为一级类目、二级类目、三级类目以及四级类目等。以淘宝网为例,连衣裙属于女装类目下的子类目,女装属于一级类目,连衣裙属于二级类目,连衣裙类目下面还包括“半身裙”“针织裙”“丝绒裙”“打底裙”

等三级类目，这些三级类目名称都可以作为核心词出现在商品的标题中。

(2)品牌词

品牌词是指商品的品牌名称，例如“华为”“海尔”“三只松鼠”“小米”等品牌名称。网店在使用品牌词时，要避免不当使用他人品牌词，否则可能会构成侵权。

(3)属性词

属性词是指描述商品参数、特征的关键词，例如，商品的尺寸、材质、颜色、型号、风格、样式、用途等。属性词既能够帮助用户了解商品的详细情况，又能够帮助平台快速地将商品信息匹配给合适的用户。图 4-5 是某品牌连衣裙的商品属性信息。

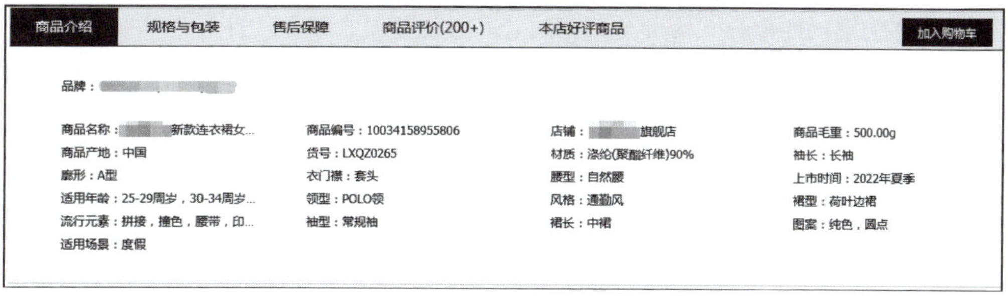

图 4-5　某品牌连衣裙的商品属性信息

例如用户搜索“连衣裙 2022 高腰长款”，其中，“高腰”“长款”均属于连衣裙的属性，用户能够通过属性词对商品建立起全面立体的认识，同时也方便用户挑选自己需要的商品，因此属性词往往是影响用户购买决策的一个重要因素。

(4)营销词

营销词是指具有营销性质的关键词。营销词包括描述优惠信息、突出商品卖点、展现品牌信誉等的词，通常作为核心词和属性词的补充，例如“新款”“包邮”“新品”“正品”。

(5)长尾词

长尾词是指商品的非中心关键词，但与中心关键词相关，是可以带来搜索流量的组合型关键词。长尾词的特征是比较长，往往由 2～3 个词组成，甚至是短语。长尾词通常由核心词、属性词、营销词等搭配组成，例如“裙子长款连衣裙夏”“裙子雪纺连衣裙夏”。长尾词的总体数量非常庞大，搜索量较小，竞争力度不大，但用户用长尾词搜索时目的性更强，需求更加精准，由此带来的转化率比较高。

1.3　SEO 排名规则

商品标题是描述商品的名称，通过标题可以让用户找到商品，快速了解商品的类别、属性、特点等。SEO 商品标题是与用户自然搜索联系最紧密也是影响最大的因素之一，一个优秀的商品标题可以为用户带来更多的自然搜索流量。商品标题有三个非常重要的作用：一是明确告诉潜在买家网店卖的是什么；二是告诉搜索引擎网店卖的商品是什么；三是影响商品自然搜索结果排名，标题关键词与商品的相关性是搜索引擎进行商品排序的重要因素。对于网店而言，一个商品标题的好坏，在很大程度上决定了商品能否在自然搜索结果中展现，能否提升网店的自然流量，能否提高商品的转化率。一个好的商品标题，应该满足两个条件：一是有利于点击，标题设置需要符合买家的购买习惯；二是有利于展现，标题中需含有买家搜索的关键词，且关键词相关性较高。

通过优化标题关键词尽可能匹配买方的搜索习惯，在买方搜索某个关键词时，展示与该关键词相关的商品，并取得靠前的自然排名。SEO 商品排名得分越高，排名越靠前。

SEO 商品排名得分＝SEO 关键词排名得分×0.4＋商品绩效得分×0.06

SEO 关键词排名得分＝关键词搜索相关性（数据魔方提供）×SEO 关键词匹配方式得分

当 SEO 关键词匹配方式为完全匹配时，SEO 关键词匹配方式得分为 1；

当 SEO 关键词匹配方式为高度匹配时，SEO 关键词匹配方式得分为 0.5；

当 SEO 关键词匹配方式为部分匹配时，SEO 关键词匹配方式得分为 0.2。

数据魔方提供的关键词搜索相关性对于每个卖家来说是相同的，设其值为 a。因此，SEO 关键词排名得分主要看关键词匹配方式。完全匹配时，SEO 关键词排名得分为 $a\times 1$；高度匹配时，SEO 关键词排名得分为 $a\times 0.5$；部分匹配时，SEO 关键词排名得分为 $a\times 0.2$。不同匹配方式的 SEO 关键词排名得分值极差为 $a\times 1-a\times 0.2=0.8a$，也就是说 a 的值越大，这个极差越大。所以，对于搜索相关性大的关键词，关键词匹配方式会对最终的 SEO 商品排名得分产生较大影响。

商品绩效得分从 0 分到 100 分，在最终的 SEO 商品排名得分中最高可占 60%。商品绩效得分主要由点击、转化、退单和保修四个方面组成。点击和转化的得分对比的都是班级平均值，只要超过班级平均值即可获得该项的满分，不到班级平均值的小组也可以按照比值获得一定的得分。同时，点击率和转化率的满分分值高于点击量和转化量。想要增加商品绩效得分，与此相对应应从四个方面着手。点击量和点击率考查的是小组在售商品的引流的情况，SEO、SEM 均可以增加商品的点击量数值。转化量和转化率考查的是小组在售商品成交的情况，SEO、SEM 产生的交易都被计算为商品的转化率。这里要注意点击量和转化率的关系。转化率＝转化量/点击量。转化率与点击量成反比，也就是说，同样转化量的情况下，点击量越高，转化率反而越低，而转化率的满分分值比点击量高。同时，预售的转化量过大容易形成退单，降低退单率的得分。所以，要合理安排点击量、转化量、转化率的估计量，使得商品绩效得分尽可能高。

总之，SEO 要平衡关键词匹配和商品绩效得分两个方面，根据现有情况选择关键词，与商品绩效合理搭配，提高流量。商品绩效得分高的多选覆盖面广的关键词，商品绩效得分低的可以适当选用相关性高的关键词进行完全匹配。

1.4 SEO 组合方式

由 SEO 商品排名得分公式可知，SEO 推广的两个核心要素是关键词匹配方式和商品绩效。关键词匹配方式的要点在于关键词的选择，商品绩效的影响权重高达 60%。根据这两个要素的变化组合情况，SEO 组合方式有以下类型：

(1)核心词＋高商品绩效

表 4-1 为油烟机的商品绩效数据，图 4-6 所示为油烟机的 SEO 点击量数据信息。

表 4-1　　油烟机的商品绩效数据

组别	标题	商品绩效	关键词
cAer	油烟；烟机；樱花；电器；家电；帅康；cxw；	98	油烟机
gAkc	油烟机；樱花；油烟；烟机；家电；抽油烟机；吸油烟机；	41	油烟机
jAre	油烟；烟机；樱花；方太；华帝；美的；家电；	85	油烟机
bAty	油烟；方太；老板；家电；樱花；抽油；广州；	100	油烟机
aAfd	油烟；老板；电器；大家电；樱花；帅康；吸烟机；	75	油烟机
bAre	油烟；烟机；樱花；电器；家电；cxw；帅康；	64	油烟机
fAer	油烟；樱花；烟机；家电；抽油烟机；吸油烟机；	86	油烟机

		时间	账号	店铺名称	商品名称	关键词	SEO点击量
1		第3轮第1期	bAty	我的C店	油烟机	油烟机	6
2		第3轮第1期	cAer	我的C店	油烟机	油烟机	6
3		第3轮第1期	fAer	我的C店	油烟机	油烟机	6
4		第3轮第1期	jAre	我的C店	油烟机	油烟机	6
5		第3轮第1期	aAfd	我的C店	油烟机	油烟机	0
6		第3轮第1期	bAre	我的C店	油烟机	油烟机	0
7		第3轮第1期	gAkc	我的C店	油烟机	油烟机	0

图 4-6　油烟机的 SEO 点击量数据信息

由表 4-1 可知，7 个小组的商品标题优化均使用的核心词、短词，覆盖面广；bAty、cAer、fAer、jAre 四个小组的商品绩效分别为 100、98、86、85，其余小组的商品绩效比较低。由图 4-6 可知，商品绩效排名前四的小组均有 SEO 点击量，商品绩效较低的小组 SEO 点击量为零。

再如，表 4-2 列出了 A1、A2 两组的 SEO 选词及商品绩效，SEO 点击量如图 4-7、图 4-8 所示。

表 4-2　　SEO 选词及商品绩效

序号	SEO 选词	商品绩效
A1	软床；真皮；实木；家具；欧式；双人；折叠；	92
A2	双人；折叠；真皮；儿童；实木；子母床；家具；	62

		时间	店铺名称	商品名称	关键词	SEO点击量
1		第4轮第2期	我的C店	床	布艺床	51
2		第4轮第2期	我的C店	床	折叠床	44
3		第4轮第2期	我的C店	床	住宅家具	44
4		第4轮第2期	我的C店	床	儿童家具套装	34
5		第4轮第2期	我的C店	床	实木床 双人床 1.	33
6		第4轮第2期	我的C店	床	双人	31
7		第4轮第2期	我的C店	床	床包邮	30

图 4-7　A1 的 SEO 点击量

A1、A2 两组在 SEO 标题优化方面，都选择了核心词、短词，但是两组的商品绩效差距较大，A1 的商品绩效为 92，A2 的商品绩效为 62，因此两组的 SEO 效果也不一样。A1 的 SEO 点击量远比 A2 的 SEO 点击量大。

由此说明，SEO 推广中商品标题优化使用核心词、短词时，商品绩效越高带来的流量

时间	店铺名称	商品名称	关键词	SEO点击量	SEO转化量
第4轮第2期	我的C店	床	高低床子母床	24	0
第4轮第2期	我的C店	床	子母床蚊帐	11	0
第4轮第2期	我的C店	床	高低/子母床	4	0
第4轮第2期	我的C店	床	上下子母床	3	0
第4轮第2期	我的C店	床	松木子母床	1	0
第4轮第2期	我的C店	床	北京子母床	1	0

图 4-8　A2 的 SEO 点击量

越大。由于长尾词覆盖面窄，当高商品绩效时，主要选择核心词进行 SEO 推广，不应使用长尾词＋高商品绩效的组合。

(2)核心词＋低商品绩效

表 4-3 所列为 B 组商品绩效数据，其中 B3 床的商品绩效为 32。B3 的 SEO 标题优化所选的核心关键词如图 4-9 所示。图 4-10 为 B3 的 SEO 点击量，SEO 效果非常差。

表 4-3　　B 组商品绩效数据

组别	商品	绩效
B1	床	99
B2	床	87
B3	床	32
B4	床	67
B5	床	49

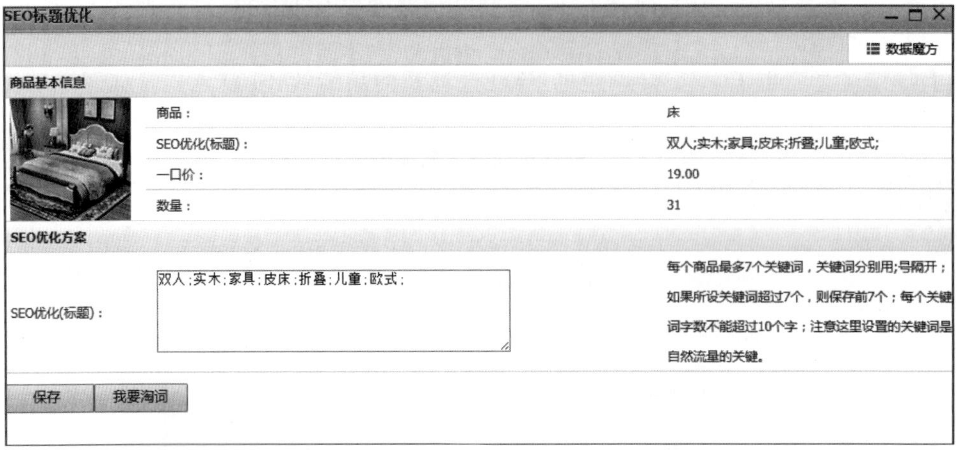

图 4-9　B3 的 SEO 标题优化

根据 SEO 商品排名规则，当商品绩效比较低时，要保持或提升 SEO 商品排名，就要提升 SEO 关键词排名得分，而提升 SEO 关键词排名得分就要选择匹配方式得分高的完全匹配或高度匹配。而本案例选择的是核心词、短词，所以大多数买家搜索关键词与之匹配方式都是部分匹配，再加上核心词、短词竞争比较激烈，所以 SEO 商品排名比较靠后，自然不会产生 SEO 点击量。由此说明，SEO 推广中低商品绩效时使用核心词推广效果很差。

推广组:　　推广计划:　　商品: 我的C店--床　　时间: 第3轮第2期　　查询

		时间	店铺名称	商品名称	关键词	SEO点击量	SEO转化量	SEO转化率	SEM点击量	SEM转化量	SEM转化率	点击花费	平均点击单价	销售额	投入产出比(ROI
1	□	第3轮第2期	我的C店	床	储物床	0	0	0.00%	0	0	0.00%	0.00	0.00	0.00	0.00
2	□	第3轮第2期	我的C店	床	床儿童	0	0	0.00%	0	0	0.00%	0.00	0.00	0.00	0.00
3	□	第3轮第2期	我的C店	床	儿童床公主	0	0	0.00%	0	0	0.00%	0.00	0.00	0.00	0.00
4	□	第3轮第2期	我的C店	床	儿童单人床	0	0	0.00%	0	0	0.00%	0.00	0.00	0.00	0.00
5	□	第3轮第2期	我的C店	床	儿童高低床多功能	0	0	0.00%	0	0	0.00%	0.00	0.00	0.00	0.00
6	□	第3轮第2期	我的C店	床	儿童公主床	0	0	0.00%	0	0	0.00%	0.00	0.00	0.00	0.00
7	□	第3轮第2期	我的C店	床	儿童滑梯床	0	0	0.00%	0	0	0.00%	0.00	0.00	0.00	0.00
8	□	第3轮第2期	我的C店	床	儿童上下床双层床	0	0	0.00%	0	0	0.00%	0.00	0.00	0.00	0.00
9	□	第3轮第2期	我的C店	床	儿童双层床	0	0	0.00%	0	0	0.00%	0.00	0.00	0.00	0.00
10	□	第3轮第2期	我的C店	床	儿童组合床	0	0	0.00%	0	0	0.00%	0.00	0.00	0.00	0.00
11	□	第3轮第2期	我的C店	床	高低/子母床	3	0	0.00%	0	0	0.00%	0.00	0.00	0.00	0.00
12	□	第3轮第2期	我的C店	床	高低床子母床	1	0	0.00%	0	0	0.00%	0.00	0.00	0.00	0.00
13	□	第3轮第2期	我的C店	床	高低子母床	0	0	0.00%	0	0	0.00%	0.00	0.00	0.00	0.00
14	□	第3轮第2期	我的C店	床	公主女孩儿童床	0	0	0.00%	0	0	0.00%	0.00	0.00	0.00	0.00
15	□	第3轮第2期	我的C店	床	软包床	0	0	0.00%	0	0	0.00%	0.00	0.00	0.00	0.00
16	□	第3轮第2期	我的C店	床	软床1.8米	0	0	0.00%	0	0	0.00%	0.00	0.00	0.00	0.00
17	□	第3轮第2期	我的C店	床	上下床子母床	1	0	0.00%	0	0	0.00%	0.00	0.00	0.00	0.00
18	□	第3轮第2期	我的C店	床	双层床子母床	0	0	0.00%	0	0	0.00%	0.00	0.00	0.00	0.00
19	□	第3轮第2期	我的C店	床	双层儿童床	0	0	0.00%	0	0	0.00%	0.00	0.00	0.00	0.00
					合计	6	0		0	0		0.00		0.00	

图 4-10　B3 的 SEO 点击量

(3)长尾词+低商品绩效

表 4-4 所列为 C 组商品绩效数据，其中 C3 的商品绩效为 31。C3 的 SEO 标题优化长尾词如图 4-11 所示。图 4-12 为 C3 的 SEO 点击量，仅有 2 个点击量。

表 4-4　　C 组商品绩效数据

组别	商品	绩效
C1	床	100
C2	床	86
C3	床	31
C4	床	77
C5	床	53
C6	床	67

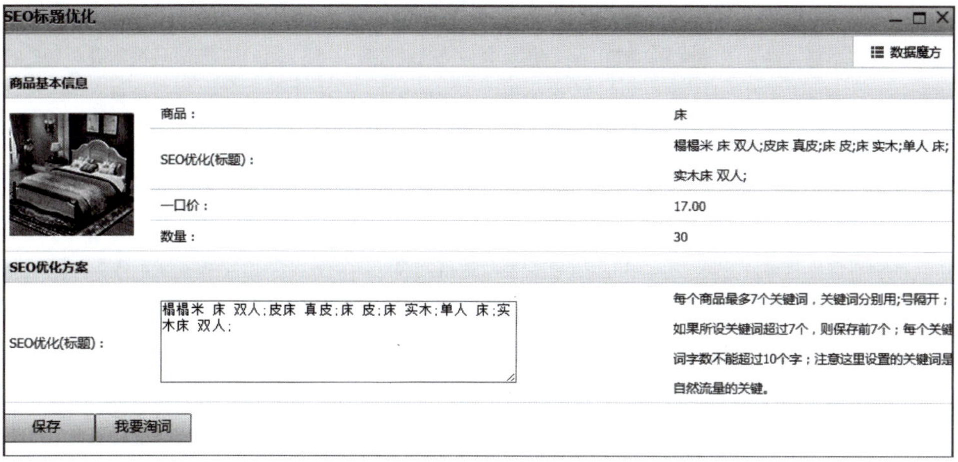

图 4-11　C3 的 SEO 标题优化

长尾词搜索量小，竞争度较低，所以在 SEO 关键词排名得分方面比较有优势，但是点击量相对比较小，这是长尾词的特征表现。由此说明，SEO 推广中低商品绩效时使用长

推广组： 推广计划： 商品：我的C店--床 时间：第4轮第1期 查询

		时间	店铺名称	商品名称	关键词	SEO点击量	SEO转化量	SEO转化率	SEM点击量	SEM转化量	SEM转化率	点击花费	平均点击单价	销售额	投入产出比(
1		第4轮第1期	我的C店	床	单人 床	2	0	0.00%	0	0	0.00%	0.00	0.00	0.00	0.00
2		第4轮第1期	我的C店	床	地中海风格家	0	0	0.00%	0	0	0.00%	0.00	0.00	0.00	0.00
3		第4轮第1期	我的C店	床	儿童床	0	0	0.00%	1	0	0.00%	0.11	0.11	0.00	0.00
4		第4轮第1期	我的C店	床	家具	0	0	0.00%	0	0	0.00%	0.00	0.00	0.00	0.00
5		第4轮第1期	我的C店	床	简欧床双人床	0	0	0.00%	0	0	0.00%	0.00	0.00	0.00	0.00
6		第4轮第1期	我的C店	床	美式床	0	0	0.00%	0	0	0.00%	0.00	0.00	0.00	0.00
7		第4轮第1期	我的C店	床	欧式床双人床	0	0	0.00%	2	0	0.00%	0.64	0.32	0.00	0.00
8		第4轮第1期	我的C店	床	欧式床双人床	0	0	0.00%	0	0	0.00%	0.00	0.00	0.00	0.00
9		第4轮第1期	我的C店	床	上下床	0	0	0.00%	0	0	0.00%	0.00	0.00	0.00	0.00
10		第4轮第1期	我的C店	床	实木床	0	0	0.00%	2	0	0.00%	0.30	0.15	0.00	0.00
11		第4轮第1期	我的C店	床	双人床	0	0	0.00%	1	0	0.00%	0.27	0.27	0.00	0.00
12		第4轮第1期	我的C店	床	童床	0	0	0.00%	0	0	0.00%	0.00	0.00	0.00	0.00
13		第4轮第1期	我的C店	床	折叠床	0	0	0.00%	1	0	0.00%	0.36	0.36	0.00	0.00
14		第4轮第1期	我的C店	床	真皮床	0	0	0.00%	1	0	0.00%	0.32	0.32	0.00	0.00
15		第4轮第1期	我的C店	床	住宅家具	0	0	0.00%	0	0	0.00%	0.00	0.00	0.00	0.00
16		第4轮第1期	我的C店	床	板式床	0	0	0.00%	0	0	0.00%	0.00	0.00	0.00	0.00
17		第4轮第1期	我的C店	床	布艺床	0	0	0.00%	0	0	0.00%	0.00	0.00	0.00	0.00
					合计	2	0		8	0		2.00		0.00	

查找 刷新 1 共1页 100

图 4-12 C3 的 SEO 点击量

尾词推广效果要好于使用核心词。

综上所述，当商品绩效低时，商品推广效果较差。在经营过程中，要时刻注意提高商品绩效值。下一期进行推广前，要查看推广商品的绩效值，然后根据商品绩效的高低，选择合适的 SEO 推广组合。

课题训练

(1)SEO 标题一般有两种类型：大而全和小而美。表 4-5 所列为油烟机的 78 个关键词，请据此为油烟机进行 SEO 标题优化，并说明这样做的优势和劣势，把结果填入表 4-6。

表 4-5　　油烟机的数据魔方

序号	关键词	序号	关键词	序号	关键词
1	中山樱花油烟机	27	樱花牌油烟机	53	吸油烟机侧吸
2	志高油烟机	28	樱花牌抽油烟机	54	吸油烟机包邮
3	油烟机中式	29	樱花电器	55	吸油烟机 侧吸式
4	油烟机正品	30	樱花厨卫	56	吸油烟机
5	油烟机樱花	31	樱花抽油烟机正品	57	吸油烟
6	油烟机特价包邮	32	樱花抽油烟机侧吸	58	吸烟机
7	油烟机特价	33	樱花抽油烟机	59	吸排油烟机
8	油烟机全国联保	34	樱花侧吸油烟机	60	西门子油烟机
9	油烟机近吸	35	樱花	61	万喜油烟机
10	油烟机电机	36	亿诺油烟机	62	万家乐油烟机
11	油烟机触摸	37	伊莱克斯油烟机	63	万和油烟机
12	油烟机侧吸玻璃	38	烟机	64	万和抽油烟机
13	油烟机侧吸包邮	39	雅亨油烟机	65	脱排油烟机樱花

续表

序号	关键词	序号	关键词	序号	关键词
14	油烟机侧吸	40	迅达油烟机	66	脱排油烟机
15	油烟机包邮	41	新飞油烟机	67	太太乐油烟机
16	油烟机 正品	42	小油烟机	68	苏州樱花油烟机
17	油烟机 樱花	43	小型油烟机	69	苏泊尔油烟机
18	油烟机 侧吸	44	小天鹅油烟机	70	松下油烟机
19	油烟机	45	下吸式油烟机	71	双电机油烟机
20	油烟	46	下吸式抽油烟机	72	双电机抽油烟机
21	优盟油烟机	47	吸油烟机正品	73	双电机侧吸油烟机
22	樱雪油烟机	48	吸油烟机樱花	74	帅太油烟机
23	樱奇油烟机	49	吸油烟机特价	75	帅康油烟机
24	樱花油烟机正品	50	吸油烟机电机	76	帅康
25	樱花油烟机	51	吸油烟机抽油烟机	77	申花油烟机
26	樱花吸油烟机正品	52	吸油烟机侧吸式	78	容声油烟机

表 4-6　　SEO 标题优化

类型	SEO 标题	优势	劣势
大而全			
小而美			

(2)根据 SEO 排名规则以及运营策略,分析不同商品所需要设定的 SEO 关键词,并为每个商品编写 7 个合适的关键词作为 SEO 的关键词,填入表 4-7,备注栏说明 SEO 标题类型及应用时间。

表 4-7　　SEO 标题

商品名称	SEO 标题	备注
裤子		
西装		
连衣裙		
项链		
手链		
戒指		
桌子		
床		
柜子		

续表

商品名称	SEO 标题	备注
油烟机		
平板电视		
热水器		
空调		

(3)表 4-8 所列是某店铺裤子的相关交易信息，表 4-9 所列是裤子的平均点击、转化信息，请计算该商品的绩效，并进一步分析应该制定怎样的 SEO 推广策略，填入表 4-10。

表 4-8　某店铺裤子的相关交易信息

商品名称	展现量	点击量	转化量	点击率(%)	转化率(%)	退单量	退单率(%)	保修
裤子	14 946	3 068	54	20.53	1.73	5	9.26	是
西装	12 334	3 554	124	28.81	3.49	4	3.23	否

表 4-9　裤子的平均点击、转化信息

商品名称	平均展现量	平均点击量	平均转化量	平均点击率(%)	平均转化率(%)
裤子	24 153	4 153	45	17.19	1.08
西装	13 478	3 478	85	25.80	2.44

表 4-10　SEO 推广策略

商品名称	商品绩效	SEO 推广策略(哪一种组合较为合适)
裤子		
西装		

课题 2　SEM 推广

电子商务沙盘中的 SEM 就是模拟淘宝直通车的工作原理。直通车是为淘宝卖家量身定制的按点击付费的营销工具，实现宝贝的精准推广。商家在 SEM 推广账户中添加关键词，其目的是定位意向用户搜索的关键词，简单来说，就是迎合用户搜索的关键词。当用户搜索相同或相关关键词后，产品就有机会展现，进而促进点击与成交。

SEM 推广原理(图 4-13)：

(1)如果你想推广某个宝贝，就为该宝贝设置相应的关键词及广告标题宝贝简介。

(2)当用户在购物网站搜索商品时，如果正好搜索了你设定的关键词，你的广告就会在页面上显示。

图 4-13　SEM 推广原理

(3)如果买家点了你的广告,直通车就会根据你设定关键词的点击价格来扣费,每次点击最低 0.1 元。如广告只是展示,没有被点击,是不扣费的。

因为 SEM 是收费的,所以关键词的使用是有数量限制的,而且要考虑推广成本。一般来讲,一位优秀的经营者会把 SEO、SEM 搭配来用,以充分发挥各自的优势。

课题内容

微课:SEM 推广

2.1　SEM 排名规则

通过对自己所销售商品相关的关键词出具一定的竞价,在买方搜索其中某个关键词时,展示与该关键词相关的商品,并取得靠前的搜索排名。SEM 商品排名得分越高排名越靠前。

SEM 商品排名得分=质量分×竞价

质量分=关键词搜索相关性(数据魔方提供)×0.4+商品绩效×0.06。

竞价:为使商品取得靠前的排名而为某关键词所出的一次点击的价格。

核心要素有三个:竞价、质量分、商品绩效。

对 SEM 关键词进行选择和优化的操作方法主要取决于使用 SEM 推广的目的,不同的推广目的会有不同的选择和优化方法。

假如只投入少量资金,不在乎点击量和转化量,只希望获取高额回报,那么,推荐选择点击单价低一些、转化率高一些的关键词,使用精确匹配的方式进行推广。

假如想要点击量数据超过其他小组,那么,可以选择点击量大的关键词进行推广。

假如想要大量推广,进行商品倾销,那么,可以选择关键词覆盖率大的关键词,使用广泛匹配的方式进行推广。

SEM 推广商品的点击率取决于 SEM 商品排名,只有 SEM 商品排名前 30%的小组才会被点击。但有的小组的推广费用达到限额或充值金额,推广计划自动下线,后续的小组递补上来,才会被点击。所以,在一般情况下,SEM 商品排名一直处于前 30%的小组点击率高于递补上来的小组。想要优化点击率,只要让 SEM 推广过程中,SEM 商品排名一直处于前 30%,直到推广费用用完。

但是,点击率高,ROI(投资回报率)未必高。在 SEM 推广中选择高出价,让推广时商品排名一直处于前 30%,势必会增加推广成本。所以,从推广成本的角度出发,保证点击率和 ROI 的最佳位置是 30%中的最后一名,比如 10 组的赛场,处于 SEM 商品排名第三的小组是最划算的。

从商品转化率的角度分析,在 SEM 推广的同时,需要适当调整销售策略,使商品更符合成交规则,以达到订单转化的目的。

从商品客单价的角度分析,需要适当增加单个订单的购买数量或者尽可能提高商品售价,以提高客单价。

2.2 SEM 匹配方式

SEM 关键词匹配方式分为:精确匹配、中心匹配、广泛匹配。

(1)精确匹配

精确匹配时,只有当买方搜索的词与卖方投放的关键词完全相同时才能被搜索到。当搜索关键词与推广关键词完全一致时才触发限定条件,用于精确严格的匹配限制。使用精确匹配时,若搜索词中包含其他词语或搜索词与关键词的词语顺序不同,均不会展现对应的内容,如图 4-14 所示。

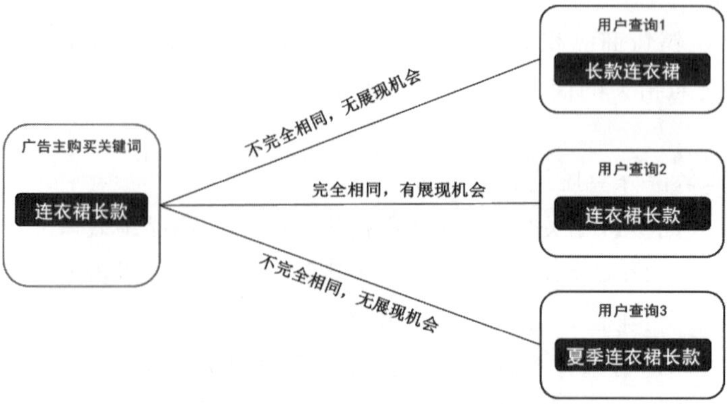

图 4-14 精确匹配

精确匹配优势:第一,只有当用户搜索词与推广词完全一致的时候,商品才有机会展现,所以精确匹配的最大优点是“定位精准”;第二,推广预算受到限制的时候可以有效控制花费;第三,部分关键词出价过高时,设置精确匹配,可以让贵的词只“抓”精准客户。

精确匹配劣势:大大降低商品展现的机会,获得潜在客户的范围较窄。

(2)中心匹配

中心匹配时,当买方搜索的词是卖方投放的关键词的子集时也能被搜索到。当搜索关键词被推广关键词完全包含时才触发限定条件,用于严格的匹配限制。使用中心匹配时,若搜索关键词与推广关键词完全相同,或满足子集定义,会匹配成功,如图 4-15 所示。

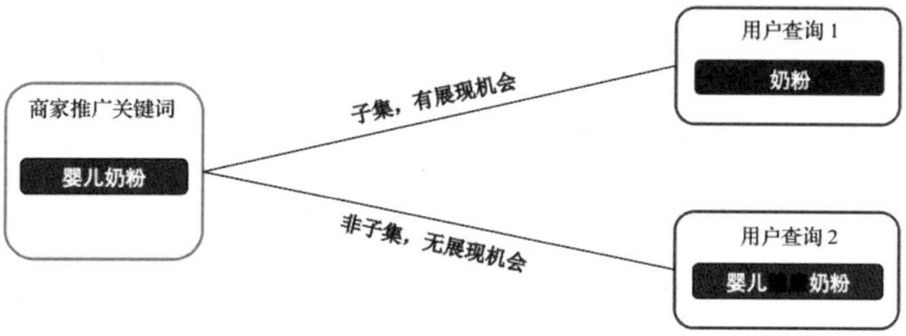

图 4-15 中心匹配

中心匹配的优势：与精确匹配相比更为灵活且能获得更多的潜在客户访问，与广泛匹配相比则有更强的针对性且可能有更高的转化率。

中心匹配的劣势：获得展现次数介于广泛匹配和精确匹配之间，转化率没有精确匹配高。

(3)广泛匹配

广泛匹配时，买方搜索的词与卖方投放的关键词有一部分相同即可被搜索到。广泛匹配是指搜索关键词完全包含推广关键词，或者包含部分字面顺序颠倒或有间隔关键词时，商品均有机会展现。广泛匹配是最宽泛的匹配方式，如图 4-16 所示。

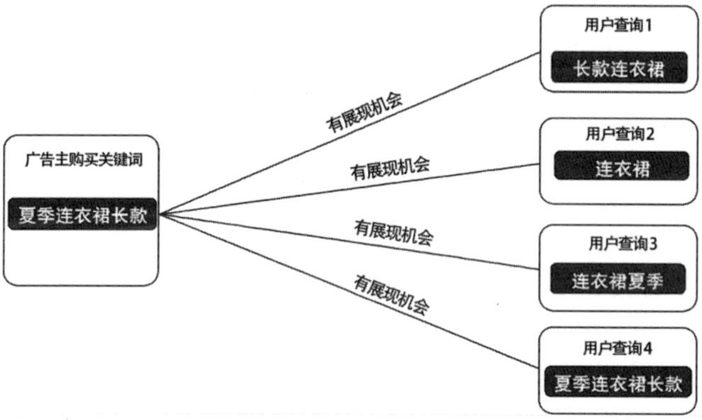

图 4-16 广泛匹配

广泛匹配优势：定位更多的潜在客户，捕捉更多商机；展现机会多，能给买家留下潜在印象，提升品牌知名度；节省时间与精力，不需要提交所有相关关键词，不必担心漏掉关键词。

广泛匹配劣势：点击访问的针对性不足，转化率不如精确匹配和中心匹配；有可能会带来大量点击，触发较多的点击消费；覆盖大量用户，相对于精确匹配，推广费用会更高；由于对应单个关键词的搜索词量大，无法灵活控制关键词的排名与出价。

这里需要提醒的是，电子商务沙盘平台为了防止恶意刷流量，对长尾词的广泛匹配做了一定的限制，详见表 4-11。这样做的目的是防止使用若干个长尾词匹配所有搜索关键词，失去了博弈的本质。

表 4-11　　广泛匹配限制

类型	推广词	匹配方式	买家搜索词
理论匹配	2024 夏装女装短裤	广泛匹配	搜索词与推广词部分相同即可匹配成功。例如 2024、夏装、女装、短裤、2024 女装、2024 春装新款、夏装女装等
实际匹配	2024 夏装女装短裤	广泛匹配	除“2024 夏装女装短裤”外，无法匹配其他部分相同的关键词，只有当卖家投放的关键词为买家搜索的关键词的子集时，才能互相匹配上。例如买家搜索词为 2024 夏装女装短裤新款、韩版 2024 夏装女装短裤、2024 夏装女装短裤等时，可以广泛匹配上
怎么做	2024	广泛匹配	核心词或短词可以匹配到与其相关类似的关键词，符合理论匹配

三种匹配方式的关系是广泛匹配包含中心匹配和精确匹配，中心匹配包含精确匹配。

2.3　SEM 扣费机制

扣费不等于关键词的出价，即只有买家点击了商家的推广信息后才进行扣费，单次点击产生的费用不会大于商家设置的出价。

SEM 扣费公式：扣费＝下一名的出价×下一名的质量分/我的质量分＋0.01。其中，扣费最高为商家设置的关键词出价，当公式计算出的金额大于商家的出价时，则按照实际设置的出价扣费。

根据 SEM 扣费公式，连衣裙商品扣费计算见表 4-12。

表 4-12　　连衣裙商品扣费计算

卖家	关键词	出价/元	质量分	公式结果	排名	扣费/元
A	雪纺连衣裙	5	9	5×9＝45	1	4×9/9＋0.01＝4.01
B	雪纺连衣裙	4	9	4×9＝36	2	4×8/9＋0.01＝3.57
C	雪纺连衣裙	4	8	4×8＝32	3	3.5×7/8＋0.01＝3.07
D	雪纺连衣裙	3.5	7	3.5×7＝24.5	4	3.5

从 SEM 扣费公式可以看出，当我们处于同一个位置的时候，想要降低点击费用只有两个方法：第一个是提升自己的质量得分，也就是让我们的关键词质量分变成 10 分。某个关键词的质量分越高，所需付出的费用就越低。第二个是调整自己的位置，不要去竞争太靠前的位置，这样自己下一家的出价就会低很多。

2.4　SEM 组合方式

SEM 投放的关键词分为核心词和长尾词，质量分分为高质量分和低质量分，竞价分为高出价和低出价，因此 SEM 的组合有 8 种方式。

(1)SEM 核心词＋低质量分＋低出价

表 4-13 所列为 SEM 投放核心词及其质量分和出价相关数据。三个小组同时投放核心词“项链”，质量分和出价各有不同，其中 bAre 小组的质量分和出价都是最低的。根据 SEM 排名规则，易知其 SEM 商品排名不高，从而获得的点击量也不会大。

表 4-13 SEM 投放核心词及其质量分和出价相关数据 1

组别	关键词	质量分	出价/元	点击量
gAkc(C 店)	项链	7	0.95	48
gAkc(B 店)	项链	7	0.84	46
bAty(C 店)	项链	8	0.65	46
bAty(B 店)	项链	8	0.61	42
bAre(C 店)	项链	6	0.48	15
bAre(B 店)	项链	4	0.53	5
cAer(C 店)	—	—	—	—
fAer(C 店)	—	—	—	—
gArz(C 店)	—	—	—	—
IArt(C 店)	—	—	—	—
tAwe(B 店)	—	—	—	—

SEM 核心词＋低质量分＋低出价投放效果如图 4-17 所示。bAre(B 店)的质量分仅有 4 分，出价 0.53 元，都是最低的，最终获得的 SEM 点击量也是最少的，仅仅获得 5 个点击量。其他小组由于质量分和出价都比较高，所以获得的 SEM 点击量较大。

时间	账号	店铺名称	商品名称	关键词	SEO点击量	SEO转化量	SEO转化率	SEM点击量
第3轮第1期	gAkc	我的C店	项链	项链	0	0	0.00%	48
第3轮第1期	gAkc	B店铺	项链	项链	0	0	0.00%	46
第3轮第1期	bAty	我的C店	项链	项链	1	0	0.00%	46
第3轮第1期	bAty	B店铺	项链	项链	0	0	0.00%	42
第3轮第1期	bAre	我的C店	项链	项链	0	0	0.00%	15
第3轮第1期	bAre	B店铺	项链	项链	0	0	0.00%	5
第3轮第1期	cAer	我的C店	项链	项链	0	0	0.00%	0
第3轮第1期	fAer	我的C店	项链	项链	1	0	0.00%	0
第3轮第1期	gArz	我的C店	项链	项链	1	0	0.00%	0
第3轮第1期	lArt	我的C店	项链	项链	1	0	0.00%	0
第3轮第1期	tAwe	B店铺	项链	项链	0	0	0.00%	0

图 4-17 SEM 核心词＋低质量分＋低出价投放效果

由此说明，SEM 推广中使用核心词在低质量分时依然低出价，引流效果不佳。

(2)SEM 核心词＋高质量分＋低出价

表 4-14 所列为 SEM 投放核心词及其质量分和出价相关数据。两个小组同时投放核心词“电热”，质量分都比较高，但是出价差别较大。其中，LEFR(B 店)的质量分最高，但是出价却是最低的，如此低出价有可能会导致 SEM 排名靠后。

表 4-14 SEM 投放核心词及其质量分和出价相关数据 2

组别	关键词	质量分	出价/元	点击量
GEDF(B 店)	电热	7	0.21	149
LEFR(C 店)	电热	7	0.14	146
GEDF(C 店)	电热	8	0.11	131
LEFR(B 店)	电热	8	0.09	8

续表

组别	关键词	质量分	出价/元	点击量
WERT(B店)	—	—	—	—
BEDR(C店)	—	—	—	—
BEDR(B店)	—	—	—	—
DERT(C店)	—	—	—	—
DERT(B店)	—	—	—	—

SEM核心词+高质量分+低出价投放效果如图4-18所示。由于LEFR(B店)对关键词出价仅为0.09元,导致SEM商品排名第4,仅靠“捡漏”获得8个SEM点击量。而SEM商品排名得分前三的小组,获得SEM点击量明显较多。

		时间	账号	店铺名称	商品名称	关键词	SEO点击量	SEO转化量	SEO转化率	SEM点击量
1		第5轮第1期	GEDF	B店铺	热水器	电热	1	0	0.00%	149
2		第5轮第1期	LEFR	我的C店	热水器	电热	0	0	0.00%	146
3		第5轮第1期	GEDF	我的C店	热水器	电热	1	0	0.00%	131
4		第5轮第1期	LEFR	B店铺	热水器	电热	0	0	0.00%	8
5		第5轮第1期	WERT	B店铺	热水器	电热	0	0	0.00%	0
6		第5轮第1期	BEDR	我的C店	热水器	电热	1	0	0.00%	0
7		第5轮第1期	BEDR	B店铺	热水器	电热	1	0	0.00%	0
8		第5轮第1期	DERT	我的C店	热水器	电热	0	0	0.00%	0
9		第5轮第1期	DERT	B店铺	热水器	电热	1	0	0.00%	0

图4-18 SEM核心词+高质量分+低出价投放效果

由此说明,SEM推广中使用核心词在高质量分时低出价,引流效果依然不佳。

(3)SEM核心词+高质量分+高出价

表4-15所列为SEM投放核心词及其质量分和出价相关数据。四个小组同时投放核心词“西装”,但DERT(C店)的质量分和出价都是最高的,其SEM商品排名第一。

表4-15　SEM投放核心词及其质量分和出价相关数据3

组别	关键词	质量分	出价/元	点击量
DERT(C店)	西装	9	0.23	334
CEGH(C店)	西装	7	0.17	85
WERT(C店)	西装	6	0.17	23
BEDR(C店)	西装	4	0.17	3
CEGH(B店)	—	—	—	—
FESD(C店)	—	—	—	—
FESD(B店)	—	—	—	—
GEDF(C店)	—	—	—	—
GEDF(B店)	—	—	—	—

SEM核心词+高质量分+高出价投放效果如图4-19所示。DERT(C店)获得大量SEM点击量。SEM点击量与SEM商品排名有一定的关系,SEM商品排名越高,获得的SEM点击量越大。相同的出价(0.17元),质量分高意味着SEM商品排名就高,获得的

SEM 点击量就大，例如 CEGH(C 店)、WERT(C 店)、BEDR(C 店)三组就是如此。

	时间	账号	店铺名称	商品名称	关键词	SEO点击量	SEO转化量	SEO转化率	SEM点击量
1	第4轮第2期	DERT	我的C店	西装	西装	0	0	0.00%	334
2	第4轮第2期	CEGH	我的C店	西装	西装	5	0	0.00%	85
3	第4轮第2期	WERT	我的C店	西装	西装	0	0	0.00%	23
4	第4轮第2期	BEDR	我的C店	西装	西装	0	0	0.00%	3
5	第4轮第2期	CEGH	B店铺	西装	西装	5	0	0.00%	0
6	第4轮第2期	FESD	我的C店	西装	西装	0	0	0.00%	0
7	第4轮第2期	FESD	B店铺	西装	西装	5	0	0.00%	0
8	第4轮第2期	GEDF	我的C店	西装	西装	0	0	0.00%	0
9	第4轮第2期	GEDF	B店铺	西装	西装	5	0	0.00%	0

图 4-19 SEM 核心词＋高质量分＋高出价投放效果

由此说明，SEM 推广中使用核心词在高质量分时高出价，引流效果较好。

(4)SEM 核心词＋低质量分＋高出价

表 4-16 所列为 SEM 投放核心词及其质量分和出价相关数据。五个小组同时投放核心词“手链”，DERT(C 店)的质量分最低，为 5 分，但其出价最高，为 0.98 元。在低质量分的时候，高出价，有可能提高 SEM 商品排名。

表 4-16 SEM 投放核心词及其质量分和出价相关数据 4

组别	关键词	质量分	出价/元	点击量
CEGH(C 店)	手链	7	0.95	55
XEDF(C 店)	手链	7	0.83	35
BEDR(C 店)	手链	7	0.77	28
DERT(C 店)	手链	5	0.98	23
WERT(B 店)	手链	5	0.77	5
BEDR(B 店)	—	—	—	—
DERT(B 店)	—	—	—	—
JEFT(B 店)	—	—	—	—
LEFR(C 店)	—	—	—	—

SEM 核心词＋低质量分＋高出价投放效果如图 4-20 所示。虽然 DERT(C 店)的质量分最低，但其通过提升出价，使两者之积变大，从而提升 SEM 商品排名，获得了比较可观的 SEM 点击量。

由此说明，SEM 推广中使用核心词在低质量分时高出价，引流效果尚可。

(5)SEM 长尾词＋低质量分＋高出价

表 4-17 所列为 SEM 投放长尾词及其质量分和出价相关数据。两个小组同时投放长尾词“1080pled 电视”，其质量分和出价有高有低。其中，GEDF(B 店)的质量分最低，为 5 分，出价最高，为 0.31 元，从而使其 SEM 商品排名提升，超过了最高质量分的 CEGH(C 店)。

时间	账号	店铺名称	商品名称	关键词	SEO点击量	SEO转化量	SEO转化率	SEM点击量
第4轮第1期	CEGH	我的C店	手链	手链	0	0	0.00%	55
第4轮第1期	XEDF	我的C店	手链	手链	0	0	0.00%	35
第4轮第1期	BEDR	我的C店	手链	手链	4	0	0.00%	28
第4轮第1期	DERT	我的C店	手链	手链	4	0	0.00%	23
第4轮第1期	WERT	B店铺	手链	手链	0	0	0.00%	5
第4轮第1期	BEDR	B店铺	手链	手链	4	0	0.00%	0
第4轮第1期	DERT	B店铺	手链	手链	0	0	0.00%	0
第4轮第1期	GEDF	B店铺	手链	手链	0	0	0.00%	0
第4轮第1期	JEFT	B店铺	手链	手链	4	0	0.00%	0
第4轮第1期	LEFR	我的C店	手链	手链	4	0	0.00%	0

图 4-20　SEM 核心词＋低质量分＋高出价投放效果

表 4-17　　SEM 投放长尾词及其质量分和出价相关数据 1

组别	关键词	质量分	出价/元	点击量
GEDF(C 店)	1080pled 电视	6	0.28	34
GEDF(B 店)	1080pled 电视	5	0.31	34
CEGH(C 店)	1080pled 电视	7	0.11	2
DERT(C 店)	—	—	—	—
FESD(C 店)	—	—	—	—
JEFT(C 店)	—	—	—	—
WERT(C 店)	—	—	—	—
XEDF(C 店)	—	—	—	—

SEM 长尾词＋低质量分＋高出价投放效果如图 4-21 所示。虽然 GEDF(B 店)的质量分最低，但其通过提高出价，弥补了低质量分带来的损失，获得较为可观的 SEM 点击量。

		时间	账号	店铺名称	商品名称	关键词	SEO点击量	SEO转化量	SEO转化率	SEM点击量
1		第3轮第1期	GEDF	我的C店	平板电视	1080pled电视	3	0	0.00%	34
2		第3轮第1期	GEDF	B店铺	平板电视	1080pled电视	0	0	0.00%	34
3		第3轮第1期	CEGH	我的C店	平板电视	1080pled电视	3	0	0.00%	2
4		第3轮第1期	DERT	我的C店	平板电视	1080pled电视	3	0	0.00%	0
5		第3轮第1期	FESD	我的C店	平板电视	1080pled电视	3	0	0.00%	0
6		第3轮第1期	JEFT	我的C店	平板电视	1080pled电视	3	0	0.00%	0
7		第3轮第1期	WERT	我的C店	平板电视	1080pled电视	3	0	0.00%	0
8		第3轮第1期	XEDF	我的C店	平板电视	1080pled电视	3	0	0.00%	0

图 4-21　SEM 长尾词＋低质量分＋高出价投放效果

由此说明，SEM 推广中使用长尾词在低质量分时高出价，引流效果要好于使用核心词。

(6)SEM 长尾词＋高质量分＋高出价

表 4-18 所列为 SEM 投放长尾词及其质量分和出价相关数据。三个小组同时投放长尾词“32 液晶 电视”，其中 FESD(C 店)的质量分和出价都是最高的，SEM 商品排名第一。

表 4-18　　SEM 投放长尾词及其质量分和出价相关数据 2

组别	关键词	质量分	出价/元	点击量
FESD(C 店)	32 液晶 电视	7	0.11	11
GEDF(C 店)	32 液晶 电视	7	0.08	5
ZEBH(C 店)	32 液晶 电视	4	0.05	2
JEFT(C 店)	—	—	—	—
LEFR(C 店)	—	—	—	—
WERT(C 店)	—	—	—	—
XEDF(C 店)	—	—	—	—
AEFT(C 店)	—	—	—	—
BEDR(C 店)	—	—	—	—
CEGH(C 店)	—	—	—	—
DERT(C 店)	—	—	—	—

SEM 长尾词＋高质量分＋高出价投放效果如图 4-22 所示。FESD(C 店)获得了 11 个 SEM 点击量，其他两个小组获得的 SEM 点击量较小。之所以 SEM 点击量都不是太大，这与长尾词的特征有关。

		时间	账号	店铺名称	商品名称	关键词	SEO点击量	SEO转化量	SEO转化率	SEM点击量
1		第2轮第1期	FESD	我的C店	平板电视	32 液晶 电视	3	0	0.00%	11
2		第2轮第1期	GEDF	我的C店	平板电视	32 液晶 电视	3	0	0.00%	5
3		第2轮第1期	ZEBH	我的C店	平板电视	32 液晶 电视	0	0	0.00%	2
4		第2轮第1期	JEFT	我的C店	平板电视	32 液晶 电视	3	0	0.00%	0
5		第2轮第1期	LEFR	我的C店	平板电视	32 液晶 电视	3	0	0.00%	0
6		第2轮第1期	WERT	我的C店	平板电视	32 液晶 电视	3	0	0.00%	0
7		第2轮第1期	XEDF	我的C店	平板电视	32 液晶 电视	0	0	0.00%	0
8		第2轮第1期	AEFT	我的C店	平板电视	32 液晶 电视	3	0	0.00%	0
9		第2轮第1期	BEDR	我的C店	平板电视	32 液晶 电视	3	0	0.00%	0
10		第2轮第1期	CEGH	我的C店	平板电视	32 液晶 电视	3	0	0.00%	0
11		第2轮第1期	DERT	我的C店	平板电视	32 液晶 电视	3	0	0.00%	0

图 4-22　SEM 长尾词＋高质量分＋高出价投放效果

由此说明，SEM 推广中使用长尾词在高质量分时高出价，引流效果远差于使用核心词，但是无效点击数量会降低，也就是转化率会高些。

另外两种组合 SEM 长尾词＋低质量分＋低出价、SEM 长尾词＋高质量分＋低出价，依据 SEM 商品排名规则，再结合组合(1)(2)，可以很容易地判断出这两种组合方式引流效果不佳，不建议使用。

总之，无论质量分高或低，价格过低，引流效果都不好。此外，在关键词出价一定的情况下要注意：SEM 推广中使用长尾词在低质量分时高出价，引流效果可能会好于使用核心词；SEM 推广中使用长尾词在高质量分时高出价，引流效果差于使用核心词，但是可在一定程度上降低无效点击数量。例如，在第 3 轮第 2 期，某小组在 SEM 上只保留质量分高的词，这样做的优点：通过对 SEM 关键词的筛选，竞价相对更有优势，保证 SEM 转化率提高，可提升质量，降低成本。缺点是覆盖范围较小。

2.5 组合推广(SEO＋SEM)

在SEO排名规则和SEM排名规则中，商品绩效都起着关键作用。当同时使用SEO、SEM进行引流时，需要合理搭配，以充分发挥两者的优势，最大化实现引流效果。

(1)低商品绩效＋SEO长尾词＋SEM核心词

在SEO推广中，低商品绩效时，使用长尾词的引流效果要比使用核心词好。

在SEM推广中，低商品绩效，意味着质量分低(依据SEM关键词排名公式)，质量分低时，本应优先考虑长尾词，但是SEO已经选择长尾词。为了实现差异引流，SEM可以选择核心词、高出价的组合方式，作为主要引流方式，SEO作为辅助引流方式，实现SEO、SEM差异引流。

从理论上来讲，低商品绩效＋SEO长尾词＋SEM核心词的组合是网店推广的最佳选择。从实践角度来看，因为SEO是免费推广，所有网店都会想尽一切办法最大化SEO引流，所以都会选择核心词去推广，以达到覆盖面最大化。同时，SEM是付费推广，如果以SEM为主要引流方式，会大大增加推广成本。综合来看，理论上是最佳选择，但实践中却不是第一选择，这也是电子商务沙盘的一个特色。

(2)低商品绩效＋SEO核心词＋SEM核心词

在低商品绩效时，SEO和SEM都选择核心词进行推广，引流效果会出现什么情况呢？

例如，如图4-23～图4-25所示，某小组推广手链的商品绩效为33，SEO关键词为“手链;手串;情侣;佛珠;紫檀;菩提;水晶;”，SEM关键词有“手串”“佛珠”“手链”。这里SEM的三个关键词与SEO关键词重合了。

我的C店--西装	3	47
我的C店--手链	4	33
我的C店--柜子	5	60
我的C店--热水器	4	71

图4-23　低商品绩效

图4-24　SEO关键词1

从图4-25可以看到，关键词“手串”的SEO点击量为2，SEM点击量为9；关键词“佛珠”的SEO点击量为2，SEM点击量为22；关键词“手链”的SEO点击量为4，SEM点击

时间	店铺名称	商品名称	关键词	SEO点击量	SEO转化量	SEO转化率	SEM点击量
第3轮第1期	我的C店	手链	手链	4	0	0.00%	136
第3轮第2期	我的C店	手链	手链	0	0	0.00%	0
第4轮第1期	我的C店	手链	手链	0	0	0.00%	0
时间	店铺名称	商品名称	关键词	SEO点击量	SEO转化量	SEO转化率	SEM点击量
第3轮第1期	我的C店	手链	手串	2	0	0.00%	9
第3轮第2期	我的C店	手链	手串	0	0	0.00%	0
第4轮第1期	我的C店	手链	手串	0	0	0.00%	0
时间	店铺名称	商品名称	关键词	SEO点击量	SEO转化量	SEO转化率	SEM点击量
第3轮第1期	我的C店	手链	佛珠	2	0	0.00%	22
第3轮第2期	我的C店	手链	佛珠	0	0	0.00%	0
第4轮第1期	我的C店	手链	佛珠	0	0	0.00%	0

图 4-25　低商品绩效＋SEO 核心词＋SEM 核心词

量为 136。从引流效果来看，SEO 推广效果欠佳，SEM 引流效果较好。但是，出现这种情况并非 SEO 选择核心词的原因，而是 SEO、SEM 选词冲突了。在这种情况下，SEM 引流会代替 SEO 引流，即用户会优先选择 SEM 引流进入网店或点击商品，无效点击会增多，从而导致 SEM 推广成本大大增加。

(3)高商品绩效＋SEO 核心词＋SEM 核心词

在高商品绩效时，SEO、SEM 也都选择核心词进行推广，还会出现“低商品绩效＋SEO 核心词＋SEM 核心词”的结果吗？

例如，如图 4-26～图 4-28 所示，某小组推广柜子的商品绩效为 95，SEO 关键词为“鞋柜；书柜；斗柜；家具；玄关；电视；木柜；”，SEM 投放的关键词有“衣柜”“电视”“书柜”等。SEM 投放的关键词与 SEO 关键词也同样存在重合情况。

我的C店--热水器	5	78
我的C店--柜子	5	95
我的C店--西装	4	50

图 4-26　高商品绩效

商品基本信息

商品:	柜子
SEO关键词:	鞋柜;书柜;斗柜;家具;玄关;电视;木柜;
一口价:	48.31
数量:	29

关键词管理　删除　淘词　批量出价

图 4-27　SEO 关键词 2

从图 4-28 可以发现，点击量都是 SEM 引流产生的，和“低商品绩效＋SEO 核心词＋SEM 核心词”效果相似。这是因为 SEO、SEM 都引流成功了，但是平台默认以 SEM 引流为准，也就是说，SEO 的引流被 SEM 替代了，增加了引流成本。

(4)高商品绩效＋SEO 核心词＋SEM 长尾词

为了避免出现 SEM 引流替代 SEO 引流的现象，高商品绩效时，SEO 选择核心词，SEM 选择长尾词，以 SEO 为主要引流方式，SEM 为差异引流方式。这样可以最大化利

时间	店铺名称	商品名称	关键词	SEO点击量	SEO转化量	SEO转化率	SEM点击量
第3轮第2期	我的C店	柜子	衣柜	0	0	0.00%	22
第4轮第1期	我的C店	柜子	衣柜	0	0	0.00%	14
第4轮第2期	我的C店	柜子	衣柜	0	0	0.00%	11
第5轮第1期	我的C店	柜子	衣柜	0	0	0.00%	11
时间	店铺名称	商品名称	关键词	SEO点击量	SEO转化量	SEO转化率	SEM点击量
第3轮第2期	我的C店	柜子	电视	0	0	0.00%	24
第4轮第1期	我的C店	柜子	电视	2	0	0.00%	20
第4轮第2期	我的C店	柜子	电视	0	0	0.00%	33
第5轮第1期	我的C店	柜子	电视	0	0	0.00%	17
时间	店铺名称	商品名称	关键词	SEO点击量	SEO转化量	SEO转化率	SEM点击量
第3轮第2期	我的C店	柜子	书柜	1	0	0.00%	7
第4轮第1期	我的C店	柜子	书柜	1	0	0.00%	5
第4轮第2期	我的C店	柜子	书柜	0	0	0.00%	9
第5轮第1期	我的C店	柜子	书柜	0	0	0.00%	13

图 4-28　高商品绩效＋SEO 核心词＋SEM 核心词

用 SEO，扩大覆盖面，同时减少 SEM 无效点击量，降低 SEM 推广成本。

综上所述，无论商品绩效高低，SEO 核心词＋SEM 核心词几乎等于放弃 SEO 引流，SEM 推广成本大大增加。由此说明，高商品绩效时，SEO 应选择核心词，SEM 选择长尾词；低商品绩效时，SEO 应选择长尾词，SEM 选择核心词。

课题训练

（1）根据 SEM 推广策略，从数据魔方中选择 50 个关键词作为 SEM 推广的关键词，并规划出价和 SEM 推广计划限额，把有关数据填入表 4-19，备注栏说明 SEM 投放时间。

表 4-19　SEM 推广策略

商品名称	SEM 关键词	出价	限额	备注
裤子				
西装				
连衣裙				
项链				
手链				
戒指				
桌子				
床				
柜子				
油烟机				
平板电视				
热水器				
空调				

(2)根据 SEM 扣费公式,计算实际扣费填入表 4-20。

表 4-20 SEM 扣费

卖家	关键词	质量分	价格/元	实际扣费
A1	紫色项链	9	5	
A2	紫色项链	9	4	
A3	紫色项链	8	4	
A4	紫色项链	7	3.5	
A5	紫色项链	8	6	

(3)SEO 的三种匹配方式:完全匹配、高度匹配、部分匹配。SEM 的三种匹配方式:精确匹配、中心匹配、广泛匹配。请详细说明它们之间的区别和联系,并填入表 4-21。

表 4-21 匹配方式对比

类型	联系	区别
SEO 匹配方式		
SEM 匹配方式		

课题 3 SEO/SEM 推广优化

设置好 SEO、SEM 推广,只是完成流量导入的第一步,还需要根据推广效果,对关键词进行持续优化,设置不同层次的推广策略,不断改进引流效果。

课题内容

3.1 SEO/SEM 关键词匹配规则

SEO 和 SEM 都有各自的匹配规则,符合匹配规则,则表示引流成功,否则引流失败。关键词匹配规则如图 4-29 所示。

(1)SEO 关键词匹配(644 规则)

基于某关键词模拟买家一次搜索,设 N 为组数,SEO 商品排名得分前 $N\times0.6$ 名的卖家的商品会被展现,数据魔方的该关键词的展现量会加 $N\times0.6$(不足 $N\times0.6$ 家时加实际家数),前 $N\times0.6$ 名卖家的商品的展现量会各加 1;SEO 商品排名得分前 $N\times0.4$ 名的卖家的商品会被点击,数据魔方的该关键词的点击量会加 $N\times0.4$(不足 $N\times0.4$ 家时加实际家数),前 $N\times0.4$ 名卖家的商品的点击量会各加 1;模拟买家按照本次模拟搜索代表人群(4 类人群中的一种)的成交条件与 SEO 商品排名进入前 $N\times0.4$ 名的卖家进行撮合

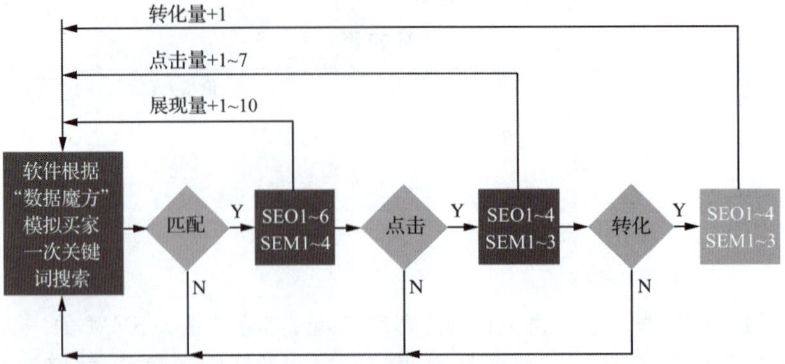

图 4-29 关键词匹配规则

交易，如果有符合条件的会有一个订单成交，数据魔方的该关键词的转化量会加 1，该卖家商品的转化量会加 1。

(2)SEM 关键词匹配(433 规则)

基于某关键词模拟买家一次搜索，设 N 为组数，SEM 商品排名得分前 $N\times0.4$ 名的卖家的商品会被展现，数据魔方的该关键词的展现量会加 $N\times0.4$(不足 $N\times0.4$ 家时加实际家数)，前 $N\times0.4$ 名卖家的商品的展现量会各加 1；SEM 商品排名得分前 $N\times0.3$ 名的卖家的商品会被点击，数据魔方的该关键词的点击量会加 $N\times0.3$(不足 $N\times0.3$ 家时加实际家数)，前 $N\times0.3$ 名卖家的商品的点击量会各加 1；模拟买家按照本次模拟搜索代表人群(4 类人群中的一种)的成交条件与 SEM 商品排名进入前 $N\times0.3$ 名的卖家进行撮合交易，如果有符合条件的会有一个订单成交，数据魔方的该关键词的转化量会加 1，该卖家商品的转化量会加 1。

3.2 SEO/SEM 引流效果分析

选择“经营分析”—“进店关键词分析”，记录并分析 SEO 点击量、SEO 转化量、SEO 转化率、SEM 点击量、SEM 转化量、SEM 转化率等指标排名靠前的关键词。每个关键词的背后都代表着客户的某种需求，SEO 分析就是要对关键词进行分析，让 SEO 关键词和进店关键词匹配，也就是匹配客户需求。最大范围地匹配客户需求，就是 SEO 推广优化的目标。可以从以下五个方面进行分析：

(1)流量来源分析

对于网店而言，SEO、SEM 都可以作为引流的入口渠道。可以针对网店进店关键词情况，进行流量来源的分析，见表 4-22，流量来源以 SEO 为主。

表 4-22 流量来源分析

时间	商品名称	SEO 流量	SEM 流量	总流量	SEO 占比(%)	SEM 占比(%)
第 3 轮第 1 期	平板电视-B 店	306	6	312	98	2
第 3 轮第 1 期	平板电视-C 店	420	0	420	100	0
合计		726	6	732	—	—

(2)SEO关键词分析

数据魔方中给出了每个商品的关键词，根据SEO的匹配方式，是选择这些现成的关键词，还是选择自己“造词”？如果选择现成的关键词，从哪些指标考虑来选择关键词？如果选择自己“造词”，该选择哪些词根来组成关键词？这些问题在不同的平台、不同的商品、不同的阶段都会有不同的结论。需要通过多次测试，才能得出结论。

如图4-30、图4-31所示是表4-22所对应的SEO标题。可以发现两个店铺所用SEO关键词完全不同，但都是短词、核心词或品牌词。使用短词可以增加关键词的覆盖面，最大化SEO标题效用。而不同店铺使用不同SEO标题，可以有针对性地引流。

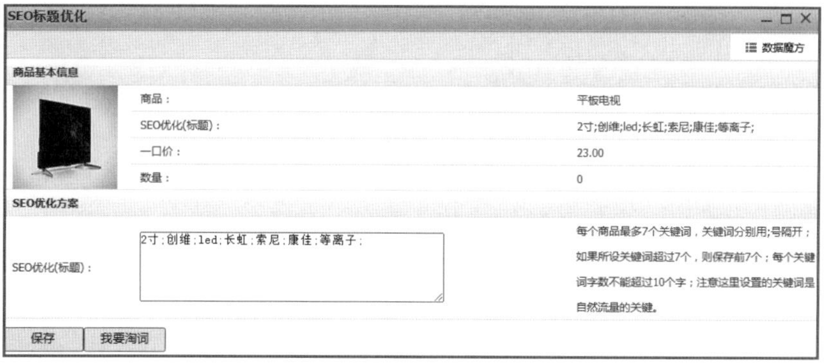

图4-30　平板电视-B店SEO标题

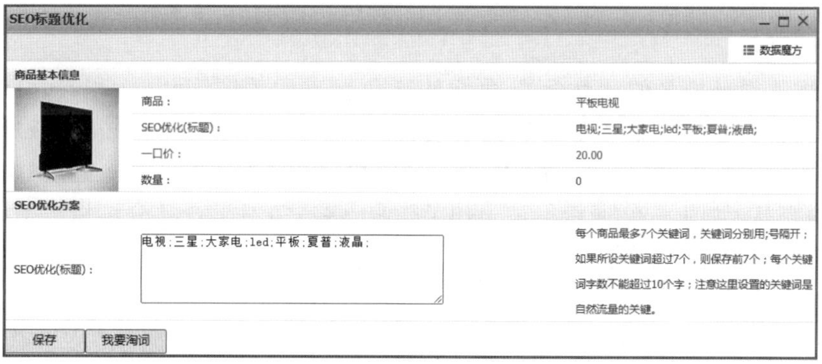

图4-31　平板电视-C店SEO标题

(3)商品绩效分析

商品绩效对SEO也有重大影响。每期SEO关键词的修改、选择和商品绩效有很大关系。表4-23所列为第3轮第2期商品绩效信息，据此可以判断SEO/SEM引流效果是否尚可。商品绩效在90以上，说明引流效果还可以，否则引流效果较差，此时需要迅速做出决策：是更换SEO/SEM关键词，还是放弃该商品？

以手链为例，手链在B店商品绩效为70，而在C店为100。这意味着下一期的SEO/SEM引流主要针对C店，而B店的引流主要用站外推广。

表 4-23　　　　第 3 轮第 2 期商品绩效信息

商品名称	商品评价	商品绩效
B店铺——西装	3	44
B店铺——床	4	93
B店铺——裤子	3	84
B店铺——平板电视	3	65
B店铺——项链	3	87
B店铺——油烟机	3	57
B店铺——桌子	4	79
B店铺——手链	5	70
我的C店——裤子	3	68
我的C店——项链	3	83
我的C店——油烟机	3	80
我的C店——桌子	4	93
我的C店——床	4	95
我的C店——平板电视	3	84
我的C店——西装	3	82
我的C店——手链	5	100

(4)竞品分析

按照SEO得分排名的计算公式，如果跟竞争对手的关键词相同，相互之间就存在竞争关系，那么就有必要了解竞争对手的关键词，尤其是市场排名靠前的竞争对手的关键词。通过“辅助工具”—“×××商城信息”，可以找到竞争对手的店铺，双击打开后可以选择要查看的商品，如图4-32所示。记录相关信息，将竞争对手竞品分析情况填入表4-24。

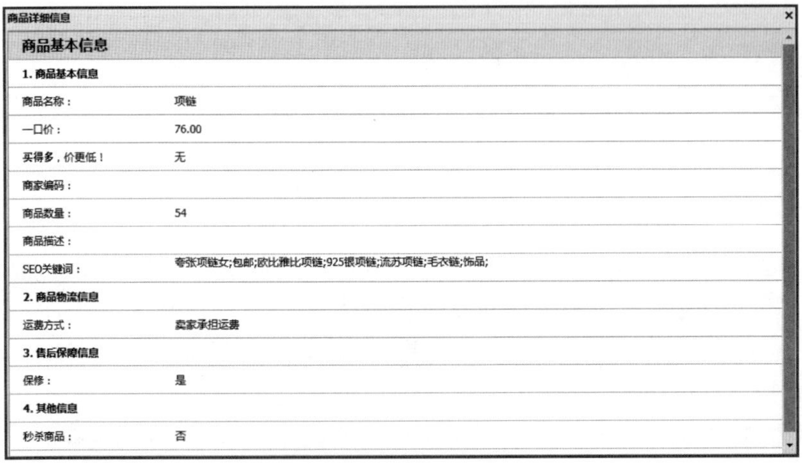

图 4-32　竞品基本信息

表 4-24　　竞品分析

商品名称	一口价/元	商品数量	SEO 关键词	运费方式	保修	秒杀
项链（本店）	66.99	75	项链；纯银；毛衣；水晶；饰品；配饰；锁骨；	包邮	是	否
项链（A1）	76.00	54	夸张项链女；包邮；欧比雅比项链；925银项链；流苏项链；毛衣链；饰品；	包邮	是	否
项链（A2）	80.23	21	项链；毛衣；饰品；锁骨；纯银；配饰；礼品；	包邮	否	否
分析结果						

(5)SEM 费用分析

进行 SEM 费用分析，需要将某期商品 SEM 费用占比情况填入表 4-25。某期商品 SEM 成效如图 4-33 所示。

表 4-25　　某期商品 SEM 费用占比分析

时间	SEM 费用/元	SEM 预算/元	占比	是否有剩余
第 2 轮第 1 期	239.51	290		
第 2 轮第 2 期	69.35	100		
第 3 轮第 1 期	91.74	100		
第 3 轮第 2 期	80.16	100		

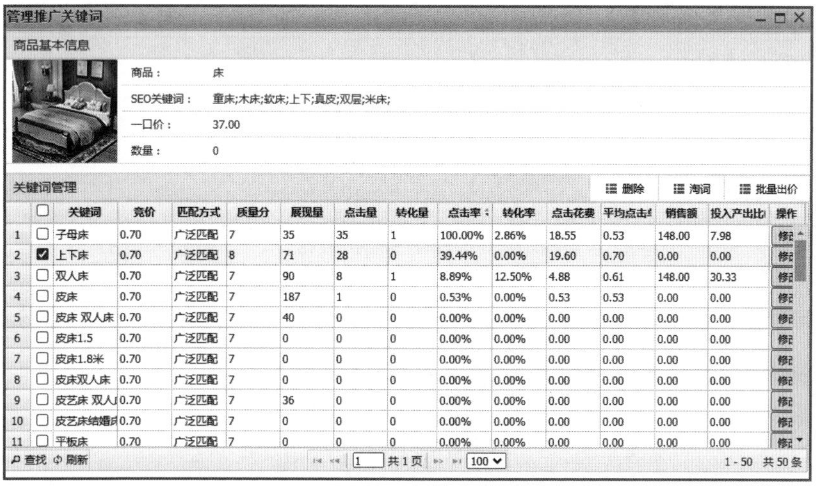

图 4-33　某期商品 SEM 成效

通过 SEM 费用分析，可以了解到推广引流成效如何；通过比较质量分、点击率、转化率、投入产出比等指标，可以判断是否为有效关键词。如果是，则可以考虑继续投入；如果不是，结合企业目标等情况，考虑是加大投入，还是更换关键词。例如，关键词“上下床”，点击量 28，但是转化量是 0，这样的关键词没有产出，可以考虑删除，更换其他关键词。

3.3 SEO/SEM优化

(1)SEO策略

SEO围绕商品关键词进行,即保留引流有效的关键词,调整、修改、删除无效的关键词。一般来说,会对所选择的长尾关键词进行相关的分类,并根据这些分类来进行"二八法则"优化,即把80%的精力放在选择出的20%的关键词优化中。这样可以更有计划地去优化关键词,高效地进行SEO。根据之前的几个方面分析,优化、调整SEO关键词,形成SEO关键词优化策略。

表4-26、表4-27所列为两次SEO标题优化结果测试数据。在采购数量、一口价相同的情况下,第二次SEO标题效果要好很多。

表4-26　　第一次测试结果

商品名称	SEO标题	库存数量	销售数量
裤子	女裤;分裤;打底;牛仔;新款;休闲;服饰;	826	206
项链	饰品;礼物;挂饰;定做;挂坠;珍珠;情侣;	174	10
油烟机	侧吸;抽油;樱花;海尔;家电;家用;不锈钢;	182	40
桌子	书桌;折叠;圆桌;实木;电脑桌;餐桌;木桌;	161	52
床	折叠;实木;午休;小床;单人床;气床;品牌床;	140	32
平板电视	电视;液晶电视;led电视;三星;平板电视;大家电;47寸液晶电视;	83	39
西装	小西装女;休闲西装;女装;小西装女短款;西服修身;雪纺小西装;	257	40
手链	手链女;母亲节礼物;手链;碧玺;碧玺手链;手链男;母亲节;	40	0

表4-27　　第二次测试结果

商品名称	SEO标题	库存数量	销售数量
裤子	裤女;打底;休闲;女裤;短裤;连体;分裤;	0	1 032
项链	项链;纯银;毛衣;水晶;饰品;配饰;锁骨;	0	184
油烟机	烟机;吸油;抽油;油烟;家电;电器;樱花;	0	222
桌子	餐桌;桌子;折叠;家具;书桌;电脑;梳妆;	0	213
床	双人;实木;欧式;折叠;家具;皮床;儿童;	0	172
平板电视	电视;三星;大家电;led;平板;夏普;液晶;	0	122
西装	西装;西服;女装;外套;20;代购;夏装;	93	297
手链	手链;碧玺;母亲节;水晶;佛珠;饰品;手串;	10	40

(2)SEM优化策略

要想提升SEM优化效果,首先从策略方面开始。确定是在现有投入情况下继续增强SEM引流效果,还是在保持引流效果的同时减少SEM推广费用,或是增加SEM投入且增加引流。

其次是流量控制优化。一是关键词优化,SEM的关键词推广数量是有限的,不能超过 50 个，每一个关键词的背后都代表了访客的需求，可能有相应的订单。二是关键词匹配方式的优化，即采用精确匹配、中心匹配还是广泛匹配。三是关键词的竞价的优化，竞价的设定难度较大，价格低了没有竞价能力，无法实现 SEM 引流，价格高了导致推广费用上升，降低了利润空间。在考虑竞价的时候，有必要结合商品绩效。

关键词的选择、价格、匹配方式是一个系统，需有机结合、相互配合、相辅相成。科学、系统地进行 SEM 优化，多维度、多角度地分析操作，一定会让网店的引流效果更加显著，提升网店销售量。

课题训练

(1)SEM 匹配测试。对商品“项链”进行 SEM，固定选择 50 个关键词进行投放，竞价不变，进行三次测试，第一次投放匹配方式设置“广泛匹配”，第二次投放匹配方式设置“中心匹配”，第三次投放匹配方式设置“精确匹配”，记录每次每个关键词的推广数据，分别填入表 4-28～表 4-30，然后对比测试数据，分析归纳测试结果。

表 4-28　广泛匹配投放数据

关键词	质量分	展现量	点击量	转化量	点击率	转化率	点击费用	销售额	投入产出比

表 4-29　中心匹配投放数据

关键词	质量分	展现量	点击量	转化量	点击率	转化率	点击费用	销售额	投入产出比

表 4-30　精确匹配投放数据

关键词	质量分	展现量	点击量	转化量	点击率	转化率	点击费用	销售额	投入产出比

(2)进店关键词分析。表 4-31 所列是第 3 轮第 1 期时，桌子的进店关键词分析数据，请对这些进店关键词进行分析，重点关注“书桌”关键词产生这种数据的原因。

表 4-31　　进店关键词分析　　金额单位:元

进店关键词	SEO点击量	SEO转化量	SEO转化率	SEM点击量	SEM转化量	SEM转化率	点击费用	平均点击单价	销售额	投入产出比
笔记本桌床上桌	73	0		0	0		0			
写字台	68	0		0	0		0			
一桌四椅包邮	48	0		0	0		0			
儿童学习桌子	42	0		0	0		0			
茶桌	5	0		0	0		0			
电脑桌子	2	2	100%	0	0		0		183	
书桌	0	0		36	0		28.08	0.78		

课题 4 站外推广及优化

站外推广主要引流对象是品牌人群。品牌人群出现的时间点为第 3 轮第 2 期,媒体影响力取决于“影响力度”指标,媒体中标的卖家获得媒体影响力,能提高品牌人群成交指数。需要注意的是,未中标站外媒体将无法获得品牌人群的成交订单,即站外引流失败。

课题内容

根据网店经营需求,卖家可以对已经筹建完成的 B 店发布的商品,选择央视、网络广告联盟、百度三种媒体中的一种或多种进行推广,用来吸引品牌人群的购买需求,增加店铺人气及商品人气。

站外推广的媒体基本信息详见表 4-32。

表 4-32　　站外推广的媒体基本信息

媒体	媒体时段/平台	影响力度	得到关系值	最低投放额度
百度	排名第一	20	5	5
百度	排名第二	18	9	5
百度	排名第三	15	8	5
百度	排名第四	13	7	5
百度	排名第五	11	6	5
百度	排名第六	10	5	5
百度	排名第七	9	4	5
百度	排名第八	7	3	5

续表

媒体	媒体时段/平台	影响力度	得到关系值	最低投放额度
百度	排名第九	6	3	5
百度	排名第十	5	3	5
网络广告联盟	微博	7	4	5
网络广告联盟	微信	8	4	5
网络广告联盟	论坛	6	4	5
央视	黄金时段	40	2	5
央视	午间时段	12	10	5
央视	晚间时段	6	8	5
单期合计		193	85	/

百度媒体为排名投标方式，即根据投标金额，从大到小进行排列。金额最大的将获得排名第一的时段，金额排名第二的将获得排名第二的时段，依此类推，直到百度媒体时段分配完毕（如果超过 10 人投标）。

央视与网络广告联盟媒体都为单一中标方式，即价高者得。关于某一商品在央视黄金时段投标的所有人中，投标金额最大的获得黄金时段，其他投标者流标，系统退回投标金额。

课题训练

（1）站外推广效果分析。查询辅助工具—媒体中标信息，通过站外推广引流占比分析、站外推广中标分析等，可以较好地判断出站外引流是否成功，是否需要加大站外引流力度等，试将这两个分析结果分别填入表 4-33 和表 4-34。

表 4-33　站外推广引流占比分析

时间	期初媒体影响力	当前店铺媒体影响力	本期媒体影响力	期初总媒体影响力	当前总媒体影响力	本期总媒体影响力	本期站外引流占比
第 3 轮第 2 期							
第 4 轮第 1 期							
第 4 轮第 2 期							
第 5 轮第 1 期							
第 5 轮第 2 期							

表 4-34　站外推广中标分析

媒体名称	商品名称	媒体时段	中标费用	影响力度	中标与否	关系值

(2)站外推广优化策略。根据媒体中标情况,结合企业资金预算、市场情况等信息,进一步优化站外推广策略,调整站外推广的商品、推广方式、投标价格等,填入表 4-35。

表 4-35　站外推广优化策略

商品	推广方式	投标价格

模块拓展

SEO 和 SEM 有许多相似的地方,但也有不同的地方,两者的异同见表 4-36。

表 4-36　SEO 和 SEM 对比

项目	SEO	SEM
关键词限制	7 个关键词,每词最多 10 个字	50 个关键词
匹配方式	完全匹配、高度匹配、部分匹配	精确匹配、中心匹配、广泛匹配
商品绩效	60%	60%
关键词搜索相关性	数据魔方	数据魔方
花费	免费	竞价
展现	前 $N\times0.6$ 名	前 $N\times0.4$ 名
点击	前 $N\times0.4$ 名	前 $N\times0.3$ 名
成交	前 $N\times0.4$ 名	前 $N\times0.3$ 名

SEO 和 SEM 排名常见的问题:

问题 1:N 个卖家关键词排名得分相同时,怎么进入?

答:同时进入排名,再比较各人群成交条件。

问题2:SEO和SEM都进入排名,算哪种途径?

答:优先按照SEM计算进入排名。

问题3:如果SEO点击排名第一的为A1、A2、A3(并列),第二的为A4、A5、A6、A7(并列),哪些卖家进入点击排名?

答:虽超过4位,但7个卖家都进入SEO的点击排名。

问题4:SEM针对某词只有一个卖家给出竞价,如何扣费?

答:实际花费为该卖家给出的竞价。

问题5:SEM针对某词是排名末位的卖家,又如何扣费?

答:实际花费为该卖家给出的竞价。

问题6:SEM排名前3的卖家没钱了或者没货了,排名如何变化?

答:后面的卖家补位进排名,如排名第3的卖家没钱了或没货了,原来排名第4的卖家进入第3名,原来第3名的卖家退出排名。

模块 5

订单成交——流量转化

学习目标

1. 深刻理解各类人群成交条件，并能制定可行的人群定向策略。

2. 能够根据网店运营需求，制定并实施可行的营销活动策略，有效增加网店的点击量、转化量。

3. 能够对营销活动策略效果进行分析，并根据分析结果优化营销活动策略，提高网店的点击率、转化率。

4. 树立正确的网店服务观念，提升物流、售后的经营能力，培养敬业、团结、积极、耐心的职业素养。

思维导图

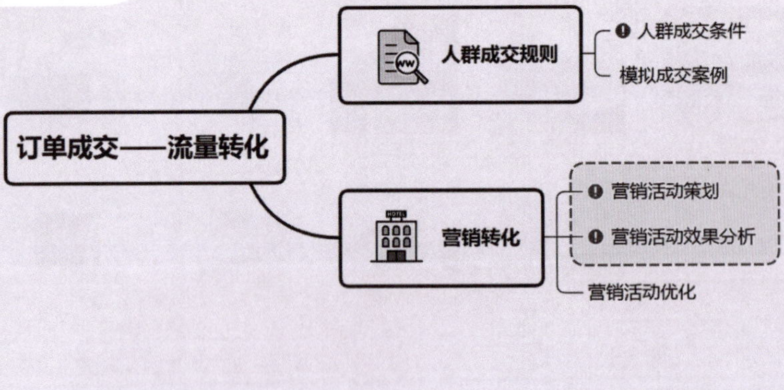

课题 1　人群成交规则

四类人群成交规则是电子商务沙盘的核心。所以，想要理解并掌握各类人群成交条件，无捷径，必须熟记人群成交规则。在深度理解人群成交规则的基础上，挖掘潜在信息，促进流量转化。

课题内容

1.1　人群成交条件

电子商务沙盘中，四类人群成交先后顺序：品牌人群、低价人群、综合人群、犹豫不定人群。各类人群成交先后顺序影响经营策略的实施，是经营者相互博弈的关键点、制胜点。

在四类人群成交规则中，媒体影响力和综合评价指数是两个非常重要的指标，影响所有人群成交。

媒体影响力是指一种商品在某个媒体的影响下所获得的影响力。

综合评价指数是衡量卖家综合实力的标准，其与企业信誉度、店铺人气、媒体影响力、社会慈善、店铺视觉值、B店开设情况、办公场所所在城市影响力、员工经验值、员工业务能力相关。

综合评价指数＝卖家企业信誉度/市场总企业信誉度×140＋卖家店铺总人气/市场店铺总人气×60＋卖家企业总的媒体影响力/市场总媒体影响力×100＋卖家社会慈善/市场社会总慈善×100＋卖家店铺视觉值/市场店铺总视觉值×100＋卖家B店开设情况（完成为20，未完成为0）＋卖家办公场所所在城市影响力＋卖家员工经验值＋卖家员工业务能力

（1）低价人群成交

根据买家对物流方式、售后服务的要求确定具备成交资格的卖家，再根据商品价格最低顺序决定成交的卖家。若商品价格相同，则买家继续按照以下顺序依次判断是否成交：

微课：低价人群成交规则

①媒体影响力最高。

②综合评价指数最高。

③店铺视觉值最高。

④店铺总媒体影响力最高。

⑤社会慈善最高。

⑥店铺总人气最高。

卖家若想具备成交资格，必须支持买家对物流方式、售后服务的要求；有15%的顾客

需要售后服务。

低价人群成交需要满足两个条件：引流和价格最低。低价人群流量来源于 SEO、SEM，因此引流上需要满足 SEO 和 SEM 的引流规则，即要满足 644 规则和 433 规则；价格最低是指在满足引流的情况下，符合低价人群成交规则。

图 5-1 描述了低价人群成交流程：基于某关键词匹配，SEO 引流下 A1、A2、A3、A4 排名前 4，SEM 引流下 A5、A6、A7 排名前 3；在 7 家经营者中 A4 的商品价格最低，所以 A4 先产生订单。

在这种情况下，有以下两种可能：

第一，A4 提供的商品满足了低价市场需求，其他 6 家经营者不会产生订单。

第二，A4 提供的商品满足部分低价市场需求，即低价市场还有剩余，那么在 A1、A2、A3、A5、A6、A7 中价格最低的也会产生订单，以此类推，直到满足低价市场需求，或 7 家商品出售完毕为止。

注意：在前期，品牌人群无需求的时候，低价人群是最先成交的，在制定运营策略时，一定要特别关注。

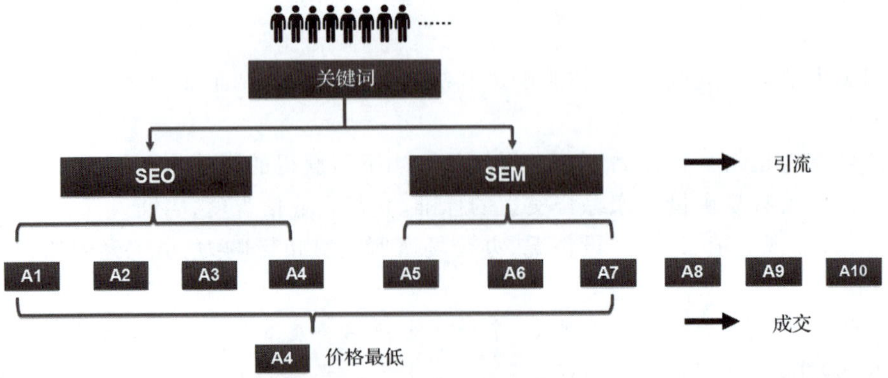

图 5-1 低价人群成交流程

(2)犹豫不定人群成交

微课：犹豫不定人群成交规则

犹豫不定人群分团购、秒杀和促销三部分需求，按团购、秒杀、促销的顺序独立判断成交的卖家。

卖家需满足以下两个成交条件：

①组织相应团购、秒杀和促销活动。

②促销后优惠额度最大的优先成交。

团购：犹豫不定的人群有 50%的概率会参与团购活动，参与团购的买家会自动选择价格最低的参团；系统根据是否达到最小成团数量判断是否成团，若成团则确定买卖双方交易完成。

只要有买家参团，无论最后是否成团，卖家的店铺人气和商品人气都会+1；若成交，则店铺人气和商品人气都会+2。

秒杀：没有参与团购的犹豫不定人群有 50%的概率会参与秒杀活动，参与秒杀的买家会自动选择价格最低的店铺进行交易。

秒杀交易达成，则卖家店铺人气和商品人气都会+4。

促销：没有参与团购和秒杀的犹豫不定人群必定会参与三种促销中的一种，并选择优惠额度最大的促销方式完成交易。

若团购价格或者秒杀价格、促销优惠额度相同，则买家继续按照以下顺序依次判断是否成交：

①媒体影响力最高。

②综合评价指数最高。

③店铺视觉值最高。

④店铺总媒体影响力最高。

⑤社会慈善最高。

⑥店铺总人气最高。

促销交易达成，则卖家店铺人气和商品人气都会+2。

卖家若想具备犹豫不定人群的成交资格，必须支持买家对物流方式的要求。

犹豫不定人群流量来源于SEO、SEM，因此也要遵守SEO的644规则和SEM的433规则。犹豫不定人群在满足644规则和433规则的基础上，按照团购、秒杀、促销的顺序成交。

图5-2描述了犹豫不定人群成交流程，具体如下：

第一，客户有50%的概率选择团购，按照团购后最低价成交，此时可参考低价人群成交。买家会在A1、A2、A3、A4中选择参加团购，如能成团，则购买成功，如不能成团，则购买失败。参加团购而最终没有成团购买的买家会流失，流失的买家不会再返回市场。

第二，没有参加团购的客户有50%的概率选择秒杀，按照秒杀后最低价成交，此时也可参考低价人群成交。买家会在A4、A5、A6、A7中选择秒杀后按最低价成交，直到商品卖完或买家需求满足为止。

第三，既没有参加团购，也没有参加秒杀的客户必定会选择促销，按照优惠额度最大且折后价格不为0成交。这里需要注意的是，促销有三种形式：满就送、多买折扣、买第几件打折。买家会在A2、A4、A5、A7中选择优惠额度最大的成交，直到商品卖完或买家需求满足为止。

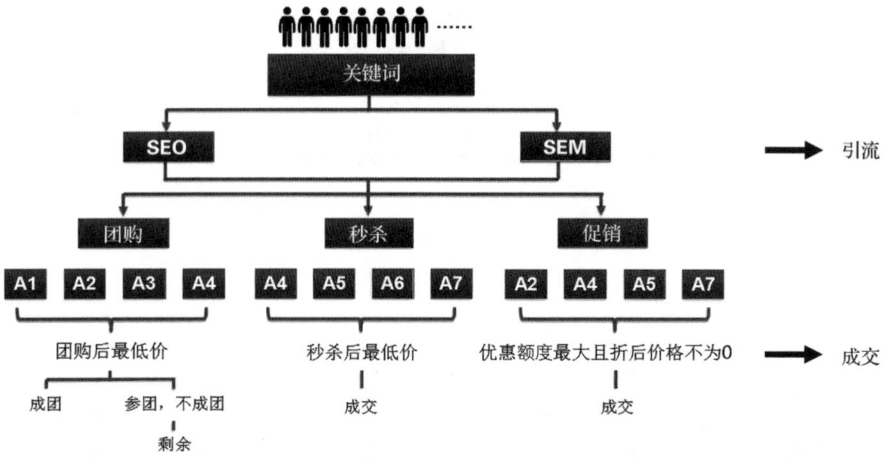

图5-2　犹豫不定人群成交流程

注意：由于犹豫不定人群是最后一个成交人群，再加上市场供需情况，经常会有剩余。

(3)品牌人群成交

微课:品牌人群成交规则

通过媒体影响力、商品一口价、商品评价及城市影响力计算出品牌人群成交指数,根据买家对物流方式、发票、售后服务的要求确定具备成交资格的卖家,从而计算出每个具备成交资格的卖家的品牌人群成交百分比(卖家在订单交易过程中获得订单的概率),系统根据品牌人群成交百分比确定成交卖家。

品牌人群流量来源:站外媒体引流。

品牌人群成交指数=媒体影响力/市场总媒体影响力×60+商品均价/(商品一口价+商品均价)×10+商品评价/符合要求的卖家商品评价×20+城市影响力/符合要求的卖家城市影响力×10

品牌人群成交百分比=品牌人群成交指数/符合要求的品牌人群成交指数之和

卖家若想具备成交资格,卖家商品必须做站外推广、卖家商品必须为B店的商品、卖家企业信誉度不能为负数、必须支持买家对物流方式和售后服务的要求。有15%的顾客需要售后服务。

商品评价=所有订单商品评价之和除以订单总数量。(每张订单正常交货商品评价为5,发货拒收违约商品评价为4,未发货违约商品评价为3。)

城市影响力:在该城市每交货一次城市影响力+1。

品牌人群的引流方式与其他人群不同,品牌人群主要靠站外媒体引流,且只在B店产生订单。通俗来说,就是看谁投的广告费用多,投得多,中标机会就大。

由图5-3分析,品牌人群成交时没有先后顺序(低价人群和犹豫不定人群有成交先后顺序),只是按照一定概率获得订单。如果想要更简单直接地了解其成交情况,我们可以把成交概率当作订单成交所占比例,如A1有16%的概率产生订单,可以当作A1占品牌人群市场的16%份额。当然,这只是我们的假设,方便理解,实际不能这样计算。

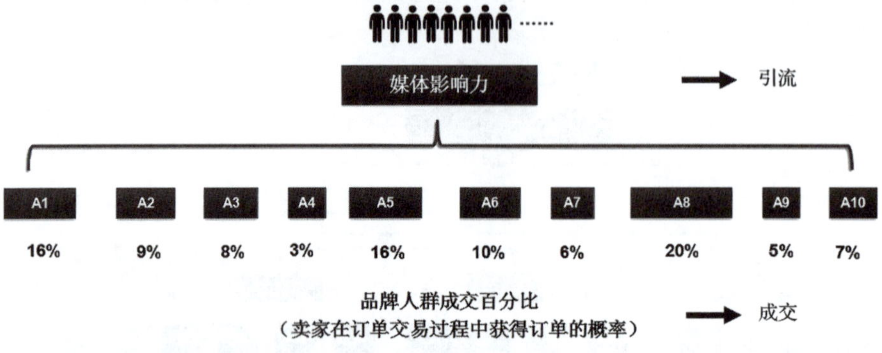

图5-3　品牌人群成交流程

看品牌人群成交指数计算公式,在影响因素媒体影响力、商品均价、商品评价、城市影响力中,商品均价、商品评价、城市影响力是由前期经营业绩决定的。在当期,我们能干预的因素只有媒体影响力,所以在投放广告时,要根据前期经营业绩和竞争对手的业绩综合考虑,合理投标。其中,媒体影响力是指本产品在投放广告费的当期影响力,商品评价向下取整,城市影响力是累计成交单数。

注意：当企业信誉度是负值的时候，品牌人群是无法成交的，所以，违约订单要控制好。广告费用投标时，先要确认企业信誉度是不是负值，再决定是否要投标。

(4)综合人群成交

微课：综合人群成交规则

通过综合评价指数、商品一口价、商品评价及城市影响力计算出综合人群成交指数，根据买家对物流方式、售后服务的要求确定具备成交资格的卖家，从而计算出每个具备成交资格的卖家的综合人群成交百分比（卖家在订单交易过程中获得订单的概率），系统再根据综合人群成交百分比确定成交的卖家。

综合人群成交指数＝综合评价指数/整个市场综合评价指数之和×60＋商品均价/(商品一口价＋商品均价)×10＋商品评价/符合要求的卖家商品评价之和×20＋城市影响力/符合要求的卖家城市影响力之和×10

综合人群成交百分比＝综合人群成交指数/符合要求的综合人群成交指数之和

卖家若想具备成交资格，卖家企业信誉度不能为负数、必须支持买家对物流方式和售后服务的要求；有15%的顾客需要售后服务。

综合人群成交主要有两个影响因素：引流、综合人群成交百分比。引流满足644规则和433规则。虽然综合人群和品牌人群都有成交百分比，但是综合人群不是所有人都有概率产生订单。如图5-4所示，A1、A2、A3、A4、A5、A6、A7符合引流，才有一定概率产生订单。而A8虽然综合人群成交百分比高达25%，但基于某关键词，不符合引流规则，所以A8不会产生订单。

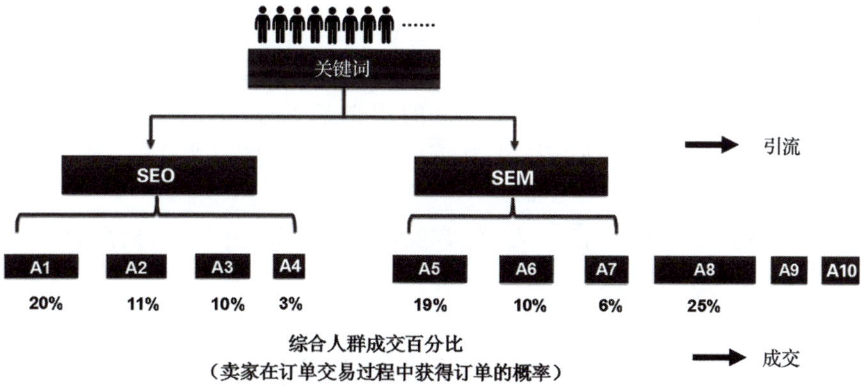

图5-4　综合人群成交流程

综合人群注重的是全面发展的企业，这点与品牌人群不同，品牌人群只看当期单一产品中标情况，综合人群看历史累加（不要只盯着黄金阶段）。例如媒体影响力，品牌人群只在意当期某单一商品的媒体影响力，过期作废；而综合人群看中的是企业的总的媒体影响力（累加所有商品的每期媒体影响力）。

注意：综合人群成交影响因素有9种，前期、中期、后期分别侧重哪些因素，要事先做好准备。

综合四种人群成交条件来看，价格影响所有人群，所以一定要随时调整价格（参考每期的数据魔方），而且要B店、C店相结合，发挥各个店铺的优势，也要根据人群定位调整价格策略。

1.2 模拟成交案例

结合以上内容，根据表 5-1 中的模拟数据，描述品牌人群、综合人群、低价人群、犹豫不定人群成交流程。

表 5-1　　模拟数据

账号	商品价格/元	品牌人群成交百分比	综合人群成交百分比	SEO 排名	SEM 排名	团购折后价/元	秒杀价/元	促销优惠排名
A1	11.25	8%	10%	5	7	9.00	5.625	2
A2	11.00	20%	15%	6	6	7.70	5.500	1
A3	12.34	3%	5%	8	8	11.11	6.170	6
A4	9.24	16%	9%	9	1	5.54	4.620	5
A5	8.24	9%	11%	1	3	5.93	4.120	3
A6	13.54	16%	10%	2	2	8.67	6.770	4
A7	14.00	6%	6%	7	4	11.62	7.000	9
A8	7.29	7%	4%	3	10	6.20	3.645	10
A9	10.45	10%	10%	4	9	5.75	5.225	8
A10	11.55	5%	20%	10	5	4.62	5.775	7

假设此时，四种人群都有市场需求，且 SEO、SEM 排名互不干扰。所有卖家都具备成交资格。表 5-1 中的数据是基于某关键词的一次搜索匹配。

品牌人群成交流程分析：由品牌人群成交规则知，品牌人群的引流是站外媒体推广，与 SEO、SEM 无关，且是按照品牌人群成交百分比成交，即 A1 的成交概率为 8%，A2 的成交概率为 20%，A3 的成交概率为 3%，A4 的成交概率为 16%，A5 的成交概率为 9%，A6 的成交概率为 16%，A7 的成交概率为 6%，A8 的成交概率为 7%，A9 的成交概率为 10%，A10 的成交概率为 5%。

低价人群成交流程分析：低价人群流量来源于 SEO、SEM，遵循 644 规则和 433 规则。

SEO 排名前 6(A5、A6、A8、A9、A1、A2)有展现，前 4(A5、A6、A8、A9)有点击，前 4(A5、A6、A8、A9)商品价格最低为 A8(价格为 7.29 元)，所以 A8 先成交。如果条件许可，后面成交顺序为 A5、A9、A6。此时，其他卖家不会成交。

SEM 排名前 4(A4、A6、A5、A7)有展现，前 3(A4、A6、A5)有点击，前 3(A4、A6、A5)中价格最低为 A5(价格为 8.24 元)，所以 A5 先成交。如果条件许可，后面成交顺序为 A4、A6。此时，其他卖家不会成交。

综合人群成交流程分析：由综合人群成交规则知，综合人群的流量也是来源于 SEO、SEM，且是按照综合人群成交百分比成交。

SEO 排名前 6(A5、A6、A8、A9、A1、A2)有展现，前 4(A5、A6、A8、A9)有点击，此时 A5 的成交概率为 11%、A6 的成交概率为 10%、A8 的成交概率为 4%、A9 的成交概率为 10%。其他卖家不会成交，即使综合人群成交百分比很高。

SEM 排名前 4(A4、A6、A5、A7)有展现，前 3(A4、A6、A5)有点击，此时 A4 的成交概

率为9%、A6的成交概率为10%、A5的成交概率为11%。其他卖家不会成交，即使综合人群成交百分比很高。

犹豫不定人群成交流程分析：犹豫不定人群的流量也是来源于SEO、SEM，所以，也必须遵循644规则和433规则。

SEO排名前6(A5、A6、A8、A9、A1、A2)有展现，前4(A5、A6、A8、A9)有点击。

团购：犹豫不定人群有50%的概率选择团购折后价最低的成交，即A9成交，如果条件许可，后面成交顺序为A5、A8、A6。其他卖家团购不会成交，即使折后价格很低。

秒杀：没有参加团购的犹豫不定人群有50%的概率选择秒杀，秒杀后价格低的成交，即A8成交，如果条件许可，后面成交顺序为A5、A9、A6。其他卖家秒杀不会成交，即使秒杀后价格很低。

促销：既没有参加团购，也没有参加秒杀的犹豫不定人群，必定选择促销，且选择优惠额度大的促销方式成交。A5优惠额度最大，先成交。如果条件许可，后面成交顺序为A6、A9、A8。其他卖家促销不会成交，即使优惠额度很大。

SEM排名前4(A4、A6、A5、A7)有展现，前3(A4、A6、A5)有点击。

团购：犹豫不定人群有50%的概率选择团购折后价最低的成交，即A4成交，如果条件许可，后面成交顺序为A5、A6。其他卖家团购不会成交，即使折后价格很低。

秒杀：没有参加团购的犹豫不定人群有50%的概率选择秒杀，秒杀后价格低的成交，即A5成交，如果条件许可，后面成交顺序为A4、A6。其他卖家秒杀不会成交，即使折后价格很低。

促销：既没有参加团购，也没有参加秒杀的犹豫不定人群，必定选择促销，且选择优惠额度大的促销方式成交。A5优惠额度最大，先成交。如果条件许可，后面成交顺序为A6、A4。其他卖家促销不会成交，即使优惠额度很大。

课题训练

根据辅助工具“企业信息”，如图5-5所示，先计算某一轮的综合评价指数，填入表5-2，再计算综合人群的成交指数，最后预测下期综合人群成交百分比。假设自身店铺符合综合人群、品牌人群的成交规则，进行单品综合人群、品牌人群成交分析，将分析结果填入表5-3、表5-4。

企业信息　规则说明　经营状态

企业基本信息

企业信誉度	230	班级总信誉度	931
店铺总人气	0	班级店铺总人气	206
总媒体影响力	0	班级总媒体影响力	0
社会慈善	0	班级社会慈善	374.00
店铺视觉值	0	班级店铺视觉值	20
B2C模式	0	办公场所驻地影响	2
员工经验值	15	员工业务能力	18

图5-5　企业信息

表 5-2　　综合评价指数分析

项目	得分	备注
企业信誉度		
店铺总人气		
总媒体影响力		
社会慈善		
店铺视觉值		
卖家 B 店开设情况		
员工经验值		
员工业务能力		
所在城市影响力		
综合评价指数得分		

表 5-3　　单品综合人群成交分析

项目	得分	备注
综合评价指数		
商品均价		
商品评价		
城市影响力		
综合人群成交指数得分		

表 5-4　　单品品牌人群成交分析

项目	得分	备注
媒体影响力		
商品均价		
商品评价		
城市影响力		
品牌人群成交指数得分		

课题 2　营销转化

提升网店营销转化率是一个整体的运营工作，营销活动是提升营销转化率的一个主要手段。卖家需要根据前期制定的推广策略以及推广效果，制定相关营销活动策略并实施，这样才能让自己的商品保持畅销。电子商务沙盘中的营销活动包括团购、秒杀、套餐、促销。卖家可以根据人群需求的不同来制定相关促销信息，制定运营策略，提高转化率。

课题内容

2.1　营销活动策划

通过团购、秒杀、套餐、促销完成交易后，均会产生一定的店铺人气和商品人气。商品人气是指商品交易转化能力，这一能力的体现源于从买家浏览、收藏、加购到最终成交的整个阶段。商品人气可以通过展现量、点击率、转化率等指标很好地反映出来。商品人气表现好，说明该商品符合大多数买家的需求，商品交易转化能力强，商品市场竞争优势明显。

(1)团购

根据经营需求，卖家需要组织针对某种商品的团购活动，以此来吸引犹豫不定人群的购买需求，增加店铺人气、商品人气。由于团购的适用对象是犹豫不定人群，所以目标人群是犹豫不定人群时，必做团购。而且只要参加团购，不管最后是否成团，都会增加店铺人气和商品人气。开展团购活动主要有两个目的：吸引犹豫不定人群和增加人气。要结合犹豫不定人群成交条件，确定团购价格。

(2)秒杀

根据经营需求，卖家发布若干件折扣为五折的商品，用来吸引买家抢购，迅速增加店铺人气、商品人气。秒杀的价格是商品价格的五折，每个订单增加 4 个店铺人气和 4 个商品人气。当我们需要迅速增加店铺人气和商品人气时，就需要开秒杀，但又由于价格过低，所以一般选择量大、价格低的商品，如裤子。

(3)套餐

根据经营需求，卖家对多种商品进行组合搭配销售，用来吸引买家抢购，提升店铺人气和商品人气。套餐数量未设定预售上限，不受库存数量限制。但是套餐的成交条件比较苛刻，不易把握。套餐内商品的单价由卖家制定，但是套餐内除引流商品外，其余商品不能高于当地商品一口价。引流商品一口价＋物流运费＞套餐内引流商品单价＋套餐物流运费。

为了便于理解及描述，假设店铺所有商品包邮。可以简化套餐成交条件为：一是套餐内引流商品单价小于引流商品一口价；二是非引流商品价格不高于当地商品一口价。这里有三个关于价格的术语，需要明确和理解。

①商品套餐价格。套餐内商品单价由卖家在设置套餐时，根据营销需要设置，如图 5-6 所示。

②引流商品一口价。引流商品一口价是指本店铺在发布引流商品时填入的一口价，如图 5-7 所示。

③当地商品一口价。当地商品一口价是指在某城市所有卖家发布的该商品的一口价，包括本店铺发布的该商品的一口价。说明：这里的商品是非引流商品。本店铺需要通过查看竞争对手店铺，了解竞争对手非引流商品一口价，如图 5-8 所示。

图 5-6　商品套餐价格

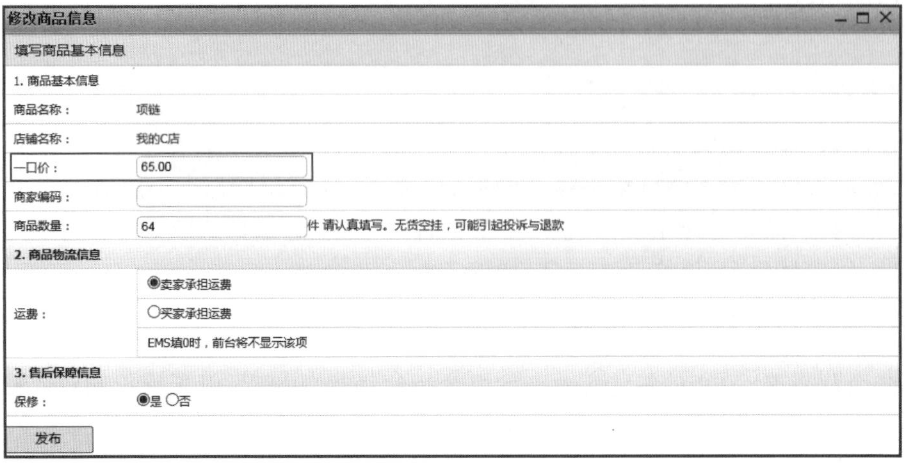

图 5-7　引流商品一口价

(4)促销

根据经营需求，卖家对某种或某几种商品进行满就送促销、多买折扣促销、购买第几件打折促销，用来吸引买家抢购，提升店铺人气和商品人气。

①满就送促销。卖家可以根据经营需求设定活动范围，选择参加活动的商品，买家正常购买时的成交总金额达到设定的金额就可以享受返现金的优惠活动。

②多买折扣促销。卖家可以根据经营需求设定活动范围，选择参加活动的商品。当顾客一次性正常购买数量达到设定数量，促销后全部按折扣后金额付款。

③购买第几件打折促销。卖家可以根据经营需求设定活动范围，选择参加活动的商品，设定一个购买第几件折扣数，当顾客购买的商品达到这个数量时，本件商品即享受优惠折扣，下一件商品再重新计数，以此类推。

图 5-8　当地商品一口价

2.2　营销活动效果分析

每一次营销活动结束后，都需要对本次活动进行评估与总结，这样既能了解本次活动的效果，又能为下一次的活动提供经验，以便更好地进行下一次活动。营销活动效果分析可以从营销活动销售额分析和四类人群市场占有率分析两个方面进行。

(1)营销活动销售额分析

在辅助工具—我的订单信息中，选择商品和订单类型进行查询，如图 5-9 所示。开展营销活动销售额分析，分别统计订单类型、到达城市、客户名称、到货期限、销售额、优惠金额、要求物流、消费人群和受订时间，分析商品的整体销售情况，以指导下一次营销活动的选品、采购与活动策划等。

我的订单信息　规则说明　经营状态　养老院集结救助

商品：平板电视　到达城市：　物流方式：　订单类型：团购　消费人群：　时间：　查询

	订单号	订单类型	到达城市	客户名称	到货期限	销售额	优惠金额	要求物流	运费	消费人群	状态	到货进度	受订时间
1	A9-02-14-3-2-0008	团购	北京	窦春蓓	2	32.40	0.00	EMS	0.00	犹豫不定人群	未处理		第3轮第2期
2	A9-02-14-3-2-0009	团购	北京	窦春蓓	2	32.40	0.00	EMS	0.00	犹豫不定人群	未处理		第3轮第2期
3	A9-02-14-3-2-0010	团购	北京	窦春蓓	1	32.40	0.00	平邮	0.00	犹豫不定人群	未处理		第3轮第2期
4	A9-02-14-3-2-0011	团购	北京	窦春蓓	1	32.40	0.00	平邮	0.00	犹豫不定人群	未处理		第3轮第2期
5	A9-02-14-3-2-0012	团购	北京	施娥宝	2	32.40	0.00	EMS	0.00	犹豫不定人群	未处理		第3轮第2期
6	A9-02-14-3-2-0013	团购	北京	施娥宝	1	16.20	0.00	快递	0.00	犹豫不定人群	未处理		第3轮第2期
7	A9-16-14-3-2-0012	团购	石家庄	卫彩霞	2	32.40	0.00	EMS	0.00	犹豫不定人群	未处理		第3轮第2期
8	A9-16-14-3-2-0013	团购	石家庄	华良丹	1	32.40	0.00	EMS	0.00	犹豫不定人群	未处理		第3轮第2期
9	A9-16-14-3-2-0014	团购	石家庄	华良丹	2	32.40	0.00	快递	0.00	犹豫不定人群	未处理		第3轮第2期
10	A9-16-14-3-2-0015	团购	石家庄	华良丹	2	32.40	0.00	平邮	0.00	犹豫不定人群	未处理		第3轮第2期
11	A9-16-14-3-2-0016	团购	石家庄	柏嫦姬	2	32.40	0.00	快递	0.00	犹豫不定人群	未处理		第3轮第2期
12	A9-16-14-3-2-0017	团购	石家庄	柏嫦姬	1	32.40	0.00	EMS	0.00	犹豫不定人群	未处理		第3轮第2期
13	A9-22-14-3-2-0011	团购	太原市	沈琛秋	2	32.40	0.00	EMS	0.00	犹豫不定人群	未处理		第3轮第2期
14	A9-22-14-3-2-0012	团购	太原市	沈琛秋	1	32.40	0.00	平邮	0.00	犹豫不定人群	未处理		第3轮第2期
15	A9-22-14-3-2-0013	团购	太原市	沈琛秋	1	32.40	0.00	平邮	0.00	犹豫不定人群	未处理		第3轮第2期
16	A9-22-14-3-2-0014	团购	太原市	窦珠雁	2	32.40	0.00	EMS	0.00	犹豫不定人群	未处理		第3轮第2期
17	A9-22-14-3-2-0015	团购	太原市	窦珠雁	2	16.20	0.00	EMS	0.00	犹豫不定人群	未处理		第3轮第2期

图 5-9　选择商品和订单类型查询

(2)四类人群市场占有率分析

在辅助工具一我的订单信息中,选择消费人群进行查询,如图 5-10 所示。在经营分析一市场占有率中,查询消费人群市场占有率,如图 5-11 所示。四类人群市场占有率分析分别从运营时间、商品、订单类型占比等方面进行考量。通过以上指标,统计商品在各类人群中的销售情况,以指导下一次营销活动方式的调整。

	订单号	订单类型	到达城市	客户名称	到货期限	销售额	优惠金额	要求物流	运费	消费人群	状态	到货进度	受订时间
1	A9-02-14-3-2-0001	正常购买	北京	谱嘉启友	2	72.00	0.00	平邮	0.00	注重低价人群	未处理		第3轮第2期
2	A9-02-14-3-2-0002	正常购买	北京	王春曼	2	72.00	0.00	EMS	0.00	注重低价人群	未处理		第3轮第2期
3	A9-02-17-3-2-0001	正常购买	北京	卫彩馥	2	325.00	3.00	EMS	0.00	注重低价人群	未处理		第3轮第2期
4	A9-02-17-3-2-0002	正常购买	北京	卫彩馥	1	325.00	3.00	平邮	0.00	注重低价人群	未处理		第3轮第2期
5	A9-02-17-3-2-0003	正常购买	北京	卫彩馥	2	325.00	3.00	快递	0.00	注重低价人群	未处理		第3轮第2期
6	A9-02-17-3-2-0004	正常购买	北京	卫彩馥	1	325.00	3.00	平邮	0.00	注重低价人群	未处理		第3轮第2期
7	A9-02-22-3-1-0002	正常购买	北京	谢福珍	2	195.00	0.00	平邮	0.00	注重低价人群	物流计划	1	第3轮第1期
8	A9-02-22-3-1-0003	正常购买	北京	谢福珍	2	195.00	0.00	快递	0.00	注重低价人群	物流计划	1	第3轮第1期
9	A9-23-22-3-1-0001	正常购买	哈尔滨市	魏勤天	2	195.00	0.00	EMS	0.00	注重低价人群	物流计划	1	第3轮第1期
10	A9-16-14-3-2-0001	正常购买	石家庄	金梅馨	1	72.00	0.00	EMS	0.00	注重低价人群	未处理		第3轮第2期
11	A9-16-14-3-2-0002	正常购买	石家庄	金梅馨	2	72.00	0.00	平邮	0.00	注重低价人群	未处理		第3轮第2期
12	A9-16-14-3-2-0003	正常购买	石家庄	金梅馨	2	72.00	0.00	快递	0.00	注重低价人群	未处理		第3轮第2期
13	A9-16-14-3-2-0004	正常购买	石家庄	金梅馨	1	72.00	0.00	EMS	0.00	注重低价人群	未处理		第3轮第2期
14	A9-16-14-3-2-0005	正常购买	石家庄	金梅馨	2	72.00	0.00	平邮	0.00	注重低价人群	未处理		第3轮第2期
15	A9-16-14-3-2-0006	正常购买	石家庄	金梅馨	2	36.00	0.00	平邮	0.00	注重低价人群	未处理		第3轮第2期
16	A9-16-22-3-1-0001	正常购买	石家庄	王风壹	2	182.00	0.00	EMS	0.00	注重低价人群	物流计划	1	第3轮第1期
17	A9-16-22-3-1-0002	正常购买	石家庄	王风壹	2	182.00	0.00	平邮	0.00	注重低价人群	物流计划	1	第3轮第1期
18	A9-16-22-3-1-0003	正常购买	石家庄	杨翠林	2	117.00	0.00	平邮	0.00	注重低价人群	物流计划	1	第3轮第1期
19	A9-22-14-3-2-0001	正常购买	太原市	陶裕弘	2	72.00	0.00	EMS	0.00	注重低价人群	未处理		第3轮第2期
20	A9-22-14-3-2-0002	正常购买	太原市	陶裕弘	2	72.00	0.00	平邮	0.00	注重低价人群	未处理		第3轮第2期

图 5-10　选择消费人群查询

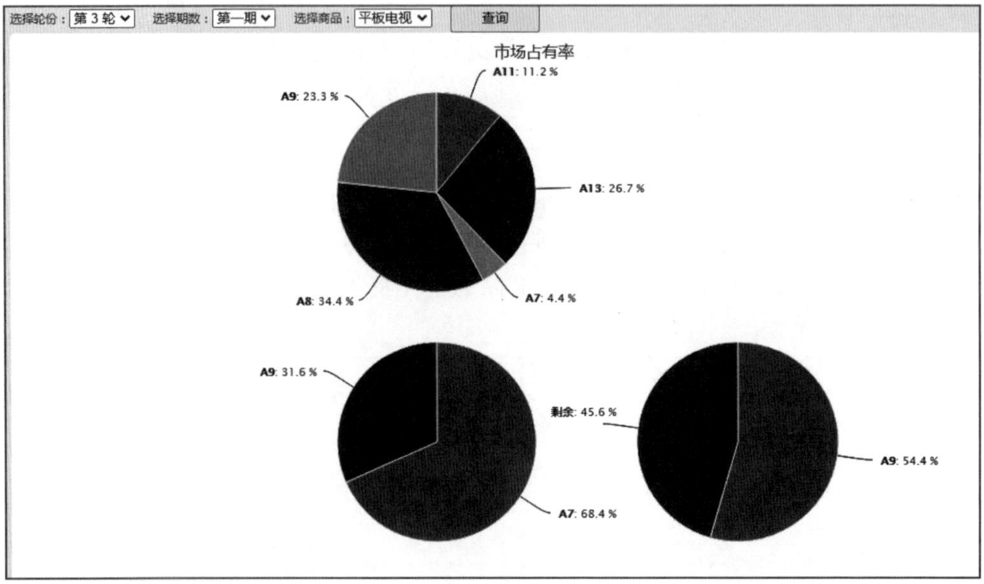

图 5-11　查询消费人群市场占有率

2.3　营销活动优化

网店获取了流量后,会采取一系列的营销活动,并进行总结分析。接下来网店想要进一步提升转化率,主要任务集中在营销活动优化方面。

活动营销是提高网店转化率与客单价的有效方式,常见的活动营销工具有团购、秒杀、促销和套餐。活动营销优化可以从选择参加活动的商品、制订活动营销方案和分析活动营销效果三大维度进行。

(1)选择参加活动的商品

商品只有获得 SEO、SEM 或站外推广流量,才有可能完成转化成交。因此,要想提高转化率,活动营销商品的选择就格外重要。那么,参加活动营销的商品该如何选择呢?

①分析竞争对手商品信息。买家在搜索各商品时,同类商品的价格高低会影响商品转化率。所以,在运营过程中要关注竞争对手的商品价格设置情况,以便能够通过优化活动营销商品的价格来提高转化率。通过辅助工具一商城信息,可以查询竞争对手的商品信息,如图 5-12 所示。

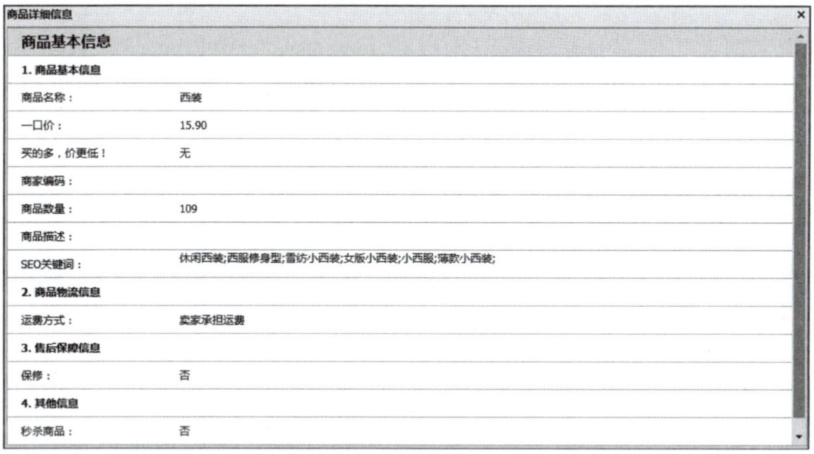

图 5-12　竞争对手商品信息

②分析竞争对手销售状况及活动营销方式。分析竞争对手的活动商品及其采用了哪些营销手段吸引买家下单,如图 5-13 所示。

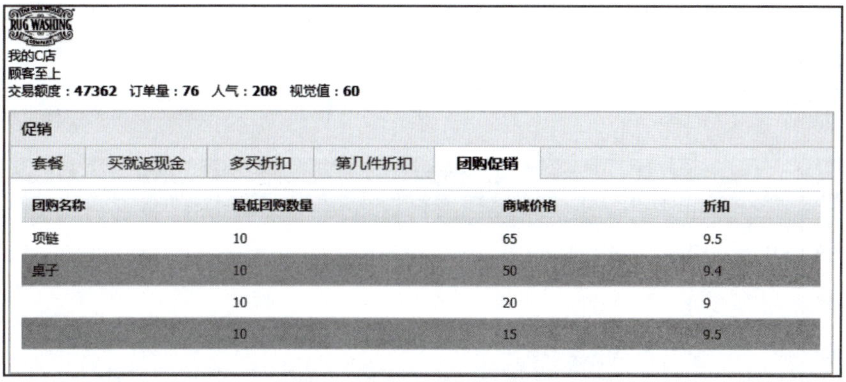

图 5-13　竞争对手营销活动

③制订活动营销商品优化计划。要根据数据魔方提供的商品价格和数量等信息,通过进店关键词看近期商品的关键词点击和转化情况,结合网店运营目标合理选择活动营

销商品。

(2)制订活动营销方案

①分析促销时机。促销是分段进行的,各商品刚刚上架销售的时候,需要以较低的价格来吸引买家。等积累到一定订单量(企业信誉度)、人气、商品评价时,可以提高价格来售卖。当商品进入衰退期,可以开展消化库存、降低边际利润的促销活动。

②调整活动营销商品价格及优惠。网店之间的经营竞争越来越激烈,卖家都想方设法地提高自己网店的销量,冲出困境,那么就需要明确营销活动的目标,调整商品一口价以及优惠力度,从而提高网店的转化率。

(3)分析活动营销效果

①分析售罄率。售罄率是指一定时间段内某种商品的销售量占总进货量的比率,是衡量活动营销进行到什么程度才能收回销售成本和费用的一个考核指标。对比相同周期内不同商品的售罄率。

②分析毛利。根据网店商品的销售额、采购成本、推广费用、物流费用等计算出活动毛利。

③分析市场占有率。参加活动的目的是让更多的买家产生购买,提高网店在四类人群中的市场占有率。

2.4 营销转化案例分析

本案例为某年全国职业院校技能大赛高职组电子商务技能赛项C组竞赛数据,文中有关产品名称有所不同,但不影响学习营销转化的思维。

(1)价格

如图5-14所示是C组最终成绩,其中C7的成绩排小组第一。下面我们着重分析C7的营销转化数据。

C1 C10 C2 C3 C4 C5 C6 C7 C8 C9 未关账 已关账 刷新 导出Excel

得分统计		1轮		2轮		3轮		4轮		5轮	
小组	得分	权益	利润	权益	利润	权益	利润	权益	利润	权益	利润
C1	0	-413.86	-913.86	-430.62	-16.76	-674.93	-244.31				
C10	35373	655.68	155.68	1157.86	502.18	1396.48	238.62	2465.83	1069.35	5343.47	2877.64
C2	0	-421.55	-921.55	-338.26	83.29	349.23	687.49				
C3	0	365.80	-134.20	54.55	-311.25	-406.53	-461.08				
C4	19352	-66.49	-566.49	358.58	425.07	17.62	-340.96	1034.53	1016.91	2850.17	1815.64
C5	0	-1043.95	-1543.95	-701.49	342.46						
C6	0	-50.72	-550.72	-681.16	-630.44	-689.16	-8.00				
C7	59544	211.52	-288.48	1208.88	997.36	1415.33	206.45	1928.94	513.61	8327.96	6399.02
C8	0	-570.45	-1070.45	-501.44	69.01	-537.36	-35.92	-363.47	173.89		
C9	0	-709.49	-1209.49	-762.88	-53.39						

图5-14 C组最终成绩

在第3轮第2期时,C7小组与其他小组关于商品在B店、C店定价信息如图5-15所示。C7 对空调扇、珍珠、货架和毛衣这四类商品在 C 店定为低价，B 店定为高价，并且两者差异较大。C10 对空调扇、珍珠、货架和毛衣这四类商品也是 C 店定为低价，B 店定为高价，但是两者差异不如 C7 大。其他小组的定价方式多是 C 店价格高，B 店价格低，不符合店铺经营要求。

货架一口价			空调扇一口价			珍珠一口价			毛衣一口价		
	C店	B店		C店	B店		C店	B店		C店	B店
C2	25.93	13.33	C2	27.16	14.4	C2	57.04	19.1	C2	10.05	6.11
C3	25.94	23	C3	27	24	C3	57.05	51.87	C3	12.08	12.55
C4	9.86	23	C4	27.17	24	C4	57.05	52	C4	4.12	15
C7	10.98	28.3	C7	11.38	29.64	C7	20.1	62.24	C7	6.01	17.12
C8	25.94	23.94	C8	27.17	25.17	C8	57.05	55.05	C8	17.12	15.12
C10	9.99	25	C10	25.12	27	C10	42.12	57	C10	12.12	17

图 5-15　C 组定价

C7 对 B 店和 C 店进行差异化运营，防止产生“内部竞争”，导致利润下降；C10 也是对 B 店和 C 店进行差异化运营，但是差异不明显。

(2)媒体广告

在辅助工具中查看媒体中标情况，央视黄金时段和百度排名第一中标情况如图 5-16 和图 5-17 所示。

中标组	媒体名称	产品名	时段名称	中标费用	影响力度
C7	央视	货架/展柜	黄金时段	215.00	40
C10	央视	服装店家具	黄金时段	421.00	40
C7	央视	空调扇	黄金时段	215.00	40
C7	央视	天然珍珠	黄金时段	398.00	40
C7	央视	天然琥珀	黄金时段	521.00	40
C7	央视	棉衣/棉服	黄金时段	108.00	40
C7	央视	毛衣	黄金时段	215.00	40

图 5-16　央视黄金时段中标情况

中标组	媒体名称	产品名	时段名...	中标费用	影响力度
C4	百度	服装店家具	排名第一	17.00	20
C7	百度	货架/展柜	排名第一	11.00	20
C4	百度	天然珍珠	排名第一	17.00	20
C4	百度	天然琥珀	排名第一	17.00	20
C7	百度	棉衣/棉服	排名第一	11.00	20
C7	百度	毛衣	排名第一	11.00	20
C7	百度	空调扇	排名第一	11.00	20

图 5-17　百度排名第一中标情况

经过统计，C10 小组在第 3 轮第 2 期共投入广告费 1 794 元，中标费用为 507 元，如图 5-18 所示。7 个商品中，只以 421 元的价格中标服装店家具，其他 6 个商品的黄金时段均未中标，共返还 1 287 元。

C7 小组在第 3 轮第 2 期共投入广告费 2 269 元，中标费用为 1 809 元，如图 5-19 所示。7 个商品中，中标 6 个央视黄金时段，且根据不同的商品投放的金额也有所差别。

期	报表类别	财务科目	变动金额
1	其他应收款	站外推广投标...	-392.00
1	其他应收款	站外推广投标...	392.00
2	其他应收款	站外推广投标...	-1794.00
2	其他应收款	站外推广投标...	1794.00
期	报表类别	财务科目	变动金额
1	销售费用	站外推广费	-372.00
2	销售费用	站外推广费	-507.00

图 5-18　C10 媒体投放金额

期	报表类别	财务科目	变动金额
1	其他应收款	站外推广投标保证金	-152.00
1	其他应收款	站外推广投标保证金	152.00
2	其他应收款	站外推广投标保证金	-2269.00
2	其他应收款	站外推广投标保证金	2269.00
期	报表类别	财务科目	变动金额
1	销售费用	站外推广费	-48.00
2	销售费用	站外推广费	-1809.00

图 5-19　C7 媒体投放金额

(3)促销活动

C7 促销活动如图 5-20、图 5-21 所示。

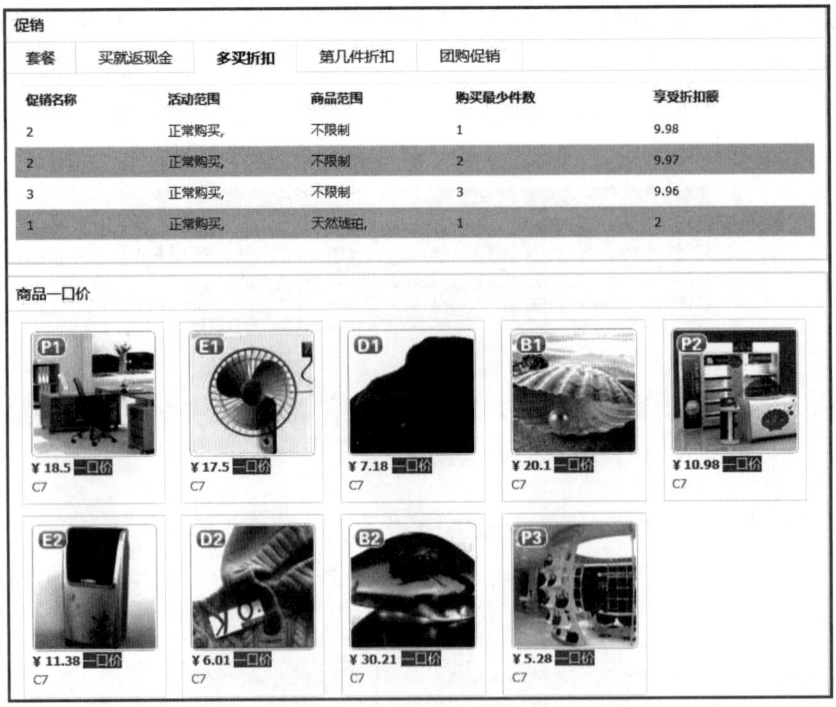

促销

套餐　买就返现金　多买折扣　第几件折扣　团购促销

促销名称	活动范围	商品范围	购买最少件数	享受折扣额
2	正常购买,	不限制	1	9.98
2	正常购买,	不限制	2	9.97
3	正常购买,	不限制	3	9.96
1	正常购买,	天然琥珀,	1	2

商品一口价

图 5-20　C7 多买折扣

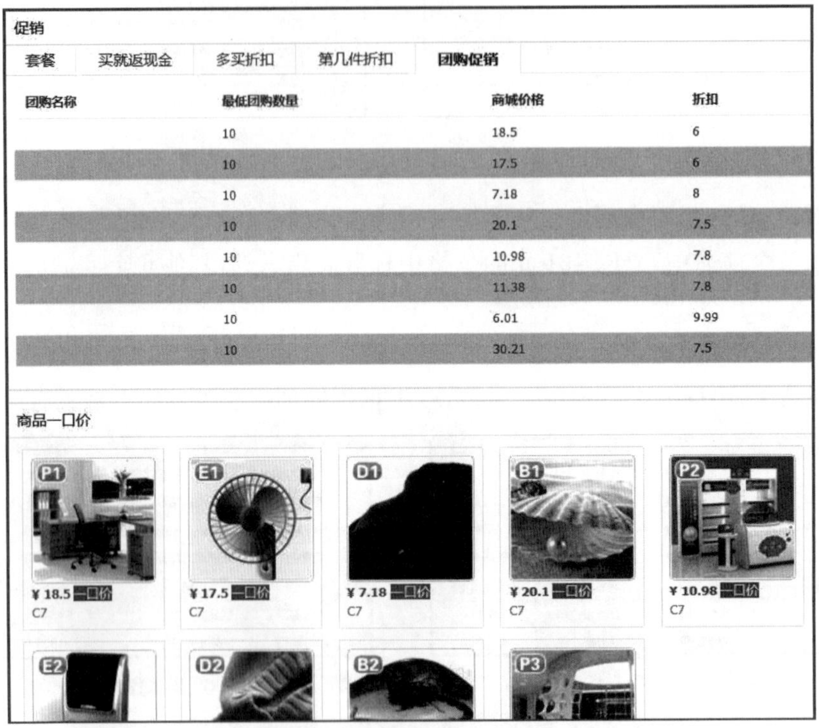

促销

套餐　买就返现金　多买折扣　第几件折扣　团购促销

团购名称	最低团购数量	商城价格	折扣
	10	18.5	6
	10	17.5	6
	10	7.18	8
	10	20.1	7.5
	10	10.98	7.8
	10	11.38	7.8
	10	6.01	9.99
	10	30.21	7.5

商品一口价

图 5-21　C7 团购促销

(4)转化结果分析

如图 5-22 和图 5-23 所示分别是第 3 轮第 1 期和第 3 轮第 2 期的货架市场占有率情况。

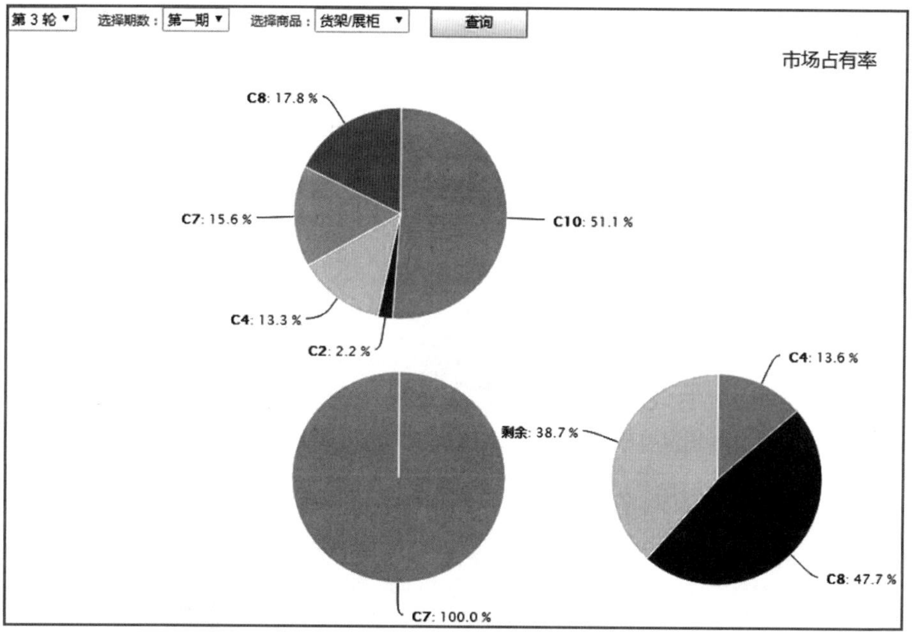

图 5-22　货架市场占有率(第 3 轮第 1 期)

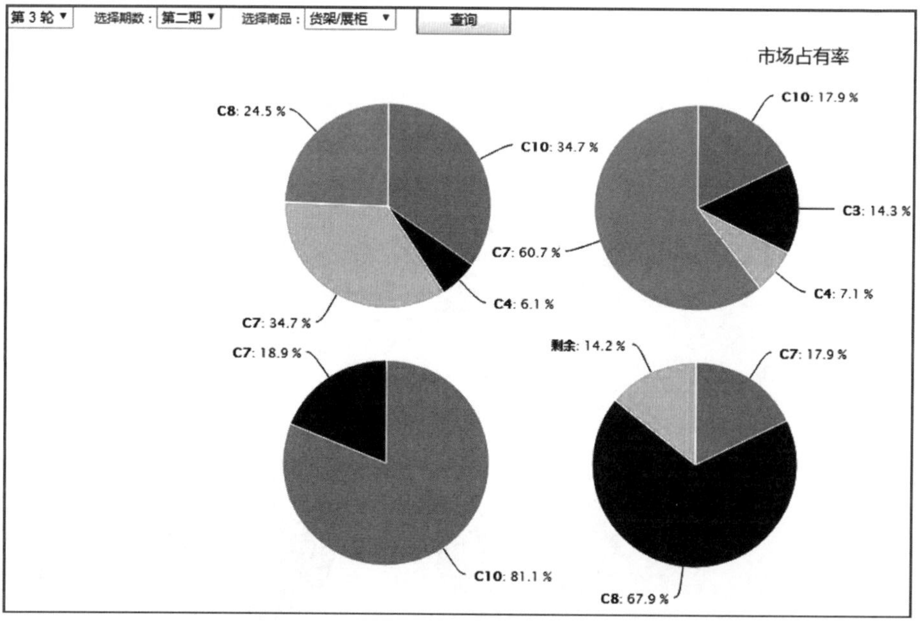

图 5-23　货架市场占有率(第 3 轮第 2 期)

第 3 轮第 1 期时，C7 小组占满货架的低价人群市场，综合人群市场占有率是 15.6%。第 3 轮第 2 期时，C7 小组货架价格并非最低，占少部分低价人群市场(18.9%)和犹豫不定人群市场(17.9%)，部分综合人群市场(34.7%)，大部分品牌人群市场(60.7%)。货架获得较好的市场销售情况，主要归功于以下三个原因：①获得较大媒体影响力，同时提高了综合指数；②对货架商品进行了适度的促销推广；③B 店中对该商品定价是市场中最高价，保证利润最大。

如图 5-24 和图 5-25 所示分别是第 3 轮第 1 期和第 3 轮第 2 期的空调扇市场占有率情况。

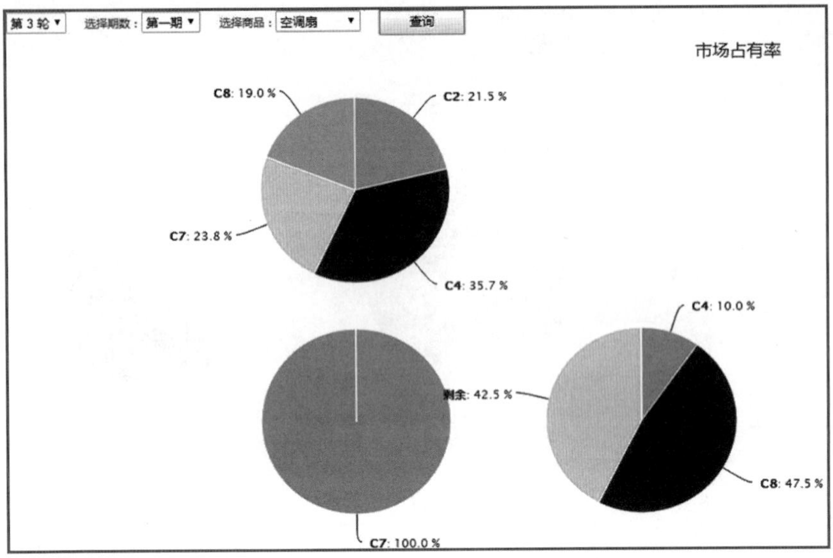

图 5-24　空调扇市场占有率(第 3 轮第 1 期)

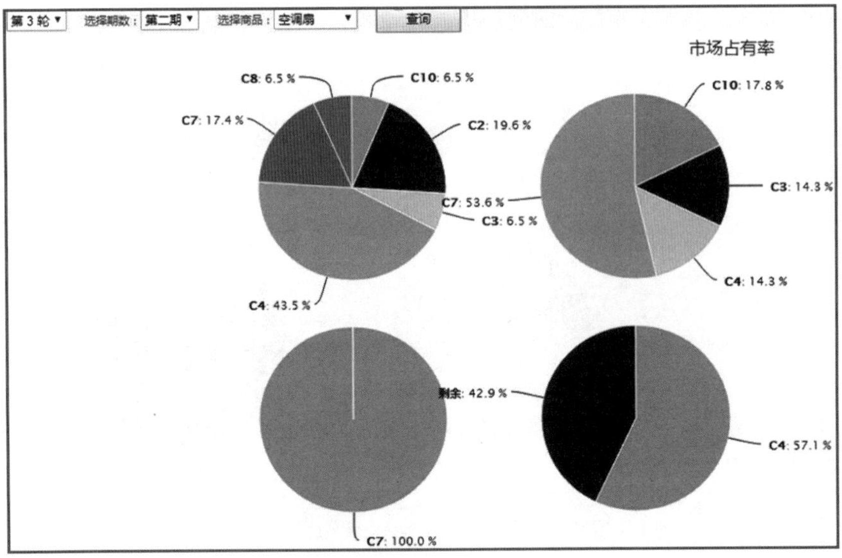

图 5-25　空调扇市场占有率(第 3 轮第 2 期)

在整个第 3 轮，C7 小组占满空调扇的低价人群市场。原因：①C7 小组引流效果良好；②在进入排名的小组中价格最低；③该商品有满足市场需求的数量。在第 3 轮第 2 期时，C 店中该商品定价为市场中最低，B 店中该商品定价为市场中最高，保证利润最大。

如图 5-26 和图 5-27 所示分别是第 3 轮第 1 期和第 3 轮第 2 期的天然珍珠市场占有率情况。

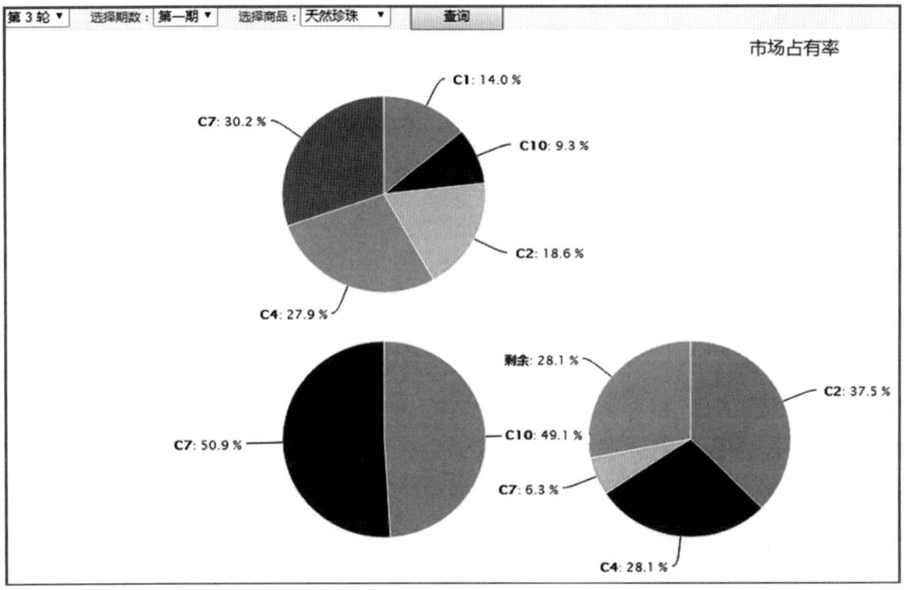

图 5-26　天然珍珠市场占有率(第 3 轮第 1 期)

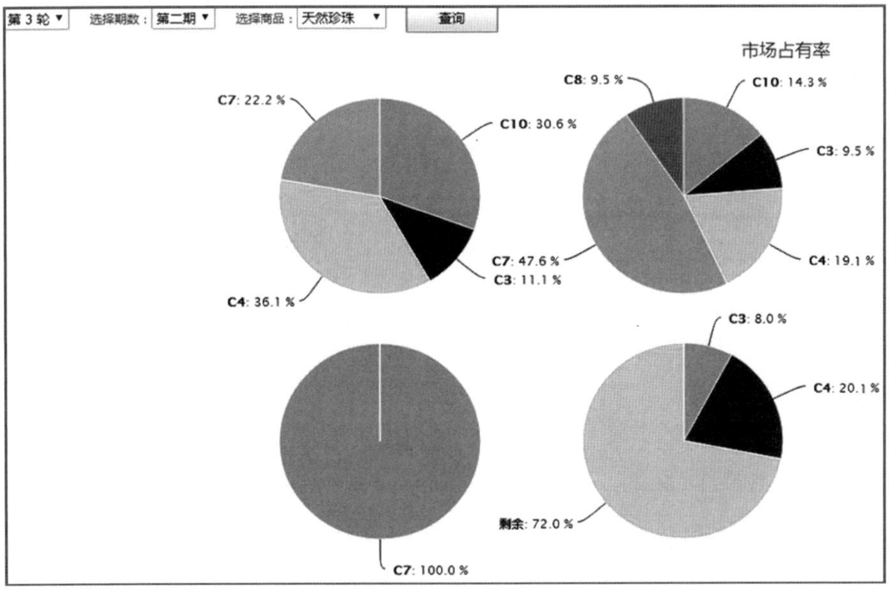

图 5-27　天然珍珠市场占有率(第 3 轮第 2 期)

在第 3 轮第 1 期，C7 小组占 50.9%天然珍珠的低价人群市场；第 3 轮第 2 期，占天然珍珠全部低价人群市场。C7 小组从第 3 轮第 1 期得知，自身通过引流可以进入低价人群市场，第 3 轮第 2 期时，将价格调整更低以占满。第 3 轮第 2 期时，C 店中该商品定价为市场中最低，B 店中该商品定价为市场中最高，保证利润最大。

如图 5-28 和图 5-29 所示分别是第 3 轮第 1 期和第 3 轮第 2 期的毛衣市场占有率情况。

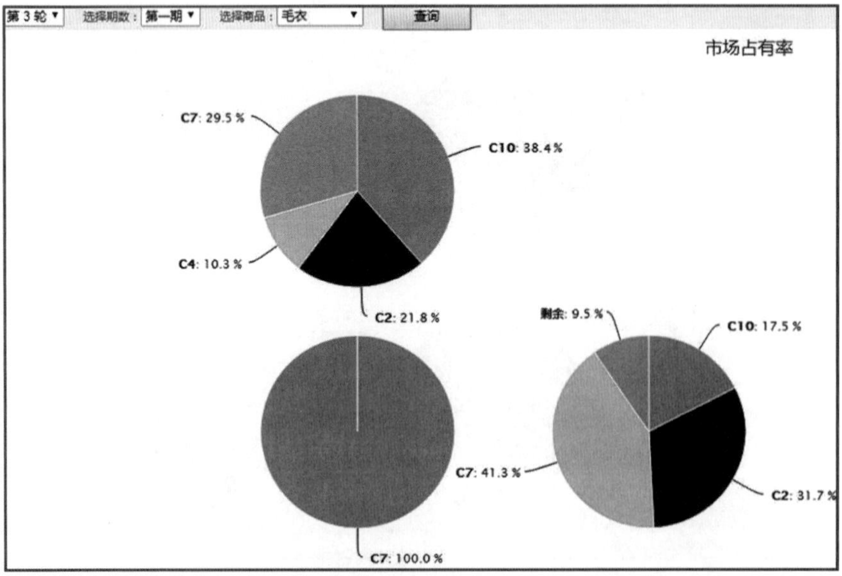

图 5-28 毛衣市场占有率(第 3 轮第 1 期)

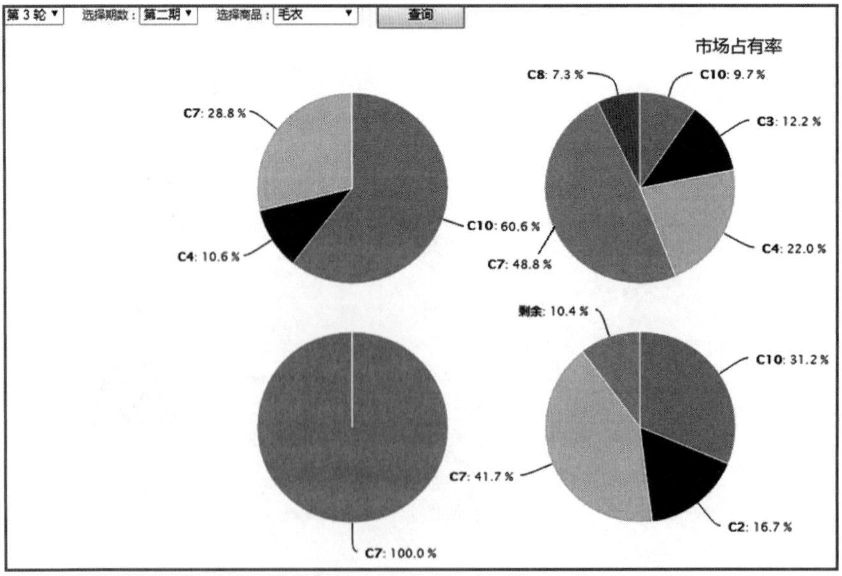

图 5-29 毛衣市场占有率(第 3 轮第 2 期)

在第 3 轮期间,C7 小组占全部毛衣的低价人群市场、大部分犹豫不定人群市场和部分综合人群市场,近一半的品牌人群市场。原因:①前期一直对该商品保持非常低的价格,占住低价和犹豫不定人群市场;②第 3 轮第 2 期时投入媒体,占近一半的毛衣品牌人群市场,同时 B 店提高价格,先弥补前期亏损,再盈利。

课题训练

根据历轮订单列表,查看不同城市历史成交额度,如图 5-30 所示。分析商品在不同城市市场订单量的分布,完成表 5-5。

	订单号	订单类型	到达城市	客户名称	到货期限	销售额	优惠金额	要求物流	运费	消费人群	状态	到货进度	受订时间
1	A9-02-14-2-2-	正常购买	北京	章琛哲	1	80.00	0.00	EMS	0.00	综合评价人群	已交货	1	第2轮第2期
2	A9-02-14-2-2-	正常购买	北京	张德惠	2	80.00	0.00	平邮	0.00	综合评价人群	已交货	1	第2轮第2期
3	A9-02-14-2-2-	团购	北京	张德惠	2	54.00	0.00	EMS	0.00	犹豫不定人群	已交货	1	第2轮第2期
4	A9-02-14-2-2-	团购	北京	张德惠	2	54.00	0.00	平邮	0.00	犹豫不定人群	已交货	1	第2轮第2期
5	A9-02-14-2-2-	团购	北京	张德惠	1	54.00	0.00	快递	0.00	犹豫不定人群	已交货	1	第2轮第2期
6	A9-02-14-2-2-	团购	北京	王以瑾	1	54.00	0.00	快递	0.00	犹豫不定人群	已交货	1	第2轮第2期
7	A9-02-14-2-2-	团购	北京	王以瑾	2	54.00	0.00	EMS	0.00	犹豫不定人群	已交货	1	第2轮第2期
8	A9-02-14-3-1-	正常购买	北京	华晨龙	1	54.00	0.00	平邮	0.00	综合评价人群	已交货	1	第3轮第1期
9	A9-02-14-3-1-	团购	北京	孙蕊清	2	64.80	0.00	EMS	0.00	犹豫不定人群	已交货	1	第3轮第1期
10	A9-02-14-3-1-	团购	北京	孙蕊清	1	64.80	0.00	平邮	0.00	犹豫不定人群	已交货	1	第3轮第1期
11	A9-02-14-3-1-	团购	北京	葛堂茜	2	64.80	0.00	快递	0.00	犹豫不定人群	已交货	1	第3轮第1期
12	A9-02-14-3-1-	团购	北京	葛堂茜	1	64.80	0.00	平邮	0.00	犹豫不定人群	已交货	1	第3轮第1期
13	A9-02-14-3-1-	团购	北京	秦冠军	2	64.80	0.00	EMS	0.00	犹豫不定人群	已交货	1	第3轮第1期
14	A9-02-14-3-2-	正常购买	北京	诸葛启友	2	72.00	0.00	平邮	0.00	注重低价人群	未处理		第3轮第2期
15	A9-02-14-3-2-	正常购买	北京	王睿曼	2	72.00	0.00	EMS	0.00	注重低价人群	未处理		第3轮第2期
16	A9-02-14-3-2-	正常购买	北京	王睿曼	1	72.00	0.00	EMS	0.00	综合评价人群	未处理		第3轮第2期
17	A9-02-14-3-2-	正常购买	北京	王睿曼	1	72.00	0.00	平邮	0.00	综合评价人群	未处理		第3轮第2期
18	A9-02-14-3-2-	正常购买	北京	王睿曼	2	72.00	0.00	平邮	0.00	综合评价人群	未处理		第3轮第2期
19	A9-02-14-3-2-	正常购买	北京	王睿曼	2	72.00	0.00	平邮	0.00	综合评价人群	未处理		第3轮第2期
20	A9-02-14-3-2-	正常购买	北京	王睿曼	2	72.00	0.00	平邮	0.00	综合评价人群	未处理		第3轮第2期
21	A9-02-14-3-2-	团购	北京	窦春蓓	2	32.40	0.00	EMS	0.00	犹豫不定人群	未处理		第3轮第2期
22	A9-02-14-3-2-	团购	北京	窦春蓓	2	32.40	0.00	EMS	0.00	犹豫不定人群	未处理		第3轮第2期
23	A9-02-14-3-2-	团购	北京	窦春蓓	1	32.40	0.00	平邮	0.00	犹豫不定人群	未处理		第3轮第2期
24	A9-02-14-3-2-	团购	北京	窦春蓓	1	32.40	0.00	平邮	0.00	犹豫不定人群	未处理		第3轮第2期
25	A9-02-14-3-2-	团购	北京	施娥宝	2	32.40	0.00	EMS	0.00	犹豫不定人群	未处理		第3轮第2期
26	A9-02-14-3-2-	团购	北京	施娥宝	1	16.20	0.00	快递	0.00	犹豫不定人群	未处理		第3轮第2期
			合计			1490.20	0.00		0.00				

图 5-30 历轮订单列表

表 5-5 商品在不同城市市场订单量的分布

时间	北京	石家庄	沈阳	哈尔滨	长沙	……
第 1 轮第 1 期						
第 1 轮第 2 期						
第 2 轮第 1 期						
第 2 轮第 2 期						
第 3 轮第 1 期						
第 3 轮第 2 期						
第 4 轮第 1 期						

续表

时间	北京	石家庄	沈阳	哈尔滨	长沙	……
第 4 轮第 2 期						
第 5 轮第 1 期						
第 5 轮第 2 期						
订单量合计						
城市订单量占有率						

模块拓展

提升店铺转化率，不仅要注重团购、秒杀、促销和套餐的转化率，还要提高物流和售后服务质量。

(1)物流服务优化

系统提供三种物流服务，分别是平邮、EMS 和蚂蚁快递。每张订单都会设置物流方式和到货期限，网店提供的物流服务首先要满足买家订单要求，准时交单。

①资金周转率优化。在要求的到货期限内到达的订单，买家会直接签收，签收后货款直接到账；网店为买家提升物流服务，缩短物流到达时间，提前将商品送达买家，这样就可以加快资金的回笼速度。

②企业信誉度优化。如果未在订单要求到货期限之前到货，买家将拒绝签收，商品退回，此种情况下的运费由卖方承担，会影响卖家的信誉度；如果在买家要求的到货期限届满后仍未发货，会对卖家的信誉度造成更大的影响。企业信誉度主要影响综合人群成交指数，进而影响卖家在订单交易过程中获得综合人群订单的概率。准时签收订单可以提高企业信誉度，违约则会降低企业信誉度。

③商品评价优化。如果未在订单要求到货期限之前到货，买家将拒绝签收，客户将退货，物流运费由卖方承担，并影响卖家的商品评价；如果在买家要求的到货期限届满后仍未发货，会对卖家的商品评价造成更大的影响。商品评价主要影响品牌人群成交指数和综合人群成交指数，进而影响卖家在订单交易过程中获得品牌人群订单和综合人群订单的概率。

④节省物流费用。网店对产生的订单应该分类整理，根据买家所在的城市，选择最近的配送中心配送商品，以缩短物流距离，节省物流费用。

(2)售后服务优化

①提高网店商品成交概率。在品牌人群、低价人群和综合人群中，顾客有 15%左右的概率需要售后服务。网店在发布商品时，如果选择对商品提供售后服务，可以提高网店商品成交概率。

②提高绩效。保修可以提升商品绩效，如果商品选择保修就可以增加 10 分的绩效分。

模块 6

运营策略——数据分析

学习目标

1. 能够从市场占有率维度分析运营数据，并对运营过程中出现的问题进行分析。

2. 能够从财务管理维度分析运营数据，并对运营过程中出现的问题进行分析。

3. 能够对网店进行全面数据分析，诊断网店运营过程中的问题，并提出合理化建议。

4. 培养学生精细化、数据化运营的工匠精神，树立注重提升流量转化率、降低推广成本的职业素养。

思维导图

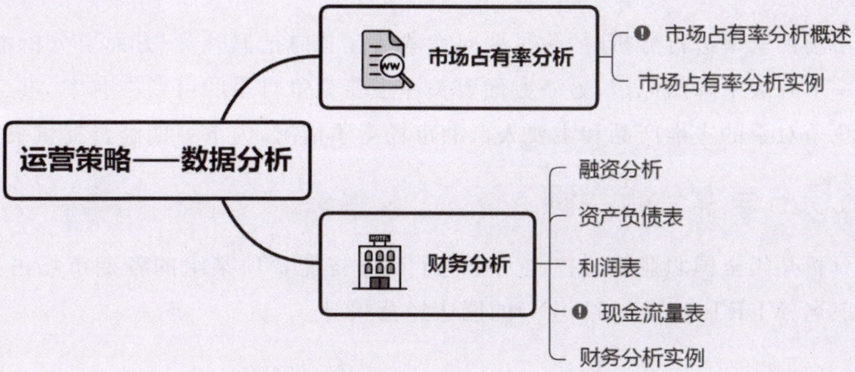

课题 1 市场占有率分析

市场占有率是指在某段时间内企业所经营的商品在特定市场中的销售额或销售量的占比。市场占有率分析是指根据各方面的资料，计算出本企业某种商品的市场销售量占该市场同种商品总销售量的份额，以了解市场需求及本企业所处的市场地位。市场占有率分析的目的在于：为决策者提供可供比较的市场占有率；找到市场占有率上升或下降的具体原因，并为企业改进其营销工作提出明确建议。

课题内容

1.1 市场占有率分析概述

市场占有率分析是企业战略环境分析的一个非常重要的因素。在电子商务沙盘中，通过市场占有率分析，可以看到不同轮/期、不同商品、不同小组、不同人群的市场占有率饼状图，非常直观地把握市场整体竞争情况。市场占有率指标按销售数量统计，反映了企业在市场中销售商品的能力。其分析可以在两个方向上展开，一是横向分析，二是纵向分析。横向分析是对同一期间各企业市场占有率的数据进行对比，用于确定某企业在本期（轮）的市场地位。纵向分析是对同一企业不同时期（轮）市场占有率的数据进行对比，由此可以看到企业历年来市场占有率的变化，这也从一个侧面反映了企业成长的历程。

市场占有率以饼图的形式展现，如一块蛋糕由各组瓜分，分得多意味着本店铺在此类人群中销售商品的能力强，经营者可根据饼图数据横向和纵向对比分析本店铺与竞争对手的绩效情况，横向比较即选定某一轮某一期，分析各个店铺的市场占有情况，这有助于经营者把握本店铺在此轮此期的市场地位；纵向比较即选定某一商品分析本店铺的该商品在各轮各期的市场占有率变化情况，这有助于经营者了解本店铺对该商品的销售能力的变化情况。

在对市场占有率进行分析时，除了要对竞争情况总体把握外，一方面要分析本店本期市场占有率上升或下降的原因，另一方面要关注主要竞争对手的市场占有率，重点分析本店和主要竞争对手的主推产品和主要人群的市场竞争情况，为下一期经营提供决策基础。

1.2 市场占有率分析实例

这里分析某年全国职业院校技能大赛电子商务技能赛项某组的各期市场占有率，剖析该组前三名（VDRT、FDSA、HDJN）的网店经营状况。

(1)第1轮市场占有率分析

如图6-1～图6-3所示为第1轮第1期各类消费人群的市场占有率饼状图,如图6-4～图6-6所示为第1轮第2期各类消费人群的市场占有率饼状图。

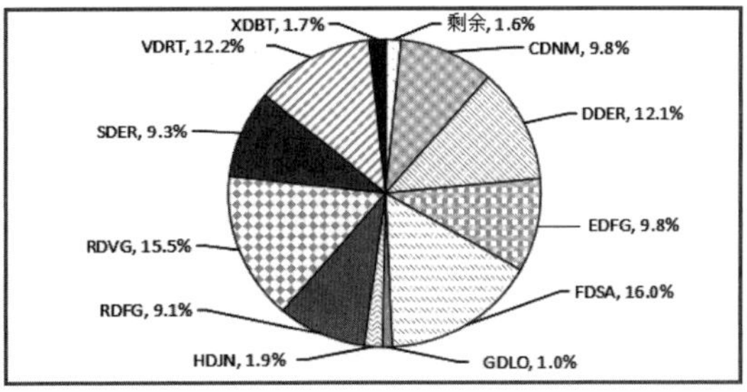

图6-1　第1轮第1期综合人群市场占有率

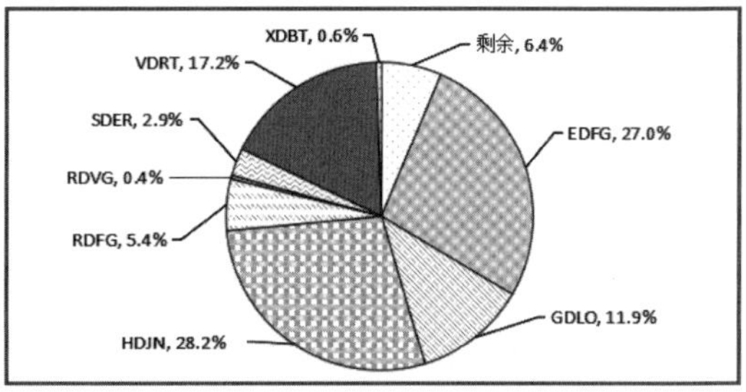

图6-2　第1轮第1期低价人群市场占有率

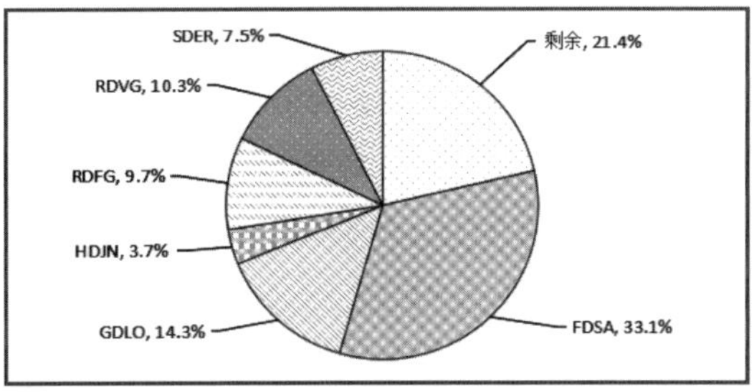

图6-3　第1轮第1期犹豫不定人群市场占有率

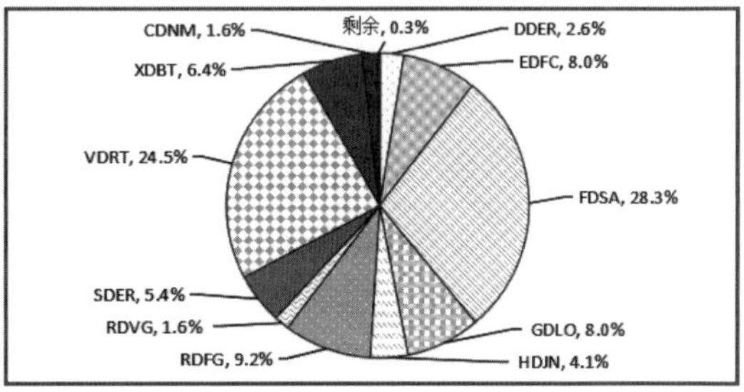

图6-4　第1轮第2期综合人群市场占有率

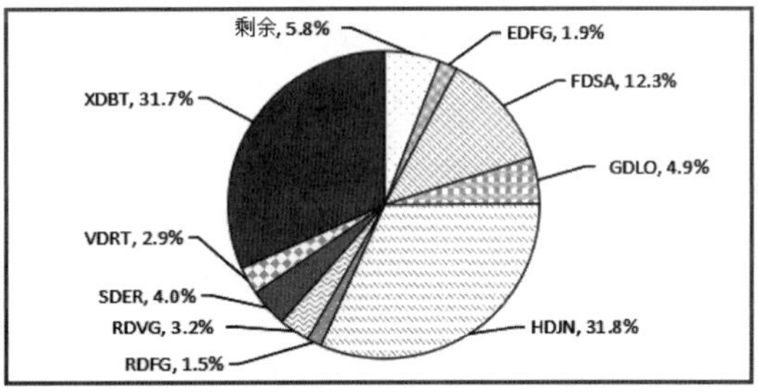

图6-5　第1轮第2期低价人群市场占有率

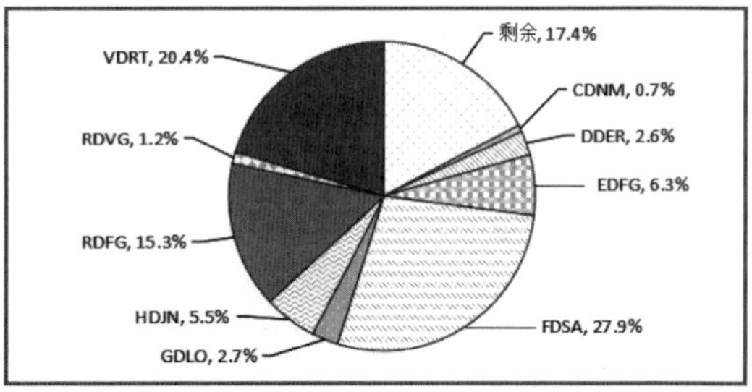

图6-6　第1轮第2期犹豫不定人群市场占有率

第1轮第1期,HDJN小组选择在低价人群市场发展,抢占28.2%的低价人群市场,利润较低;VDRT小组选择在低价人群市场和综合人群市场发展,分别抢占17.2%的低价人群市场、12.2%的综合人群市场,利润较好;FDSA小组放弃低价人群市场,选择在犹豫不定人群市场和综合人群市场发展,分别抢占33.1%的犹豫不定人群市场、16.0%的综合人群市场。

第1轮第2期,HDJN小组继续选择在低价人群市场发展,本期又抢占31.8%的低价人群市场,连续两期均抢占到大量低价人群市场,致使产品利润较低;VDRT小组本期放弃低价人群市场,转向犹豫不定人群市场,抢占20.4%的犹豫不定人群市场,同时继续扩大综合人群市场,抢占24.5%的综合人群市场,进一步扩大利润;FDSA小组在综合人群市场进一步扩大优势，抢占 28.3%的综合人群市场，同时适当放弃一部分犹豫不定人群市场，转向低价人群市场，抢占 12.3%的低价人群市场，但因优惠过大，亏损较为严重。

在第 1 轮运营中，建议按照创业的发展规律，控制成本，提升运营效率，避免在根基不稳、市场竞争形势不明的情况下盲目冒进，在人群定位、商品定价、引流推广、财务控制上，稳扎稳打，一步一个脚印。

(2)第 2 轮市场占有率分析

如图 6-7～图 6-9 所示为第 2 轮第 1 期各类消费人群市场占有率饼状图，如图 6-10～图 6-12 所示为第 2 轮第 2 期各类消费人群市场占有率饼状图。与第 1 轮相比，3 个小组都根据自身运营情况和竞争态势，对人群策略进行了多样化组合调整。

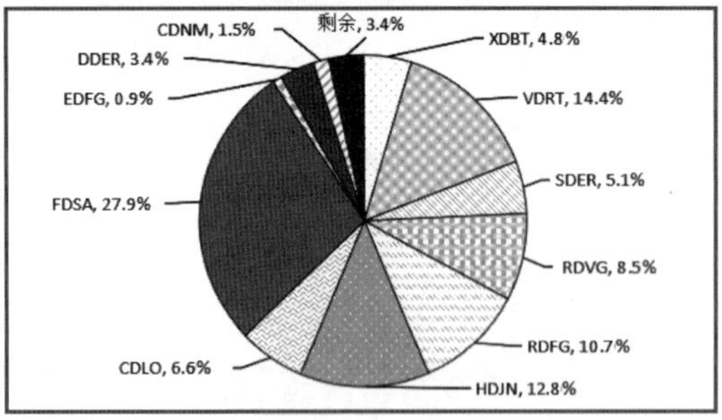

图 6-7　第 2 轮第 1 期综合人群市场占有率

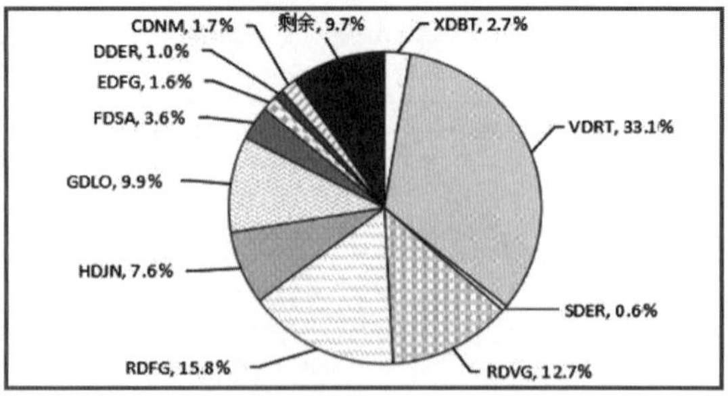

图 6-8　第 2 轮第 1 期低价人群市场占有率

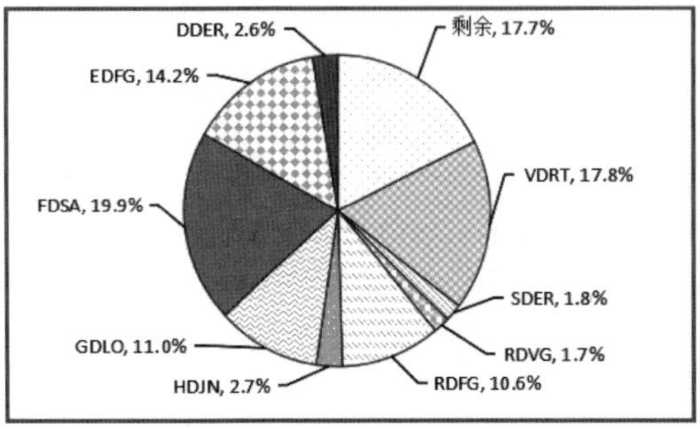

图 6-9　第 2 轮第 1 期犹豫不定人群市场占有率

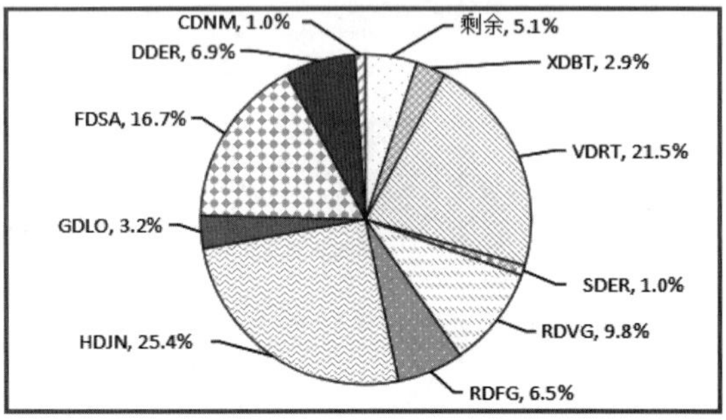

图 6-10　第 2 轮第 2 期综合人群市场占有率

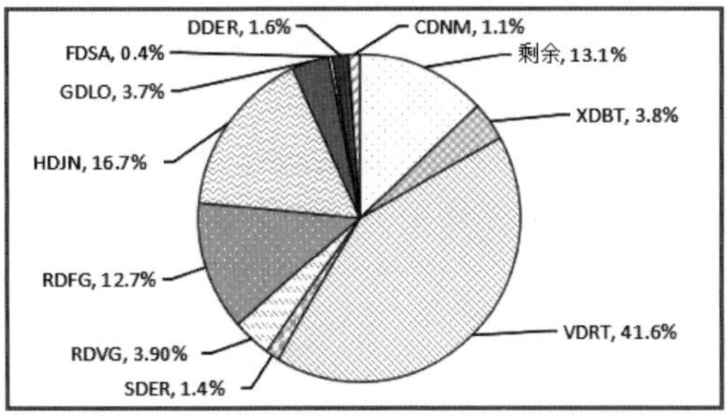

图 6-11　第 2 轮第 2 期低价人群市场占有率

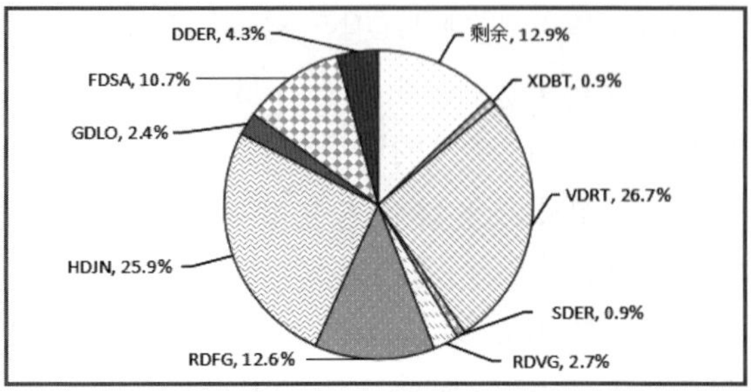

图 6-12　第 2 轮第 2 期犹豫不定人群市场占有率

第 2 轮第 1 期，HDJN 小组重心转向综合人群市场，本期抢占 12.8%的综合人群市场，但在低价人群市场丢失较多份额，仅占 7.6%的低价人群市场；VDRT 小组选择将一部分产品转型至低价人群市场，抢占 33.1%的低价人群市场，同时，绩效好的产品发展到综合人群市场和犹豫不定人群市场，所占比例分别为 14.4%、17.8%，本轮利润较高；FDSA 小组放弃低价人群市场，继续稳定犹豫不定人群市场和综合人群市场，所占比例分别为 19.9%、27.9%，稳住了自身利润。

第 2 轮第 2 期，HDJN 小组分出产品跳入犹豫不定人群市场，抢占了原先 FDSA 的市场，占有 25.9%的市场份额，同时稳定进入低价人群市场和综合人群市场，获得了不错的利润；VDRT 小组在三个市场中所占比例都较大，本轮利润较高；FDSA 小组市场份额全面降低，稳利润、保权益为首要任务。

(3)第 3 轮市场占有率分析

如图 6-13～图 6-15 所示为第 3 轮第 1 期各消费人群市场占有率饼状图，如图 6-16～图 6-19 所示为第 3 轮第 2 期各消费人群市场占有率饼状图。

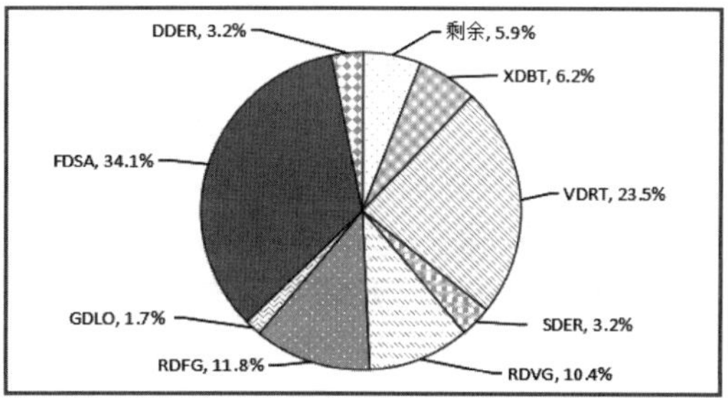

图 6-13 第 3 轮第 1 期综合人群市场占有率

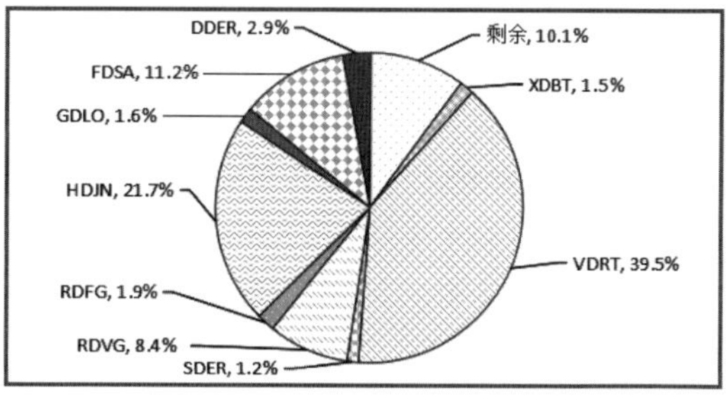

图 6-14 第 3 轮第 1 期低价人群市场占有率

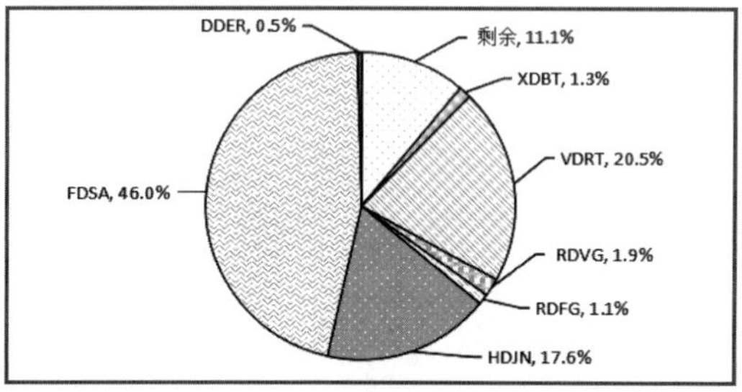

图 6-15 第 3 轮第 1 期犹豫不定人群市场占有率

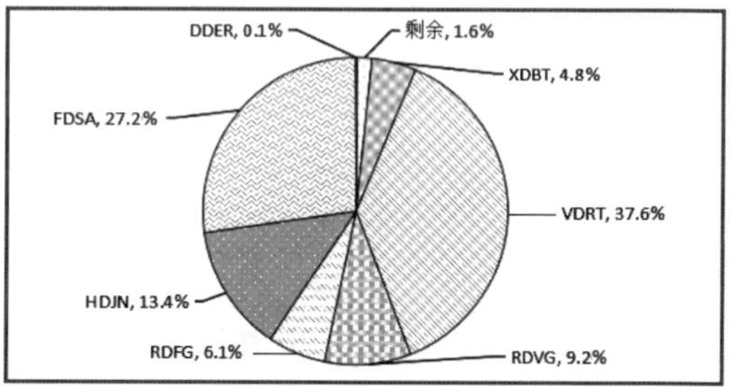

图 6-16 第 3 轮第 2 期综合人群市场占有率

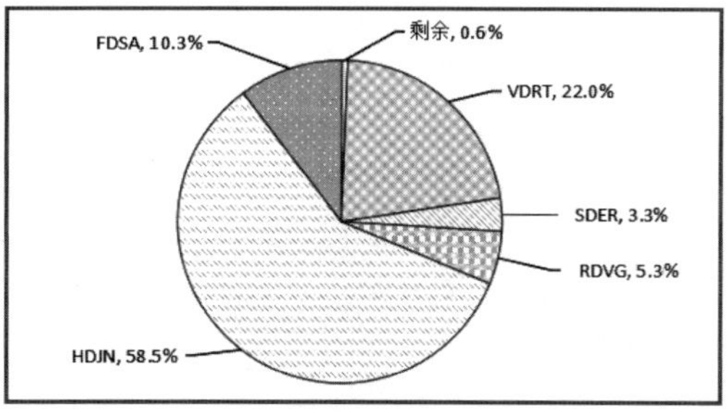

图 6-17 第 3 轮第 2 期低价人群市场占有率

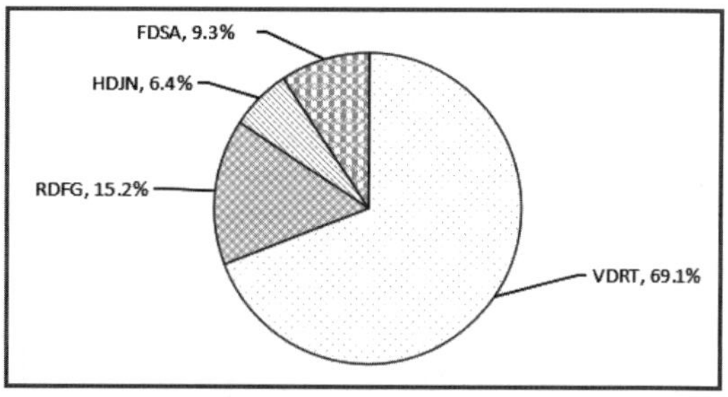

图 6-18 第 3 轮第 2 期品牌人群市场占有率

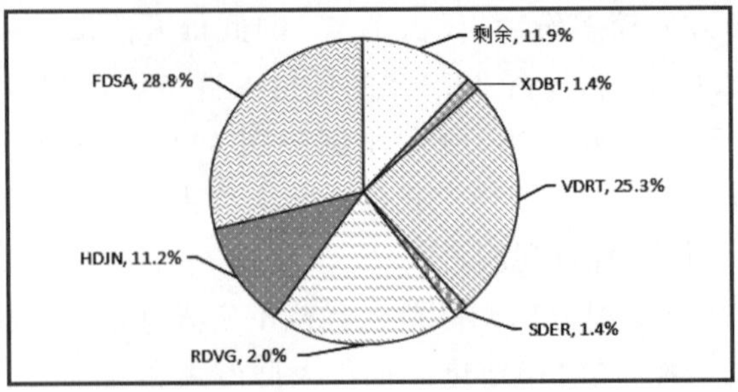

图 6-19　第 3 轮第 2 期犹豫不定人群市场占有率

进入第 3 轮第 1 期后，HDJN 小组购买了少量的货物，错开竞争的高峰期，放弃综合人群市场，等待品牌人群市场出现，站稳低价人群市场和犹豫不定人群市场；VDRT 小组继续稳定自身的低价人群市场，获得 39.5%的低价人群市场，同时获得 23.5%的综合人群市场和 20.5%的犹豫不定人群市场；FDSA 小组获得大量综合人群市场和犹豫不定人群市场，份额高达 34.1%和 46.0%。

第 3 轮第 2 期，HDJN 小组继续抢占低价人群市场，份额达到 58.5%，同时购入大量的货物，投入大量的广告抢占品牌人群市场，欲获得更多的利润；VDRT 小组放弃一部分低价人群市场，将综合人群市场比例扩大到 37.6%，同时抢占一部分犹豫不定人群市场，投入大量的广告抢占 69.1%的品牌人群市场；FDSA 小组的货物不多，市场占有率降低。

第 3 轮运营中，C 店已完成初期运营，进入快速发展、确立优势阶段，B 店也经过了 1 期运营培育，后期运营竞争的重点——品牌人群也开始出现，因此做好本轮运营在决定最终成绩上起到关键作用。

(4)第 4 轮市场占有率分析

如图 6-20～图 6-23 所示为第 4 轮第 1 期各消费人群市场占有率饼状图，如图 6-24～图 6-27 所示为第 4 轮第 2 期各消费人群市场占有率饼状图。

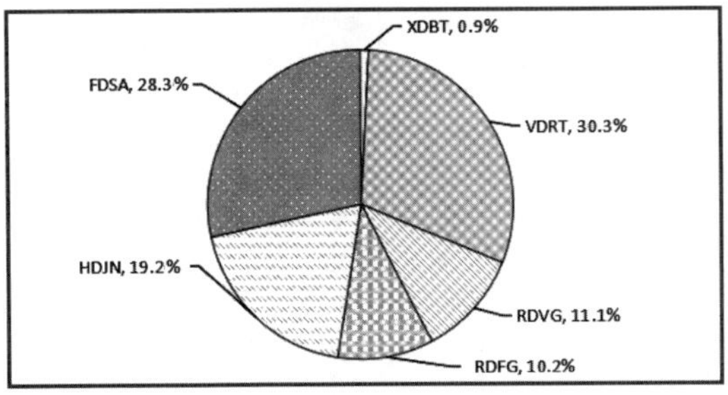

图 6-20　第 4 轮第 1 期综合人群市场占有率

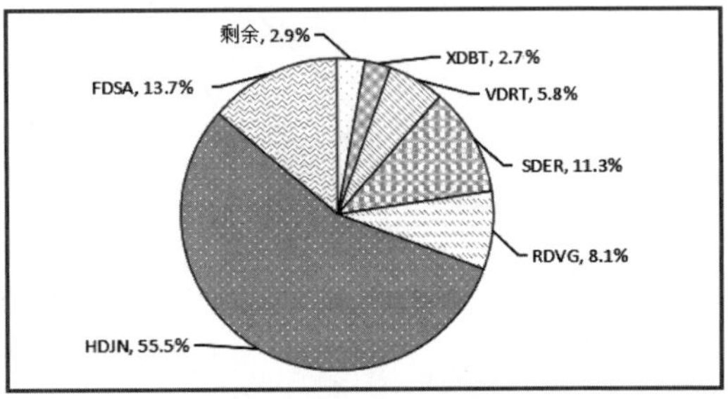

图 6-21　第 4 轮第 1 期低价人群市场占有率

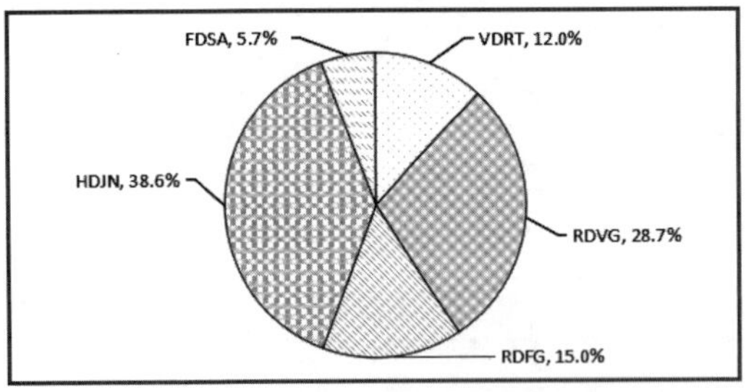

图 6-22　第 4 轮第 1 期品牌人群市场占有率

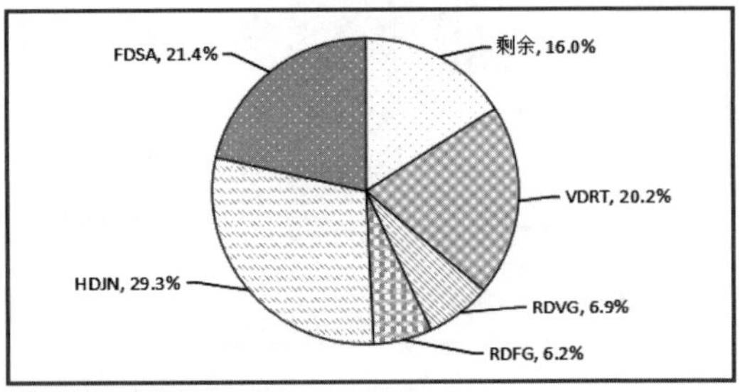

图 6-23　第 4 轮第 1 期犹豫不定人群市场占有率

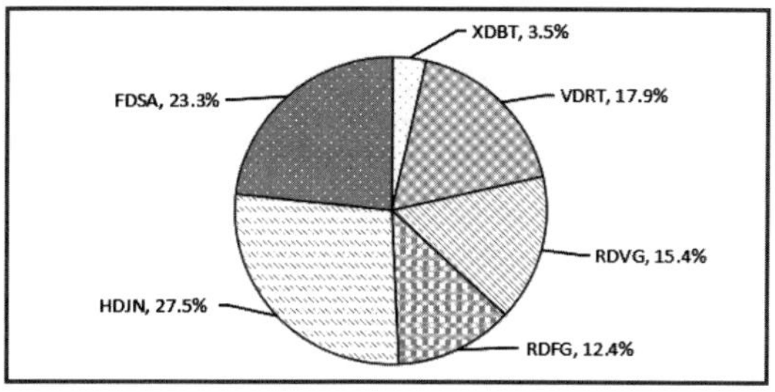

图 6-24　第 4 轮第 2 期综合人群市场占有率

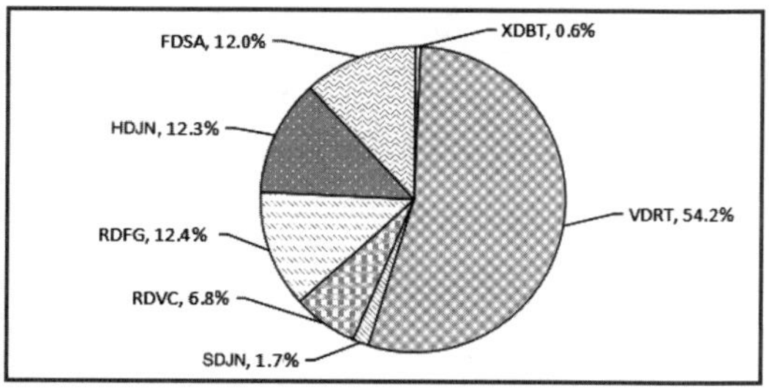

图 6-25　第 4 轮第 2 期低价人群市场占有率

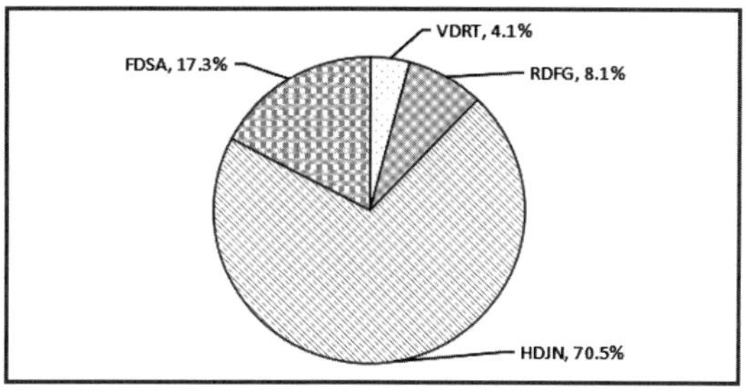

图 6-26　第 4 轮第 2 期品牌人群市场占有率

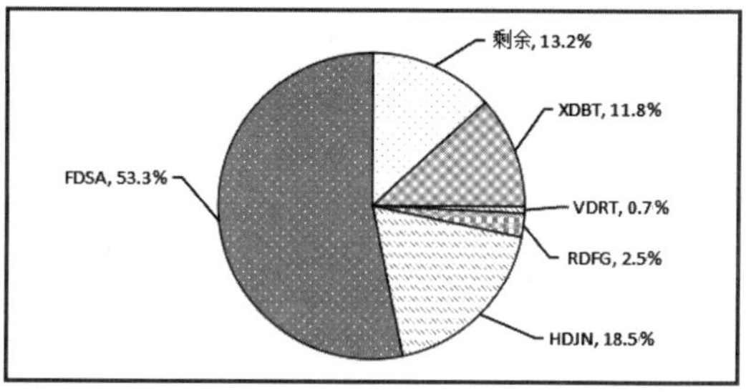

图 6-27　第 4 轮第 2 期犹豫不定人群市场占有率

第 4 轮第 1 期，HDJN 小组利用货物优势投放大量的广告抢占了低价人群和品牌人群市场，同时犹豫不定人群和综合人群市场占比也较高；VDRT 小组继续减少低价人群市场份额，稳定综合人群市场份额的同时，抢占犹豫不定人群市场；FDSA 小组没有抢到广告，品牌人群市场份额较低，其他人群市场份额比较稳定。

第 4 轮第 2 期，HDJN 小组选择放弃低价人群市场，投入大量资金拿到品牌人群市场，同时抢占了约四分之一的综合人群市场；VDRT 小组则利用手中货物较多的优势在稳定自身的综合人群市场时获得大量的低价人群市场，份额高达 54.2%；FDSA 小组则因为犹豫不定人群市场竞争不激烈，获得大部分犹豫不定人群市场，占比达到 53.3%，利润值也高。

(5)第 5 轮市场占有率分析

如图 6-28～图 6-31 所示为第 5 轮第 1 期各消费人群市场占有率饼状图。

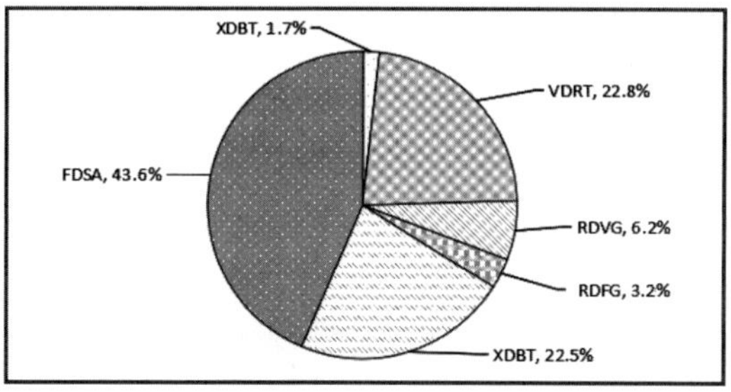

图 6-28　第 5 轮第 1 期综合人群市场占有率

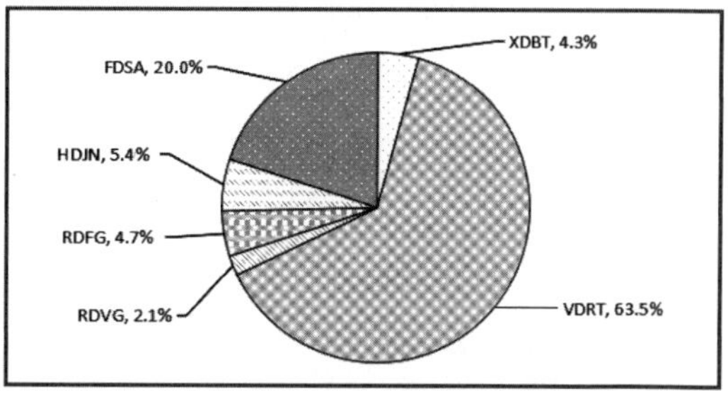

图 6-29　第 5 轮第 1 期低价人群市场占有率

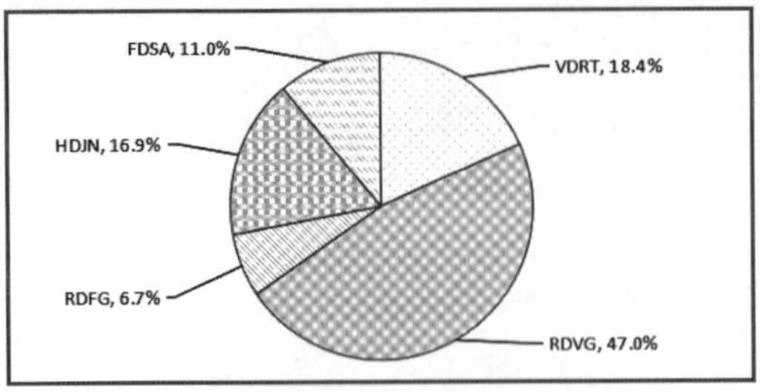

图 6-30 第 5 轮第 1 期品牌人群市场占有率

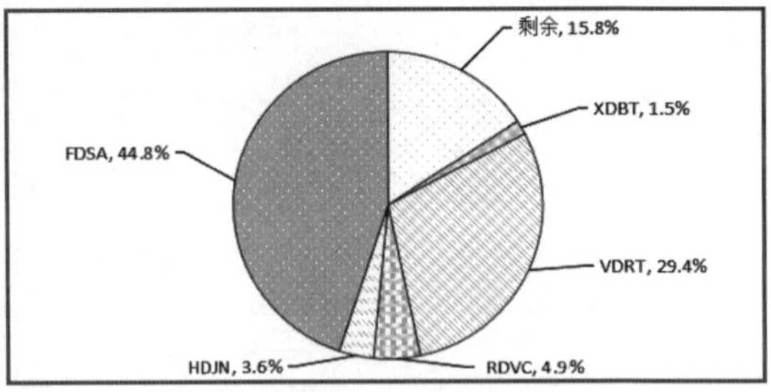

图 6-31 第 5 轮第 1 期犹豫不定人群市场占有率

第 5 轮第 1 期，HDJN 小组的销售效果不佳，丢失大部分市场；VDRT 小组购买了许多连衣裙和西装，利用这些产品获得大量低价人群市场和犹豫不定人群市场，赚取较多的利润；FDSA 小组则是获得将近一半的犹豫不定人群市场和综合人群市场，取得较高利润。由于 VDRT 小组第 4 轮第 2 期到第 5 轮第 1 期一直抢占着低价人群市场，销售数量较高，因此最终得分也相对较高。

如图 6-32 所示为该组最终成绩。

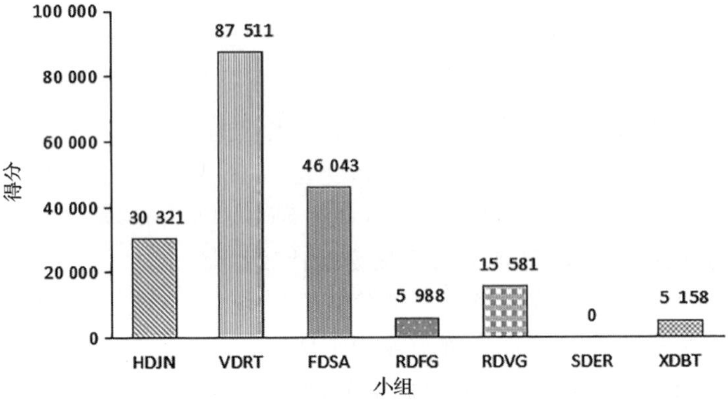

图 6-32 该组最终成绩

课题训练

(1)在第 3 轮第 2 期时，小组内关于货架、空调扇、珍珠、毛衣一口价信息见表 6-1。请据此分析：哪一队的做法最优？他们是如何做的？这样做有什么好处？

表 6-1 产品售价信息表 金额单位：元

货架一口价			空调扇一口价			珍珠一口价			毛衣一口价		
组别	C 店	B 店	组别	C 店	B 店	组别	C 店	B 店	组别	C 店	B 店
C2	25.93	13.33	C2	27.16	14.4	C2	57.04	19.1	C2	10.05	6.11
C3	25.94	23	C3	27	24	C3	57.05	51.87	C3	12.08	12.55
C4	9.86	23	C4	27.17	24	C4	57.05	52	C4	4.12	15
C7	10.98	28.3	C7	11.38	29.64	C7	20.1	62.24	C7	6.01	17.12
C8	25.94	23.94	C8	27.17	25.17	C8	57.05	55.05	C8	17.12	15.12
C10	9.99	25	C10	25.12	27	C10	42.12	57	C10	12.12	17

(2)小李的 C 店有项链订单 2 笔,订单 1 到货期限为 1 期、商品数量为 20、物流要求 EMS;订单 2 到货期限为 2 期、商品数量为 30、物流要求平邮。小李查看库存,发现项链库存数量只有 40,请问小李该如何处理订单?

(3)小李在第 1 轮第 1 期,招聘了 2 名高级经理,而竞争对手小张招聘了 2 名初级经理和 2 名中级经理。计算:小张招聘员工带来的综合指数(经验值+业务能力)什么时候能追上小李招聘员工的综合指数(经验值+业务能力)?

(4)小李做了套餐推广,把项链和裤子组合销售。套餐内项链价格为 70 元,裤子价格为 3.5 元,包邮。买家正常购买项链一口价为 80 元,裤子在当地商品一口价最低值为 3.8 元。消费者欲购买项链,则项链为引流商品,请判断买家能否成功购买该套餐。

(5)物流运输方式有三种:蚂蚁快递、EMS、平邮;订单到货期限有两种:1 期、2 期。请详细列出 1 期订单可使用的物流运输方式,2 期订单可使用的物流运输方式,并说明原因。

课题 2　财务分析

财务是经营网店必不可少的环节,网店无论是否获得利润都需要按时支付人员工资和各种相关费用。网店处理不好财务问题,资金断流,会导致企业缺乏资金进行商品推广、站内推广、站外推广、货物出库等,甚至因资金断流而破产。

课题内容

2.1 融资分析

电子商务沙盘提供了短期贷款、民间融资和长期贷款三种融资方式，具体应用时可做如下考虑。

(1)由于受到所有者权益数额的限制，要贷款必须考虑权益，因此要尽量将企业的权益做大。在经营的前3轮，特别是第1、2轮由于投资数额巨大，为抢占市场占有率，企业利润往往较少，权益会呈现一种下降趋势。在融资过程中一定要对权益的数额进行预测，以明确信贷数额，防止企业因资金链断裂而破产。

(2)在融资时要注意贷款的用途。短期资金的融资模式为短期贷款和民间融资两种。短期融资由于偿还期限短，偿债压力大，一般只能用于弥补流动资金的不足；长期贷款期限长，偿债压力小，用于弥补企业长期建设资金的不足。在具体使用时，若将短期资金大量用于SEM推广、员工工资支付、慈善捐助等项目，企业将面临债务危机，甚至有可能面临无法偿还而破产的风险。特别是经营的前两轮，资金需求量大，企业利润少。因此，在营销推广上，企业要量入为出，切不可盲目。

(3)考虑到贷款成本及还款期的问题，在流动资金不足时一般优先考虑进行短期贷款，然后是民间融资。具体应用时应该注意短期贷款和民间融资都是每一期有一次机会进行贷款。在进入下一期经营前，应该认真核对资金缺口，若资金不足应及时进行贷款，然后进入下一季度经营。

由于短期贷款和长期贷款共享最大贷款额度，在第1期经营时应该规划好下一轮的资金需求。特别是在第1轮的时候，为了让第2轮有充裕的资金，第1轮轮末应该将长期贷款贷满，延长还款期限和弥补经营资金的不足，以避免经营前由于权益下降而丧失贷款的机会。这样在第1轮时就尽量少贷短期贷款，实在需要贷款就只能民间融资，虽然贷款成本比短期贷款有所增加，但是保证了第1轮轮末长期贷款的额度。

2.2 资产负债表

电子商务沙盘中，学生端可以在每轮的第2期关账以后，查看资产负债表，也可以在经营分析—财务报表中随时查看资产负债表。资产负债表呈现上轮值与当轮值。

流动资产主要包括货币资金、其他应收款、库存商品、发出商品四个方面。而应收账款、原材料、在途物资项均为0，不会变动，因此无须关注。货币资金就是各小组在经营状态中看到的现金。其他应收款来自SEM推广账户的余额。库存商品是仓库中存留的商品成本。发出商品指的是已经出库未签收的在途商品成本。

流动负债主要包括短期借款、应交税费两个方面。而应付账款、预售账款均为0，不会变动，无须关注。短期借款的来源是短期贷款和民间融资。应交税费包括所得税、增值税、城建税、教育费附加。

非流动负债由长期借款产生，来源于长期贷款。

所有者权益包括实收资本和未分配利润。实收资本就是每个小组开始经营时的500个单位的资金。未分配利润是每一轮利润值的总和。

2.3　利润表

电子商务沙盘中，学生端可以在每轮的第2期关账以后，查看利润表，也可以在经营分析—财务报表中随时查看利润表。利润表呈现上轮值与当轮值。

营业收入指的是商品销售的收入，以订单签收为准。利润表中的营业收入值已经剔除增值税，因此比订单中看到的销售额小一些。

营业收入=[销售额－优惠额＋运费(买家)]/1.13。

营业成本指的是商品销售的成本，以订单签收时的商品成本为准，未签收的订单计入资产负债表中的在途商品，不计入营业成本。利润表中的营业成本值已经剔除增值税，因而单个成本比采购价小一些。

营业成本=商品销售成本/1.13。

税金及附加=城建税＋教育费附加。

销售费用指的是SEM推广费、站外推广费、实际运费(卖家)、售后服务费。这些费用以轮次为计算单位，与订单是否签收无关。

管理费用=行政管理费＋员工工资＋库存管理费＋B店筹建费＋维修费＋网店装修费＋租赁费。这些费用以轮次为计算单位。

财务费用=利息。

以上内容组成营业利润，系统中不存在营业外收入和营业外支出，利润总额等于营业利润。根据该利润总额计算所得税，得到最终的净利润。

2.4　现金流量表

现金流量表是财务报表的三个基本报表之一，是反映一定时期内店铺经营活动、投资活动和筹资活动对店铺的现金及现金等价物所产生的影响的会计报表。通过现金流量表，经营者可以准确把握店铺资金的流入流出情况，为下一期的经营策略制定提供参考。

现金流量表提供了网店经营是否健康的证据。如果网店经营活动产生的现金流无法支付股利与保持股本的生产能力，要用借款的方式满足这些需要，那么这就给出了一个警告，这家网店从长期来看无法维持正常情况下的支出。现金流量表通过显示经营中产生的现金流量的不足和不得不用借款来支付无法永久支撑的股利水平，揭示了网店内在的发展问题。

电子商务沙盘提供了“现金流量统计”和“现金流量明细”两个工具。通过“现金流量统计”，经营者可以查阅店铺现金流的汇总情况，包括财务科目和变动金额。双击某一财务科目，还可查看该科目对应的具体流入流出明细情况，包括期数、报表类别、财务科目、变动金额等。

2.5 财务分析实例

这里分析某年全国职业院校技能大赛电子商务技能赛项某组比赛数据，从现金流视角剖析该组前三名(yCun、yCgs、gChs)的网店经营状况。

第1轮现金流量见表6-2。从贷款看，三组均贷满额度2 000元，其中yCun的贷款分配比较合理；从采购费用看，yCun和gChs采购成本相当，yCgs采购成本稍微低些；从签收账款看，yCun开局不理想但资金控制得较合理，yCgs很顺利且经营成本最低，gChs开局还可以但是资金控制不合理且经营成本最高。

表6-2 **第1轮现金流量** 单位:元

小组	SEM投入	站外推广	采购费用	长贷	短贷	民融	物流费用	签收账款
yCun	−129	—	−1 780	700	300	1 000	−77	411
yCgs	−20	—	−1 216	100	900	1 000	−73	3 164
gChs	−129	—	−1 789	0	1 000	1 000	−181	1 583.6

第2轮现金流量见表6-3。因第1轮开局不理想，权益低，不能继续贷款，所以yCun资金匮乏，且要预留适当采购资金和支付订单物流费用，再没有多余经费去投入SEM推广，最终签收账款仍不理想。yCgs享受第1轮带来的红利，可继续贷款，可分配资金充足，采购大量商品，加大SEM投入，最终签收账款较好。gChs在第1轮的经济基础上，进一步稳定发展，效益较高。

表6-3 **第2轮现金流量** 单位:元

小组	SEM投入	站外推广	采购费用	长贷	短贷	民融	物流费用	签收账款
yCun	−5.64	—	−1 609	0	0	0	−80	4 032
yCgs	−62	—	−2 471	0	1 400	1 500	−250	6 138
gChs	−62	—	−1 217	0	200	0	−263	6 220

第3轮现金流量见表6-4。yCun由于前期欠货太过严重，本轮库存严重不足，卖出商品较少；yCgs以1 360元的价格获得大量品牌人群，签收账款达到17 220元；gChs放弃了品牌人群市场，相较于yCun，本轮收益还算可以。

表6-4 **第3轮现金流量** 单位:元

小组	SEM投入	站外推广	采购费用	长贷	短贷	民融	物流费用	签收账款
yCun	−205	−162	−4 189	0	500	1 200	−471	7 955
yCgs	−301	−1 360	−9 592	0	4 200	4 300	−1 077	17 220
gChs	−313	−61	−6 819	0	3 300	3 300	−459	11 907

第4轮现金流量见表6-5。yCun本轮投入大量资金到站外推广，拿到大量品牌人群，已然追上其他两组，且翻盘之势已起；yCgs站外推广出价太低，失去品牌人群市场，收益急剧下降，同时因为未建分仓，物流费用也较高；gChs采购费用高达19 693元，本意欲垄断商品，抢占市场，但是，因站外推广中标较少，收益不甚理想，没有达到垄断目标。

表 6-5　　第 4 轮现金流量　　单位:元

小组	SEM 投入	站外推广	采购费用	长贷	短贷	民融	物流费用	签收账款
yCun	−694	−4 359	−11 012	0	4 300	4 400	−1 148	16 513
yCgs	−390	−902	−10 854	0	0	11 500	−1 964	14 819
gChs	−300	−1 008	−19 693	0	8 900	7 800	−856	15 589

第 5 轮现金流量见表 6-6。yCun 本轮占据大量市场,且品牌人群市场占比较高,效益非常好,已完成翻盘;yCgs 仍然没有抢到站外推广的主动权,失去品牌人群市场,本轮已然崩盘;gChs 采购费用高达 14 378 元,仍想垄断新品连衣裙,但是没有抢到品牌人群市场,垄断效果没有达到。

表 6-6　　第 5 轮现金流量　　单位:元

小组	SEM 投入	站外推广	采购费用	长贷	短贷	民融	物流费用	签收账款
yCun	−57	−1 292	−5 570	0	6 600	0	−581	21 473
yCgs	−150	−1 035	−2 461	0	0	0	−988	6 941
gChs	−199	−132	−14 378	0	11 300	4 400	−530	13 697

通过以上 5 轮现金流,可以总结如下:

(1)gChs 从第 1 轮到第 5 轮资金都比较充足,但是没有制订正确的运营计划,一直想垄断商品,想要一次性击败竞争对手,且又没有垄断成功,这是其失败的主要原因。

(2)yCgs 在第 4 轮和第 5 轮都没有抢到站外推广,失去品牌人群,而 yCun 抢到了站外推广,获得大量品牌人群,这是其翻盘的关键点。

从现金流数据中可以看出,本组竞争的转折点在第 4 轮。再看第 4 轮资金对比(表 6-7)、商品销售量(图 6-33)、市场占有率(图 6-34～图 6-37)。由表 6-7 可知,yCun 在第 4 轮第 1 期站外推广费用高达 2 245 元,在第 4 轮第 2 期又继续在站外投入 2 111 元推广费用,抢占了大量媒体影响力。再结合图 6-33～图 6-37 可以看出,yCun 在第 4 轮销售额大获成功,主要是因为投了站外推广获得了 25.2%的综合人群市场和 27.6%的品牌人群市场,从而获得较高的销售额。C 店也成功利用较低的价格占到了 21.9%的低价人群市场(主要产品为高价产品)。从市场占有率看,yCgs 也获得了大量低价人群市场(40.4%),争取到的综合人群市场(20.5%)和品牌人群市场(19.2%)的比例也不低。yCgs 的市场占有率并不占优势,在综合人群和品牌人群上与 gCun 相比差一些。所以,除了人群组合外,产品组合是 yCun 反转的另一个因素。

表 6-7　　第 4 轮资金对比　　单位:元

账号	4 轮	SEM 投入	采购费用	长贷	短贷	民融	站外推广	物流费用	销售额	优惠金额	平均折扣
yCun	1 期	−420	−2 768	0	4 300	400	−2 245	−371	13 762	−394	9.7 折
	2 期	−274	−8 245	0	0	4 000	−2 111	−777	16 667	−401	9.8 折
yCgs	1 期	−150	−9 585	0	0	11 500	−422	−1 231	8 977	−18	9.9 折
	2 期	−240	−1 269	0	0	0	−480	−733	7 398	−14	9.9 折
gChs	1 期	−200	−8 301	0	7 600	0	−488	−312	10 669	−850	9.2 折
	2 期	−100	−11 392	0	1 300	7 800	−520	−544	14 605	−1 519	9.0 折

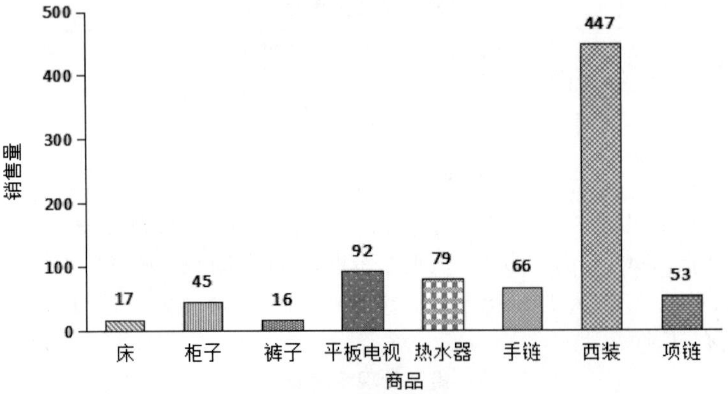

图 6-33　第 4 轮商品销售量

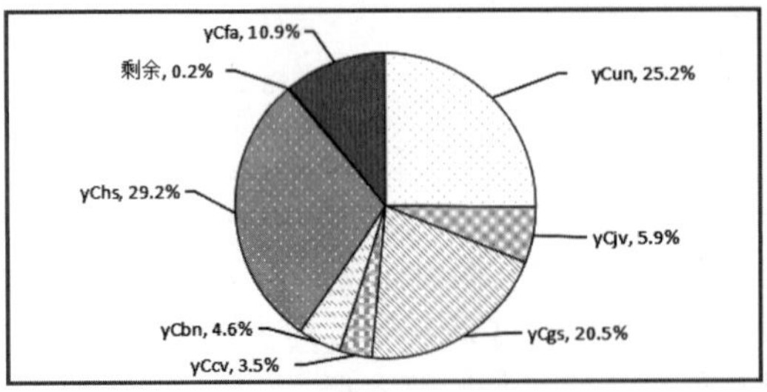

图 6-34　第 4 轮综合人群市场占有率

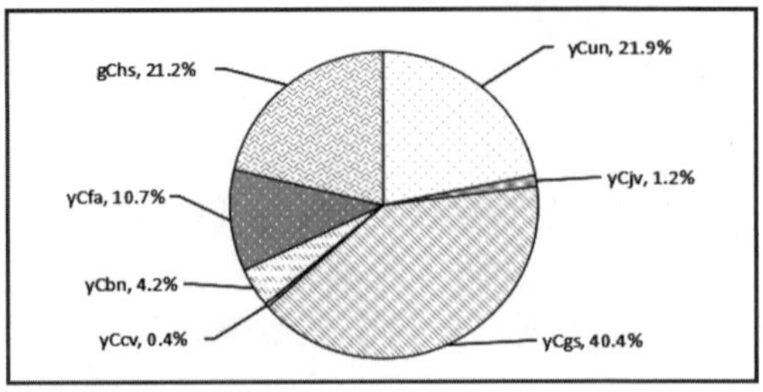

图 6-35　第 4 轮低价人群市场占有率

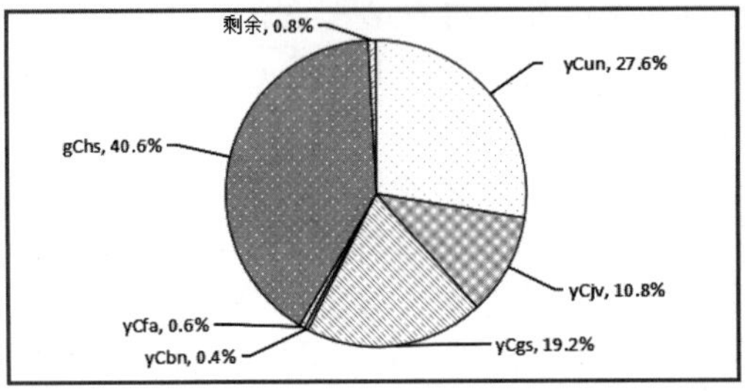

图 6-36　第 4 轮品牌人群市场占有率

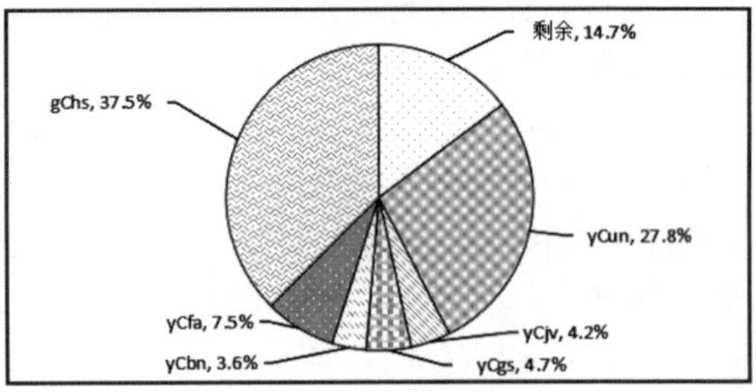

图 6-37　第 4 轮犹豫不定人群市场占有率

我们看一下第 4 轮 yCun 的产品组合(项链＋手链)在各类消费人群的市场占有率，如图 6-38～图 6-45 所示。yCun 在前期的高价值产品项链和手链的绩效都不错，第 4 轮拿到了大部分市场份额，其他诸如柜子、热水器也都有不错的销售量，另外西装在前期绩效一直不错，本期继续大卖，作为金牛产品，也为本期其他产品的运营提供了资金支持，优势产品带动劣势产品，C 店和 B 店协同发展，取得了不错的效果。yCgs 在前期形势大好的情况下，未能利用平板电视、床等产品带来的优势，带动新产品的销售，也未能带动高价值产品项链和手链的销售，只能继续依靠原有产品提升业绩，在广告媒体投入上误判形势，失去了巩固优势、扩大销售、提升利润的机会。

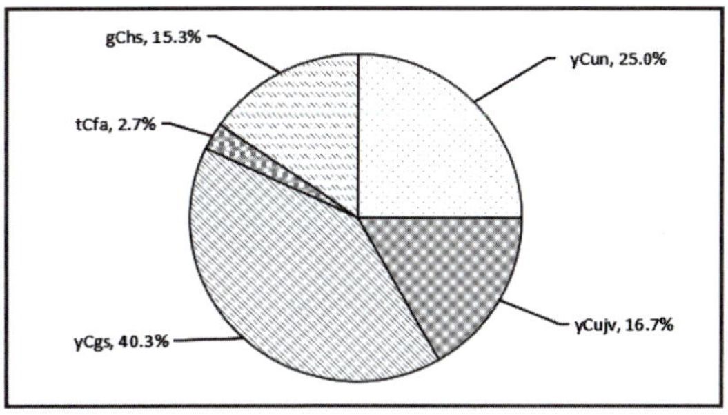

图 6-38 第 4 轮 yCun 项链综合人群市场占有率

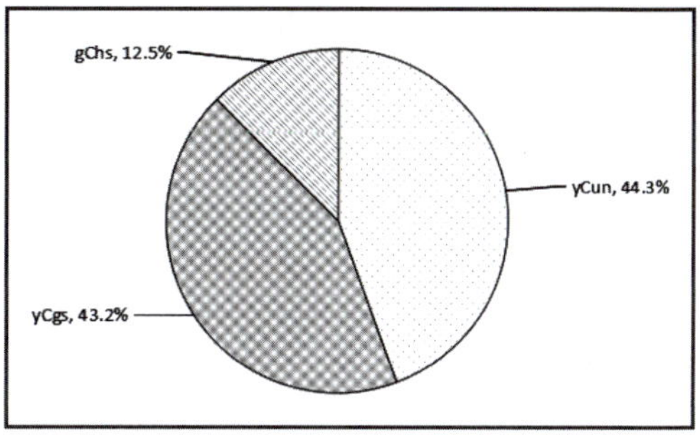

图 6-39 第 4 轮 yCun 项链低价人群市场占有率

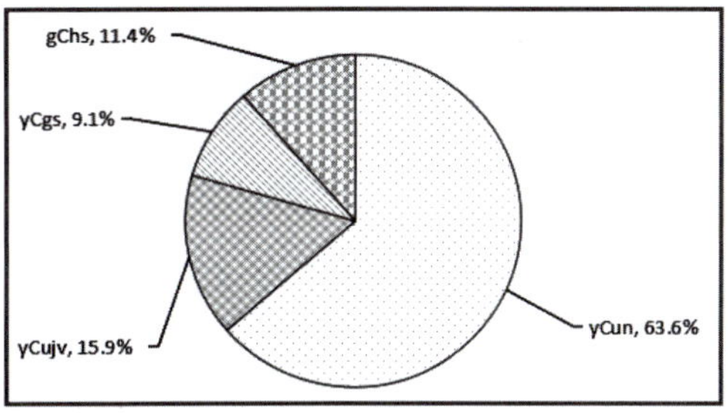

图 6-40 第 4 轮 yCun 项链品牌人群市场占有率

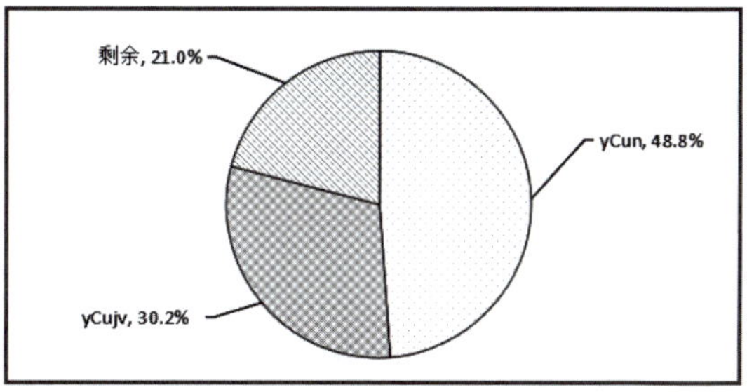

图 6-41 第 4 轮 yCun 项链犹豫不定人群市场占有率

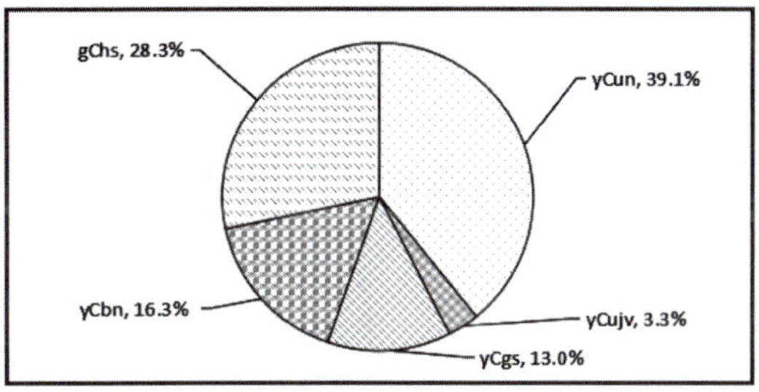

图 6-42 第 4 轮 yCun 手链综合人群市场占有率

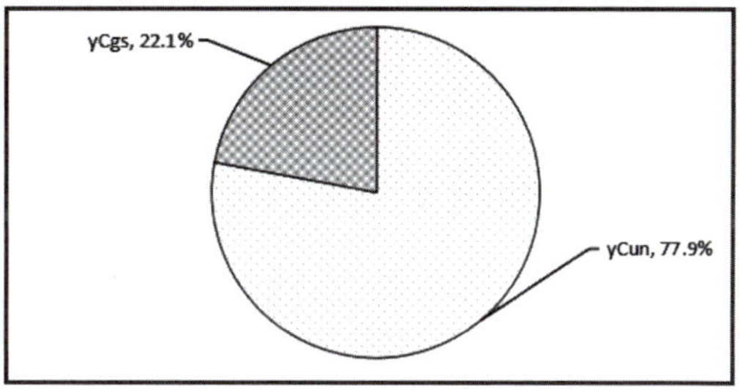

图 6-43 第 4 轮 yCun 手链低价人群市场占有率

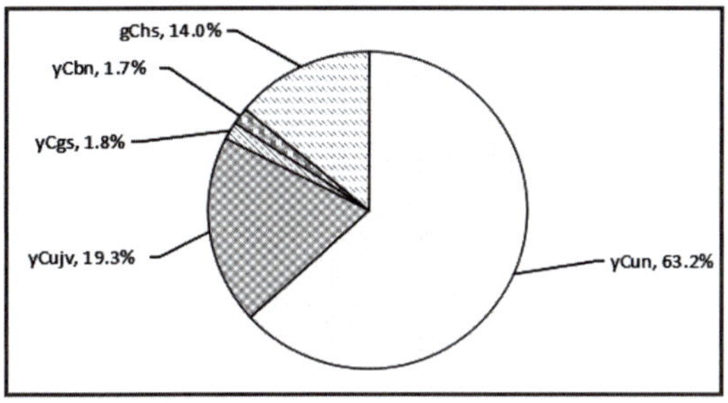

图 6-44 第 4 轮 yCun 手链品牌人群市场占有率

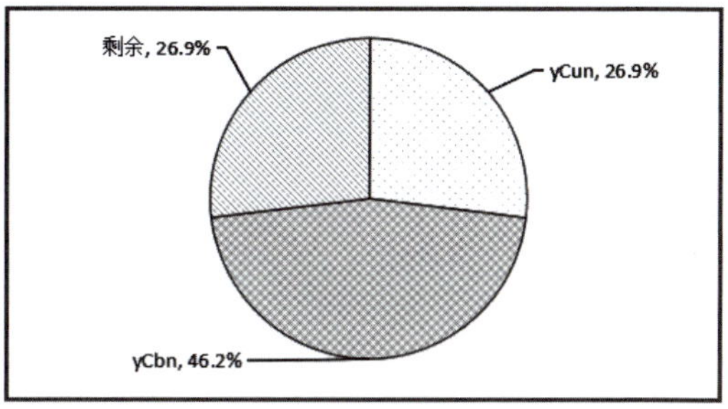

图 6-45 第 4 轮 yCun 手链犹豫不定人群市场占有率

再来看第 5 轮第 1 期市场占有率情况，如图 6-46～图 6-49 所示。yCun 在本轮稳定住市场，从饼状图上看在四种人群上都取得了不错的成绩，品牌人群比上一期略有下降，低价和犹豫不定人群比上一期有所提升。yCgs 本轮提升站外媒体投放资金，在品牌人群上取得效果，但在低价人群上严重下滑，犹豫不定人群带来有限的增长，难挡 yCun 翻盘的节奏。从饼状图上看，gChs 似乎占据全面优势，但如同第 4 轮一样，在产品组合上（图 6-50～

图 6-52）以大量低价产品为主，因此商品绩效不如 yCun。

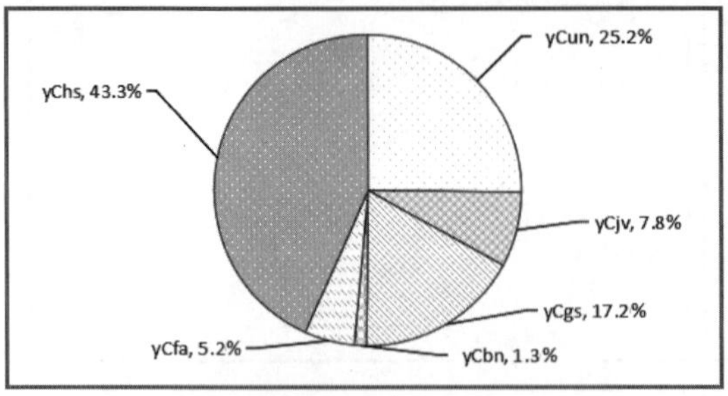

图 6-46　第 5 轮第 1 期综合人群市场占有率

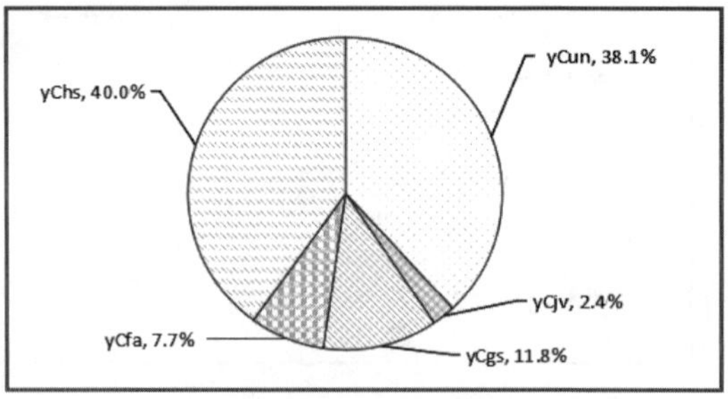

图 6-47　第 5 轮第 1 期低价人群市场占有率

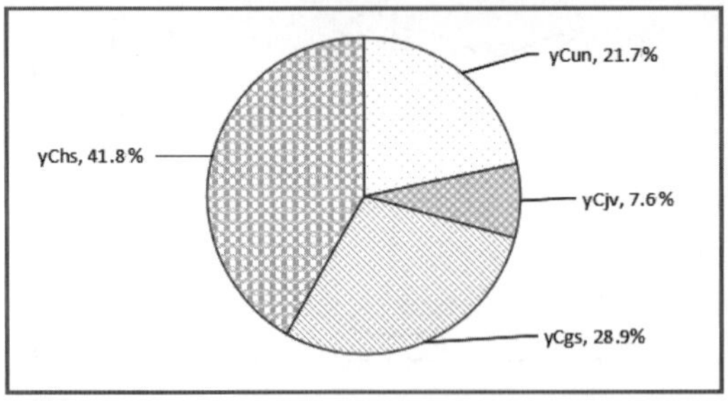

图 6-48　第 5 轮第 1 期品牌人群市场占有率

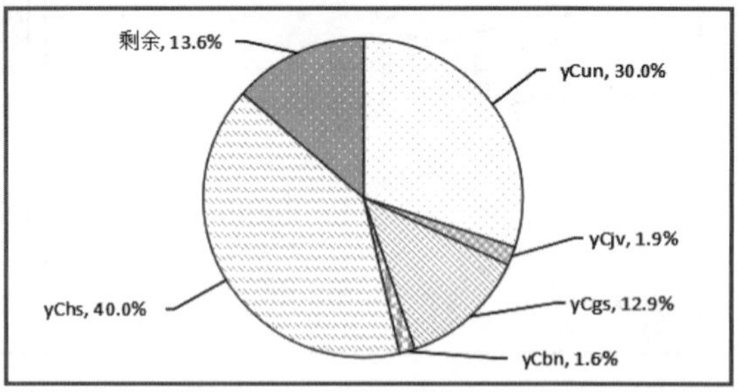

图 6-49　第 5 轮第 1 期犹豫不定人群市场占有率

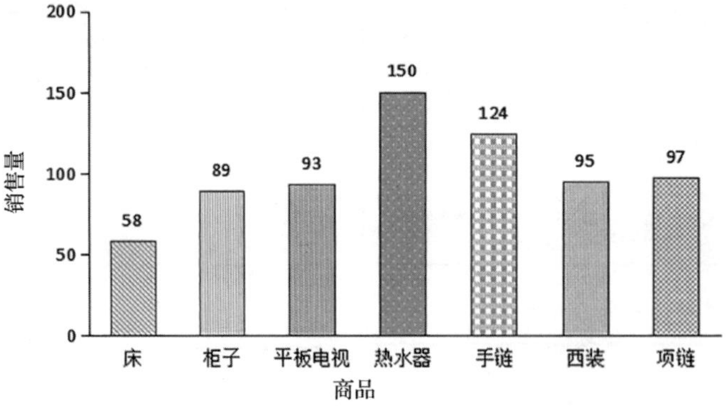

图 6-50　yCun 第 5 轮商品销售量

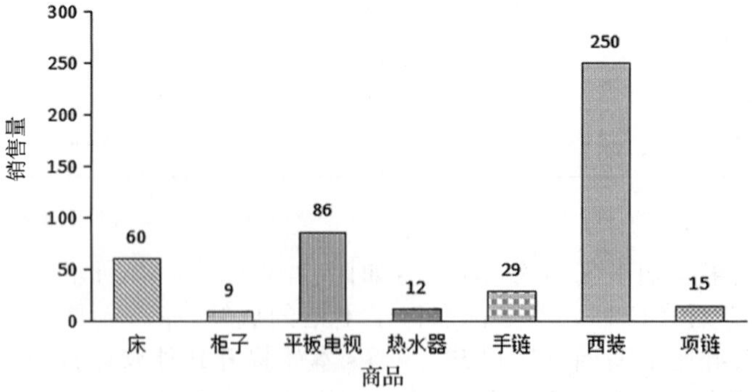

图 6-51　yCgs 第 5 轮商品销售量

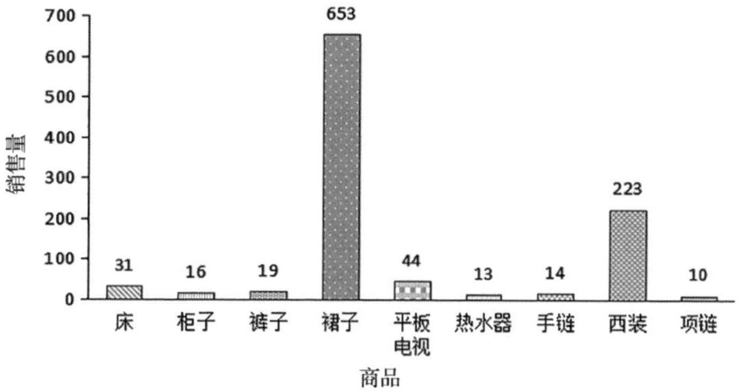

图 6-52　gChs 第 5 轮商品销售量

yCun 在大幅提升手链、项链销售的基础上，第 3 轮第 2 期新品柜子和第 4 轮新品热水器的绩效显现出来，同时在低价人群市场抢占了 yCgs 赖以生存的床和平板电视市场，尽管 yCgs 和 gChs 同时针对 yCun 曾经的金牛产品西装进行了断货处理，导致 yCun 西装占有率大幅下降，但为时已晚，yCun 将"多产品组合策略＋多样化人群策略"延续到底，业绩全面开花，西装占有率的下滑已无关大局。yCgs 延续颓势，gChs 产品单一，独木难支，虽然连续两轮垄断连衣裙，但产品利润低，对业绩提升有限。

本组运营是一场经典的翻盘案例，总结下来，各组运营都有可圈可点之处。yCun 在开局不利的情况下，中期及时调整，适时放弃旧产品，及时抓到了新产品，并通过数据分析敏锐地抓住了关键节点的机会，后期将正确策略贯彻执行到底，最终实现逆转。yCgs 开局大胆采用冒险策略，谨慎运营，取得了巨大优势，但中期未能进一步扩大优势，后期对市场分析不够仔细，给竞争对手留下机会，最终溃败。gChs 在开局不错的情况下，紧紧跟随 yCgs，中期避开与 yCgs 的正面竞争，后期通过垄断新品试图赶超，但折扣力度大、费用高、利润低，最终未能实现意图。

本场对战，yCun 能实现翻盘，是三方面因素共同作用的结果：第一是 yCun 将运营策略贯彻执行并敏锐抓住市场机会；第二是 yCgs 未能及时转化优势，市场分析不够，给竞争对手留下机会，最后也未能及时调整；第三是 gChs 的存在对 yCgs 构成一定威胁，后期垄断新品，也断绝了 yCgs 最后的调整机会。因此在运营中，要对市场透彻分析，采用正确的运营策略，适时灵活调整，时刻盯紧竞争对手，以系统的视角进行数据化运营，以免功亏一篑。

课题训练

(1)现金流分析。打开经营分析一现金流量表，如图 6-53 所示，将某轮两期对现金的控制情况填入表 6-8。分析某一个账期内的推广费用及借款行为，并将分析结果分别填入表 6-9 和表 6-10。

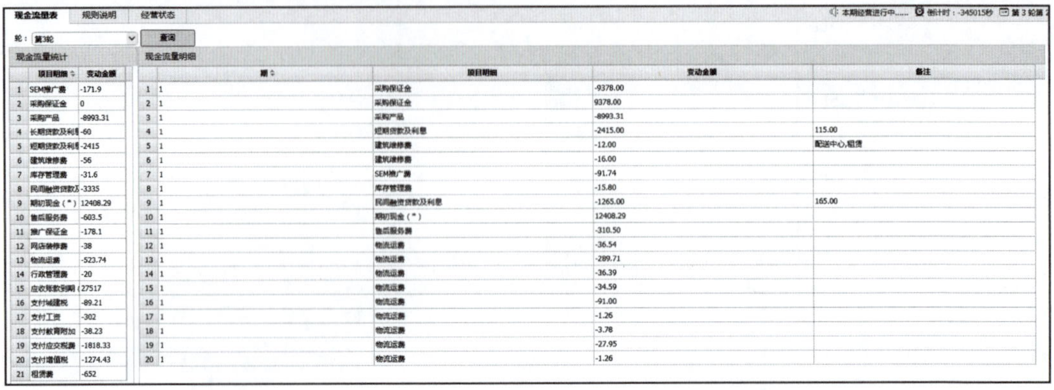

现金流量表　规则说明　经营状态　　本期经营进行中……　倒计时：-345015秒　第 3 轮第 2

轮：第3轮　查询

现金流量统计

	项目明细	变动金额
1	SEM推广费	-171.9
2	采购保证金	0
3	采购产品	-8993.31
4	长期贷款及利息	-60
5	短期贷款及利息	-2415
6	建筑维修费	-56
7	库存管理费	-31.6
8	民间融资贷款及	-3335
9	期初现金（*）	12408.29
10	售后服务费	-603.5
11	推广保证金	-178.1
12	网店装修费	-38
13	物流运费	-523.74
14	行政管理费	-20
15	应收账款到期（	27517
16	支付城建税	-89.21
17	支付工资	-302
18	支付教育附加	-38.23
19	支付应交税费	-1818.33
20	支付增值税	-1274.43
21	租赁费	-652

现金流量明细

	期	项目明细	变动金额	备注
1	1	采购保证金	-9378.00	
2	1	采购保证金	9378.00	
3	1	采购产品	-8993.31	
4	1	短期贷款及利息	-2415.00	115.00
5	1	建筑维修费	-12.00	配送中心,租赁
6	1	建筑维修费	-16.00	
7	1	SEM推广费	-91.74	
8	1	库存管理费	-15.80	
9	1	民间融资贷款及利息	-1265.00	165.00
10	1	期初现金（*）	12408.29	
11	1	售后服务费	-310.50	
12	1	物流运费	-36.54	
13	1	物流运费	-289.71	
14	1	物流运费	-36.39	
15	1	物流运费	-34.59	
16	1	物流运费	-91.00	
17	1	物流运费	-1.26	
18	1	物流运费	-3.78	
19	1	物流运费	-27.95	
20	1	物流运费	-1.26	

图 6-53　现金流量表

表 6-8　　现金控制表

账期	第 1 期	第 2 期	备注
SEM 推广费			
采购保证金			
采购产品			
长期贷款及利息			
短期贷款及利息			
建筑维修费			
库存管理费			
民间融资贷款及利息			
期初现金（*）			
售后服务费			
推广保证金			
网店装修费			
物流运费			
行政管理费			
应收账款到期（+）			
支付城建税			
支付工资			
支付教育费附加			
支付应交税费			
支付增值税			
租赁费			

表 6-9　　推广费用分析

项目	计划推广费	实际消耗费	产生的原因
SEM 推广费			
站外推广费			

表 6-10　借款行为分析

项目	计划借款数	实际借款数	产生的原因
短期贷款			
长期贷款			
民间融资			

(2)综合费用分摊得分分析。综合费用分摊主要判断网店运营过程中成本交易费用的高低。根据公式"综合费用分摊得分=[1-(销售费用+管理费用)/营业收入]×100"可知,综合费用分摊得分越高,交易成本越低;综合费用分摊得分越低,交易成本越高。请将综合费用分摊情况填入表 6-11。结合运营数据,判断不同账期成本分摊的差异性。

表 6-11　综合费用分摊表

账期	销售费用	管理费用	营业收入	得分计算
第 1 轮第 1 期				
第 1 轮第 2 期				
第 2 轮第 1 期				
第 2 轮第 2 期				
第 3 轮第 1 期				
第 3 轮第 2 期				
第 4 轮第 1 期				
第 4 轮第 2 期				
第 5 轮第 1 期				

(3)净利润率得分分析。净利润率是反映网店盈利能力的一个指标,根据公式"净利润率得分=净利润/营业收入×100"可知,净利润率得分低,说明网店盈利能力差;净利润率得分高,说明网店盈利能力强。请将网店净利润率得分情况填入表 6-12。结合网店运营数据,判断不同账期净利润率的差异性。

表 6-12　净利润率得分表

账期	净利润	营业收入	得分计算
第 1 轮第 1 期			
第 1 轮第 2 期			
第 2 轮第 1 期			
第 2 轮第 2 期			
第 3 轮第 1 期			
第 3 轮第 2 期			
第 4 轮第 1 期			
第 4 轮第 2 期			
第 5 轮第 1 期			

(4)营业成本分摊得分分析。根据公式“营业成本分摊得分=(1－营业成本/营业收入)×100”可知,营业成本分摊得分低,说明网店采购成本高;营业成本分摊得分高,说明网店采购成本低。请将营业成本分摊得分情况填入表6-13。结合网店运营数据,判断不同账期营业成本分摊的差异性。

表6-13　　营业成本分摊得分表

账期	营业成本	营业收入	得分计算
第1轮第1期			
第1轮第2期			
第2轮第1期			
第2轮第2期			
第3轮第1期			
第3轮第2期			
第4轮第1期			
第4轮第2期			
第5轮第1期			

(5)计算运营得分。根据资产负债表(表6-14)计算运营得分,并填入表6-15。

表6-14　　资产负债表　　单位:元

资产				负债及所有者权益			
项目	表达式	上轮值	当轮值	项目	表达式	上轮值	当轮值
流动资产:				流动负债			
货币资金	+	12 408.29	19 324.94	短期借款	+	5 200	0
其他应收款	+	0.34	178.44	应付账款	+	0	0
应收账款	+	0	0	预收账款	+	0	0
存货:				应交税费	+	3 220.2	5 889.61
原材料	+	0	0	流动负债合计	=	8 420.2	5 889.61
在途物资	+	0	0	非流动负债			
库存商品	+	25.87	4 292.07	长期借款	+	600	600
发出商品	+	3 533.35	0	非流动负债合计	=	600	600
流动资产合计	=	15 967.85	23 795.45	负债合计	=	9 020.2	6 489.61
非流动资产:				所有者权益			
固定资产	+	0	0	实收资本	+	500	500
在建工程	+	0	0	未分配利润	+	6 447.65	16 805.84
非流动资产合计	=	0	0	所有者权益合计	=	6 947.65	17 305.84
资产总计	=	15 967.85	23 795.45	负债和所有者权益总计	=	15 967.85	23 795.45

表 6-15　　运营得分计算表

项目	计算公式	得分
未进行民间融资	＋20	
开设 B 店	＋100	
营业成本分摊得分	＋(1－营业成本/营业收入)×100	
综合费用分摊得分	＋[1－(销售费用＋管理费用)/营业收入]×100	
资金周转率得分	＋营业收入/资产总计×100	
净利润率得分	＋净利润/营业收入×100	
资产报酬率(ROA)得分	＋利润总额/资产总计×100	
权益报酬率(ROE)得分	＋净利润/所有者权益合计×100	
资金流动性得分：速动比(QR)＝(货币资金＋应收账款)/(短期借款＋应付账款＋应交税费)； 流动比(CR)＝流动资产合计/(短期借款＋应付账款＋应交税费)	CR＜1 且 QR＜0.5，资金流动性差　－10 1.5＜CR＜2 且 0.75＜QR＜1，资金流动性一般　＋50 CR≥2 且 QR≥1，资金流动性好　＋100 其他比例均是 0 分	
资产负债率得分	＋(1－负债合计/资产总计)×100	
总分		

(6)排行榜分析。打开辅助工具一排行榜，如图 6-54 所示，分别查询得分排名、净利润排行榜、资产总计排行榜和慈善排行榜等信息，填入表 6-16，并判断竞争对手的优劣势。查询每一轮的利润排行榜，记录竞争对手的净利润值，填入表 6-17，并计算竞争对手的权益值。

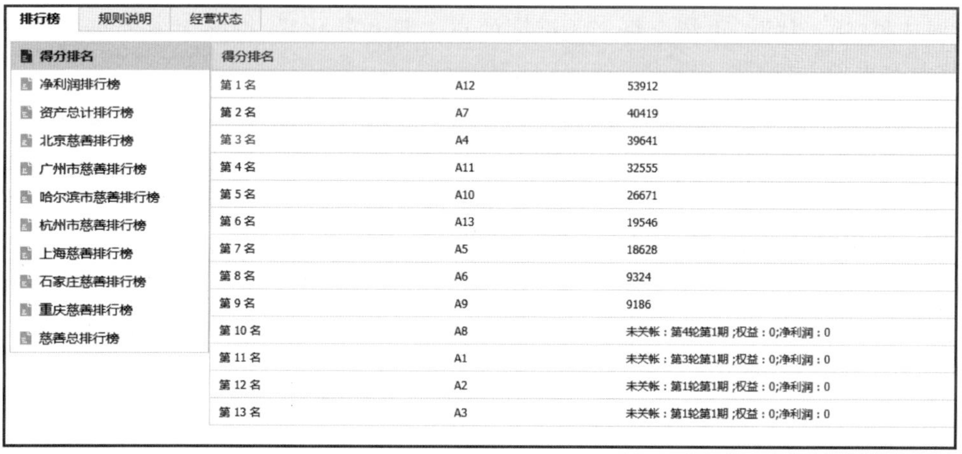

图 6-54　排行榜

表 6-16　　资产收益率

竞争对手	净利润	总资产	资产收益率

表 6-17　　竞争对手的权益值

竞争对手	初始值	第 1 轮		第 2 轮		第 3 轮		第 4 轮		第 5 轮	
		净利润	权益	净利润	权益	净利润	权益	净利润	权益	净利润	权益
A1	500										
A2	500										
A3	500										
A4	500										
A5	500										
A6	500										
A7	500										
A8	500										
A9	500										
A10	500										

模块拓展

在电子商务沙盘中，流量是关键。SEO、SEM 是引流和转化的重要工具。在设置 SEO、SEM 后，可以在“进店关键词分析”工具中查询买家进店关键词及关键词的点击量、转化量和成交转化率等。根据买家的进店关键词可以逆推设置的 SEO 标题“好不好”，SEM 词选得“优不优”。再结合每个关键词的点击量和转化量，删除无效的进店关键词，重点培养有效的关键词。

分析进店关键词，如果排名靠前的关键词的引导下单转化率是 0 或者过低，就说明进店关键词非常不精准。

(1)零转化率。在 SEO 或 SEM 中，要删除或替换不精准的进店关键词。不管是产品问题，还是其他问题，不精准的进店关键词都会降低转化率。

(2)转化率低。这时候不要急着下结论，因为可能是所有小组的转化率都低。此时，可查看对应商品的绩效得分，判断转化率是否大于平均值，如果低于平均值，就需要进一步进行 SEO 或 SEM 优化。

参 考 文 献

[1] 段文忠. 网店运营管理[M]. 北京：高等教育出版社，2023.

[2] 王召义，薛晨杰. 电子商务数据分析[M]. 大连：大连理工大学出版社，2022.

[3] 北京鸿科经纬科技有限公司. 网店推广[M]. 2 版. 北京：高等教育出版社，2022.

[4] 北京鸿科经纬科技有限公司. 网店运营实训[M]. 北京：高等教育出版社，2020.

[5] 何伟. 电子商务企业经营沙盘模拟教程[M]. 2 版. 北京：电子工业出版社，2021.

[6] 吕忠民. 商务数据分析[M]. 北京：高等教育出版社，2022.

附录　网店运营实训高频问答

1. 开店类问题

问 1:不开 B 店可以吗？网店运营时可以不开 B 店吗？

答:可以。B 店可以进行站外媒体推广，从而获得品牌人群客户订单。C 店不可以进行站外媒体推广，不会有品牌人群的成交。

注:B 店筹备周期为 4 期，每期费用为 60 元，从第 1 轮第 2 期开始，由于第 1 轮第 1 期卖出的订单还没有签收，此时资金不多，可以等第 1 轮第 2 期签收完有了资金再筹建 B 店(B 店筹建，只要这一期没结束就可以)。因为 60 元可以采购一些货物。

问 2:B 店的商品只能卖给品牌人群吗？

答:不是，B 店与 C 店的不同在于，B 店可以卖商品给包含品牌人群在内的四类人群。

问 3:网店装修如何选择？C 店和 B 店是分别装修吗？

答:店铺装修分为简装修、普通装修及精装修，每种装修费用及获得的视觉值不同；店铺的视觉值每期都会下降 10。视觉值的高低主要影响综合人群成交。一般在资金允许的情况下会选择精装修。要同时选中 B 店和 C 店再单击网店装修，不能分别装修。

问 4:B 店开设后可以只经营 B 店，关闭 C 店吗？

答:可以。只要符合自己的经营目标，能够正常售卖商品即可。

2. 采购类问题

问 5:系统中都有哪几类商品？各自有什么特点？

答:系统中的商品可以分为四个品类：

服装类:例如裤子。特点是价值低、数量大。

珠宝类:例如项链。特点是价值高、数量小。

家电类:例如油烟机。特点是价值低、数量大。

家具类:例如桌子。特点是价值高、数量小。

问 6:如何进行分仓操作？

答:在制订采购投标方案时，需要确定合适的采购城市，中标后的商品必须入到该城市的配送中心，如果入其他城市的配送中心，需要先入该城市的配送中心，再进行调拨。同时注意设置好每个仓库的配送区域。

问 7:如果不想采购商品，可以跳过采购吗？

答:如果没有需要采购的商品可以不进行采购投标，跳过采购。

注:采购时要注意商品的生命周期；每期新商品建议采购。

问 8:B 店和 C 店的库存信息是要分别规划还是共享的呢？

答:B 店和 C 店是共享库存的。

问 9:所有的商品都需要采购吗？

答:建议所有商品都采购。

第1轮第1期不一定哪个商品可以卖出去。

第1轮第2期资金、库存、商品绩效高可以多采购，绩效不好的考虑在本期提高商品绩效，同时考虑第1轮第1期未发出的订单。

问 10:用昨天的采购价格今天就采购不到商品了，这是为什么？

答:我们每一期进入数据魔方查看，数据都会有变化，市场本身就是在变化的，所以才要运营而不是走流程。

问 11:在采购模块应该注意哪些问题？

答:补充欠货、预防断货。

3. 推广类问题

问 12:发布的商品是不是就是采购到的商品？如果没有中标，接下来该怎么做？

答:发布的商品一般就是采购到的商品，当然也可以做一部分预售。如果没有中标，可以给商品做一下SEO。

问 13:第1轮第2期，在商品发布时，直接修改裤子的价格，保存为什么会显示超出预售数量？

答:修改价格的同时，库存数量也要一并修改。库存情况可以在辅助工具—库存管理中查看。

问 14:商品发布的价格，每一期是否都要改？

答:价格每期都要改，因为每期都不一样，所以要根据每一期数据魔方中的市场平均价格来调整自己店铺中商品的价格。

问 15:一口价怎么设置？选择卖家承担运费，一口价是商品本身定价，还是商品+物流运费？

答:发布商品时，设为卖家承担运费，则商品价格=商品一口价，若商品价格大于市场平均价格×(1+不同人群价格浮动率)，则为违规价格，违规价格系统不提示，但不能成交；发布商品时，设为买家承担运费，则商品价格=(商品一口价×购买数量+总物流运费)/购买数量，若商品价格大于市场平均价格×(1+不同人群价格浮动率)，则为违规价格。

不同人群价格浮动率：品牌人群和综合人群是0.2；低价人群和犹豫不定人群是0.1。

问 16:不同时期、不同商品如何定价？

答:参考数据魔方价格及竞争对手的市场占有情况。如果进入生命周期末期，需要注意清仓。

问 17:发布商品时，是否要选择卖家承担运费或者保修？

答:保修会产生售后服务费用，会影响对保修有要求的人群的成交和商品绩效。

问 18:价格对成交的影响大吗？

答:每期要看一下数据魔方，商品的市场参考售价是变化的，定价最好不要超过参考价。低价人群要低一些。按照成交顺序，品牌人群出来之前低价人群是排在第一位成交的。

问 19:推广组可以建几个？推广计划可以建几个？如何命名比较好？

答:卖家在进行推广时需要制订推广计划，推广计划包含每期推广限额，每个卖家最多可以制订 4 个推广计划。SEM 推广账户余额为“0”则无法进行 SEM 推广,必须先充值才可以进行 SEM 推广。根据推广计划,针对每种商品可以设计不同的推广组,每个推广组可以根据关键词制定相应的出价策略。

4 个推广组可以以系统中 4 个商品类目来命名,里面的推广组按“店铺－商品”命名。比如珠宝饰品这个推广计划下可以建 C 项链、B 项链等推广组。

问 20:SEO 如何选词？是不是必须是淘词里有的？需要考虑和商品的相关性吗？

答:SEO 选词基本上选择覆盖量比较大的词。比如:女生裤子、大码裤子、女士裤子。要考虑相关性,是哪个商品就要用和哪个商品相关的数据魔方中的词。例如裤子的 SEO 词用桌子或者油烟机的词,那么 SEO 是不会有成交的。

问 21:SEM 如何选词？用得比较多的方式是什么？

答:SEM 淘词中关键词有展现量、点击量、点击率、转化率等一些数据,每个人选词参考的数据侧重点不同,选的词也会有差异。

广泛匹配——覆盖量大的词。

精确匹配——长词。

问 22:SEM 的平均出价是多少？

答:一般建议出价在 1～2.5 元。标品及高单价商品可适当出略高的价格。

问 23:SEM、SEO 的词需要每期调整吗？

答:需要根据每一期的实际情况不断调整,效果好的词可以保留,效果差的词可以进行调整。不能做一次就一劳永逸。

问 24:SEM 中的词没有点击和转化是怎么回事？

答:出现这种情况,首先要看 SEM 推广账户中是否充值了,若没有充值也不会有效果。如果进行了充值,则考虑选词是否有问题,进一步考虑匹配方式是否需要调整。

问 25:如何分析 SEO、SEM 做得好坏？

答:通过经营分析—进店关键词分析,查看 SEO、SEM 的点击量、转化量。

问 26:站外推广为什么选择不了商品？

答:站外推广是针对 B 店的商品做的,在 B 店已经筹建完成的情况下,看一下 B 店中有没有上架商品,如果没有上架商品也是不可以推广的。

问 27:站外推广从第几轮第几期开始？

答:B 店筹建完成就可以投放广告了,最快在第 2 轮第 2 期。品牌人群出现时间节点为第 3 轮第 2 期,在此之前没有品牌人群的需求。

问 28:站外推广有没有必要做？品牌人群是第 3 轮第 2 期才出来,那前期是不是不需要站外推广？

答:根据公司经营需求,卖家可以对已经筹建完成的 B 店发布的商品,选择央视、网络广告联盟、百度三种媒体中的一种或多种进行推广,用来吸引品牌人群的购买需求,增加店铺人气及商品人气。第 3 轮第 2 期之前可以做也可以不做,主要投入在第 3 轮第 2 期之后,投入之后会有媒体影响力,媒体影响力可以在企业信息中查看。

问 29:站外推广如何做？

答:分析各媒体影响力、关系值、最低投放额度,根据企业营销策略,选择合适的推广渠道，制定投标价，准备好预算。通过引流占比分析、中标分析等，可以较好地判断引流是否成功，是否加大站外引流力度等。

问 30：假设油烟机和桌子到第 3 轮第 2 期就没有需求了，库存还有的话该怎么处理？

答：在市场预测中可以查看每种商品的生命周期，如果到第 3 轮第 2 期没有需求了，那就考虑提前处理。比如减少采购或不采购，加大推广和促销力度等。

问 31：四类人群的成交顺序是什么？所有的商品成交顺序是不是一样？

答：成交顺序：品牌人群→低价人群→综合评价人群→犹豫不定人群。所有的商品都是按照这一顺序成交。

4. 运营类问题

问 32：我没有预售为什么显示库存不够不能出库呢？

答：可以双击订单查看订购的商品数量，另外需要注意团购和套餐是可以超出库存的。

问 33：系统中三种物流方式到货时间分别是多久？

答：蚂蚁快递账期：1 期（本期发下期到）；EMS 账期：2 期（本期发两期后到）；平邮账期：3 期（本期发三期后到）。

问 34：要是第 1 期推广结束后，订单量显示库存不足，要注意什么？期数是 1 的，如果当期发不了货，下一期还需要发货吗？

答：首先看一下订单的要求是什么，订单要求几期到货，优先给要求 1 期到货的订单发货。如果是第 2 期、第 3 期的话，可以下一期再补充相应的库存，避免违约。订单要求期数是 1 的，如果当期发不了货，就会违约。

如果未在订单要求到货期限之前到货，买家将拒绝签收，客户将退货，物流运费由卖家承担，并影响卖家的信誉度和商品评价；如果在买家要求的到货期限届满后卖家仍未发货，对卖家的信誉度和商品评价造成的影响更大。

问 35：为什么第 1 轮第 1 期有订单，也发货了，但是签收这里却没有订单？

答：第 1 轮第 1 期订单只是发出了，但还没有到货。物流运输方式选择快递，则运输周期为 2 期，即本期发货，下期到达；若选择 EMS，则运输周期为 3 期，即本期发货，隔一期到达；若选择平邮，则运输周期为 4 期，即本期发货，隔二期到达。所以第 1 轮第 1 期发出的订单，最快也要在第 1 轮第 2 期才能签收。

问 36：没有订单，可能的原因有哪些？

答：除了价格设置问题外，SEO、SEM 关键词、促销设置都会有影响，产品上架可能没写数量，订单出了之后去看看 SEO、SEM 词的点击和转化。另外看看推广账户是否充值了。

问 37：订单要求平邮，我可以选择寄快递吗？

答：可以，只要在订单规定的期限内到货即可。一般为了快速回笼资金，在现金允许的情况下，都会选择配送周期短的物流方式。

5. 财务类问题

问 38：第 1 轮第 1 期选择短期贷款还是民间融资？

答:第 1 轮第 1 期主要选择短期贷款,因为短期贷款利率比较低。

问 39:当期有短期贷款或民间融资要还,是先采购还是先还贷款?

答:比如第 1 轮第 1 期发生了民间融资或短期贷款,第 2 轮第 1 期开始后,可以先看一下当期的待签收订单总金额是多少,如果待签收订单总金额够还借款,可以先采购,如果待签收订单总金额小于当期应还款金额,为了防止破产,可以考虑先偿还当期应还贷款,还完之后再贷款进行采购。

问 40:贷款额度没有用完,但无法贷款的原因有哪些? 怎么贷款合适?

答:当期有需要归还的贷款;每期的权益会发生变化,当期权益并不足以支持再进行新贷款。

短期贷款、民间融资可在每期的任何时间进行,随用随贷即可。第 1 轮第 1 期中,尽量选择短期贷款,因为利率较低。